Elfie Stejskal, 1948 in Wien geboren, hatte schon immer Sehnsucht nach der Ferne. Um ihrem Ziel, die Welt zu sehen, näherzukommen, besuchte sie zuerst die Hotelfachschule, arbeitete in verschiedenen Hotels in der Schweiz und wurde dann Stewardeß. Während dieser faszinierenden Zeit kam sie mit vielen Ländern in Berührung, und es entstand der Wunsch, sich intensiver auf eines dieser Länder einzulassen. 1974 gab sie ihren Beruf auf und verbrachte viele Monate auf den Malediven, worüber sie ihr erstes Buch schrieb: „Das Mädchen Robinson“. 1979 lebte sie ein Jahr lang in Französisch-Guyana. Das vorliegende Buch erzählt von ihren Erlebnissen in diesem Urwaldland.

Französisch-Guyana
N
0 50 100 150km
Französisch Guyana
Süd-amerika
Atlantischer
Ozean
Paramaribo
Moengo
Albina
St. Laurent
Mana
Iracoubo
Sinnamary
Iles du Salut
Brokopondo
Kourou
Cayenne
Territores Bonis
Maroni
Mana
SURINAM
FRANZÖSISCH-
GUYANA
Grand Santi
Kaw
Baie d'Oyapock
Regina
Approuague
St.Georges
Clevelândia
Martinique
Montabo
Fourmi Oyapock
Maripasoula
Patience
Saül
Camopi
Oyapock
Vila Velha
Villages Wayanas
Lourenço
Pina
Kammala
Zidoc
Trois Sauts
Tumuc-Humac-Massif
(Sierra Tumucumaque)
BRASILIEN

Elfie Stejskal

Ich lebte bei den Wayapi-Indianern

Im Dschungel Guyanas

Frederking & Thaler

CIP-Titelaufnahme der Deutschen Bibliothek
Stejskal, Elfie:
Ich lebte bei den Wayapi-Indianern : im Dschungel Guyanas / Elfie Stejskal.
[Reisetips: Gabriele Herzog] – München : Frederking u. Thaler, 1989
(Reisen, Menschen, Abenteuer)
Frühere Ausg. u.d.T.: Stejskal, Elfie: Wayapi
ISBN 3-89405-028-4

REISEN · MENSCHEN · ABENTEUER
herausgegeben von Susanne Härtel

Umschlagfoto/Fotos: Elfie Stejskal, Wien
Produktion: Tillmann Roeder
Reisetips: Gabriele Herzog
Karten: Gert Köhler
Gesamtherstellung: Presse-Druck Augsburg
ISBN: 3-89405-028-4

Inhalt

Durch tosende Wasser

Ich habe es geschafft. Ich werde in einem Indianerdorf, bei den Wayapi – mit den Wayapi – leben, der einzigen ethnischen Gruppe Guyanas, die sich auf Grund der Entlegenheit ihres Wohngebietes, in einer Sperrzone, ihre eigenständige Lebensweise und Tradition erhalten konnte. Ich habe es geschafft; anerkannte Ethnologen, wie das Ehepaar Grenaud, das schon viele Jahre in Guyana lebt, bezweifelten es, weil es ihnen nicht mehr gestattet wird, diese Dörfer aufzusuchen. Tatsächlich schien es zunächst auch so gut wie ausgeschlossen, von der Regierung die nötige Bewilligung zu erhalten, das Sperrgebiet zu besuchen, von einem längeren Aufenthalt gar nicht zu reden. Mit viel Glück und der Hilfe meiner Referenzen vom österreichischen Ministerium für Unterricht und Kunst bekam ich sie schließlich doch.

In der kleinen Maschine nach Saint-George, die nur fünf Passagiere faßt und meistens Wochen im voraus ausgebucht ist, fand ich dennoch einen Platz. Dort nun, in dem Kreolenstädtchen Saint-George im Mündungsgebiet des Oyapock, nahm mich – nicht ohne anfängliche Widerstände seitens der Verantwortlichen – ein Boot auf, das Material für eine offizielle Expedition der staatlichen Organisation für Familienbeihilfe in die Commune Camopi bringen sollte.

„Haben Sie auch alles, was Sie in den nächsten sechs Monaten brauchen werden?" fragte mich Monsieur M., der Leiter des Unternehmens. „Nach Saint-George gibt es nichts mehr zu kaufen!" Aber für einen planvollen Einkauf blieb keine Zeit mehr, die Piroge war abfahrbereit. Überstürzt gab ich bei Ho-Chuc, dem chinesischen Händler, eine Bestellung auf: 300 kg Reis, Petroleum, Speiseöl, Seife, Kaffee, Trockenmilch, alles, was mir in der Eile einfiel und wichtig erschien. Mitnehmen konnte ich nichts davon, in der Piroge war nicht einmal Platz für mein ganzes schon vorhandenes Gepäck. Ein Teil des Proviants und zwei meiner Alu-Transportkisten blieben zurück. Das beunruhigte mich um so mehr, als auch der Kajak noch fehlte! Der sollte irgendwann mit dem Fährschiff von Cayenne an den Oyapock gebracht werden.

Die Flußreise mit dem ausgebauten, acht Meter langen Einbaum mit 35 PS hintendran begann. Wir waren auf dieser ersten Etappe bis Camopi insgesamt zehn Personen an Bord, vier Weiße und sechs Farbige, darunter drei Wayapi-Indianer aus Camopi, Yacali, Jacky und Joachin, der mit seinem flachen Ruder vorn im Bug stand und auf Untiefen und Hindernisse zu achten hatte. Die mit Frachtgut schwer beladene Piroge lag so tief im Wasser, daß zwischen Bordkante und Wasserniveau nur eine Handbreit Zwischenraum war.

Vorerst gab es für Joachin wenig zu tun. Ruhig und träge, mit kaum merkbarer Strömung, wälzte sich der 200 Meter breite Fluß dahin. Saint-George liegt etwa 50 km von der Küste entfernt in der Trichtermündung des Oyapock, der die natürliche Grenze zwischen Guyana und Brasilien bildet. Wenn die Flut einsetzt, strömen hier die Wassermassen vom Meer kommend flußaufwärts. Der starke Motor brachte uns in der Mitte des Flusses schnell voran. Nach kurzer Zeit passierten wir zwei Siedlungen auf brasilianischer Seite: Martinique und Clevelandia, ein Militärstützpunkt. Am Ufer lagen einige flache Kutter und wurden entladen, brasilianische Versorgungsboote, die diese Orte, zu denen keine Straße führt, beliefern. Die nächste Niederlassung, Camopi, lag nun 230 km weit entfernt!

Am späten Nachmittag kündete tiefes, gleichmäßiges Grollen die Nähe von Maripa an. Saut Maripa ist mit einer Länge von 2,5 Kilometern die längste, aber auch größte Stromschnelle des

Oyapock. „Maripa sehen – und dann sterben“ lautet ein geflügeltes Wort in Guyana. Tatsächlich haben hier schon viele Wagemutige den Tod gefunden. Am linken Ufer in einer ruhigen Bucht unterhalb der Fälle legten wir an. Sobald der Lärm des Motors verstummt war, umfing uns das Tosen des Wassers, durchsetzt von der fast ebenso lauten Sprache des Urwalds. Der Anblick Saut Maripas war überwältigend. Steile Felsabbrüche, über die das Wasser fast senkrecht herabstürzt, meterhohe Walzen, Strudel, die um verstreute Felsblöcke quirlen, und unzählige kleine Wasserfälle, die die wildverwachsenen grünen Flußinselchen fast ganz verschlucken. Zu meiner Erleichterung stellte sich heraus, daß wir hier nicht Boot und Leben aufs Spiel setzen würden. Es gibt eine Eisenbahn, mit der man diese gefährliche Strecke umfährt. Quer durch den Wald, über Eisenbrücken, die Criques überspannen, durch Dickicht und Unterholz laufen Schienen. Wir beluden den flachen Lastwaggon, der zum Transport zur Verfügung steht, mit der Fracht und schoben ihn mit vereinten Kräften bis ans andere, das obere Ende der Stromschnelle, wo eine andere Piroge der Commune für uns bereitstand. Jeder, der nach Camopi unterwegs ist, findet hier seine Umsteigpiroge: Gendarmerie, Arzt, Vertreter des Kommunalwesens.

Die Nacht verbrachten wir in unseren Hängematten. Eine Tropennacht, die zum Schwärmen verlockt. Die tosenden Wasser, die im vollen Mondschein in tausend Lichter zerstäubten, die Silhouette der Palmen, die Bambussträucher, deren Blätter sich im sanften Fächeln des Windes – ein Hauch nur – bewegten, durchtränkt mit den Düften nach Farn und Patchouli. Zum ersten Mal erfuhr ich dann auch, wie kalt es in solch einer Tropennacht zu vorgerückter Stunde werden konnte. Mon Dieu! Die durchdringende Feuchtigkeit ließ einige vor Kälte in ihrer Hängematte zittern und fluchen. Mich nicht, in ahnungsvoller Voraussicht hatte ich meinen Lappland-Schlafsack griffbereit.

Im Morgengrauen brachen wir auf. Der zweite Tag auf dem Oyapock begann. Schon kurz hinter Maripa erweiterte sich der Fluß, nahm eine enorme Breite an und mußte sich zwischen Hunderten von Inseln und Felsblöcken seinen Weg suchen. Kreuz und quer verlaufen hier die Strömungen, und Joachin war ständig mit seinem Takari im Einsatz, um uns sicher durch dieses Wasserlabyrinth zu dirigieren. Der Indianer schien das Gebiet und die befahrbaren Passagen genau zu kennen, mit schlafwandlerischer Sicherheit nahm er einmal Kurs Richtung Süden, dann Osten, eine Wendung nach Westen. Für meinen Kajak, flußab-

Zweiter Tag auf dem Oyapock

wärts, wäre das ein Kinderspiel gewesen, aber für die schwerbeladene Piroge, gegen die hartnäckigen Kataraktschwellen und starken Strömungen, kam es einem Kunststück gleich. Oft hing die Schraube in der Luft und drehte durch, dann wieder mußte Bill, der Kreole am Außenborder, in Blitzesschnelle den Motor heben, und hin und wieder passierte es auch, daß wir gegen einen Felsen krachten. Ich zitterte ein wenig um meine Film- und Fotoausrüstung, weil jeder meiner Reisegefährten schon einmal in Guyanas Wildwassern Schiffbruch erlitten hatte und es eigentlich keinen Grund gab, warum ausgerechnet mir das erspart bleiben sollte.

Nach der glücklichen Durchquerung des Labyrinths wurde der Fluß wieder zahm und behielt mit seinen ununterbrochenen Mäandern dennoch seinen generellen Verlauf nach Südwesten bei. Unbarmherzig brannte die Sonne herab. Die Weißen an Bord fingen an, unruhig hin und her zu rutschen, weil ihnen vom Sitzen auf den schmalen Holzlatten schon Rücken und Po schmerzten. Viel Bewegung darf man sich in so einem schmalen Einbaum nicht erlauben. Mir machte dieses Problem weniger zu schaffen. Ich bin ja klein, finde immer und überall eine bequeme Lage, wie eine Katze, die sich auf der schmalsten Latte noch einkringelt. Die Hitze, das monotone Geräusch . . . ich döste ein. Plötzlich, aus heiterem Himmel, ein ohrenbetäubendes Krachen, direkt neben mir – es schmiß mich fast aus dem Boot. Alexandre, ein Brasilianer, der zweite Mann am Außenborder, hatte im Geäst der Uferbäume einen Brüllaffen erspäht und abgeschossen! Bill drosselte den Motor, wir hielten kurz an. Der große, rostrote Affe lebte noch, als ihn Alexandre in die Piroge warf und wir weiterfuhren. Er jammerte wie ein krankes Kind! Warum töteten sie ihn nicht endgültig? Sie lachten und ließen ihn krepieren. Kurz darauf war es ein Tukan, der eine Ladung Schrot abbekam. Wie froh bin ich, keine eigene Schrotflinte mitgebracht zu haben, niemals könnte ich so wunderschöne Tiere einfach abknallen, wie Papierrosen am Schießstand! Noch Stunden später sausten mir die Ohren von dem nahen Knall.

Frühstückspause auf einer Felseninsel: französische Salami, Camembert, Weißbrot und Beaujolais, danach Café und ein Rémy-Martin. So eine Reise sollte man wirklich nur mit Franzosen antreten, die lassen sich, was das Essen und Trinken angeht, auf keine Konzessionen ein. Von Monsieur M. erfuhr ich, daß etliche Indianer in Trois-Sauts bereits die französische Staatsbürgerschaft besitzen. Als Franzosen sind sie in Guyana auch zum Bezug von Familienbeihilfe berechtigt. Was aber sollte ein Wayapi in Trois-Sauts mit Papierscheinen? Aus diesem Grund ist Monsieur M. von der Organisation beauftragt, von der zur Verfügung stehenden Summe verschiedene Gebrauchsartikel einzukaufen, die den Bewohnern aller drei Dörfer zugute kommen sollten. Messer, Hacken, Kochtöpfe, Angelleine, Kämme, Glasperlen, roter Stoff, Munition. Ein- bis zweimal im Jahr gibt es dann die große Bescherung in Trois-Sauts.

Während wir, die Weißen, genüßlich die gepflegte Mahlzeit beendeten, waren die anderen schon am Fischen und holten einige flache, runde Fische aus dem Fluß. Der Wasserstand war zwar noch recht hoch, dennoch mußten wir im Verlauf des Tages einige Male aussteigen und zu Fuß eine Stromschnelle passieren. Ein zeitraubendes, schwieriges Unternehmen, weil auch der Reservemotor und etliche Frachtstücke hinübergetragen werden mußten.

Müde von der Sonne, den Portagen und dem Schaukeln des Bootes näherten wir uns vor Sonnenuntergang der Flußgabelung, wo der Camopi in den Oyapock mündet. Wir hielten kurz an, und Joachin, Jacky und Yacali vertauschten T-Shirt und Shorts gegen ihren roten Lendenschurz.

Camopi, letzter Stützpunkt der Weißen, war erreicht. Es war der 12. August. Ein unheimliches, ein mich tief berührendes Bild erwartete uns, als wir am Bootssteg festmachten: Langsam, in

Camopi – letzter Stützpunkt der Weißen

langer schweigender Prozession, kamen die Indianer Camopis zu uns herab. Kleine, kräftige Menschen mit schwarzglänzendem langen Haar, nackt bis auf die roten Stoffbahnen, die sie durch die Beine geschlungen hatten. Lange rote oder gelbe Perlenketten hingen ihnen bis zum Nabel, und zu dicken Perlenwülsten übereinandergewickelt trugen sie diesen Schmuck auch an den Oberarmen. Nacheinander schüttelten wir dem Capitaine der Emerillon-Indianer und dem der Wayapi die Hand, die Dorfältesten folgten. Die Frauen, mit einer um die Hüfte geschlungenen roten Stoffbahn bekleidet, ihre Babys umgebunden, standen lächelnd daneben und sahen zu. Herzlich auch die Begrüßung der Gendarmen und ihrer Familien. Besuch dürfte hier noch selten sein.

In Camopi leben Rot, Schwarz, Braun und Weiß nebeneinander. Wayapi und Emerillon in ihren Pfahlbauten längs der beiden sich vereinenden Flüsse, einige wenige Brasilianer und Kreolen in Holzhütten in der Mitte, und die beiden weißen Gendarmen mit ihren Familien in flachen Verandahäusern, alles überblickend oben auf dem Hügel.

Am nächsten Tag trat die Expedition Massel die Rückreise zur Küste an. Ich blieb in Camopi zurück, um auf mein restliches Gepäck, den Kajak sowie eine Möglichkeit zu warten, nach Trois-Sauts weiterzureisen. Die Tage in Camopi waren keine unliebsame Unterbrechung für mich. Sie gaben mir Gelegenheit, mich ein wenig auf indianisches Dorfleben vorzubereiten.

Die Indianer Camopis sind an den Weißen gewöhnt. Sie sprechen französisch, haben aber von den Weißen auch schon einige Unsitten angenommen. Von der Regierung bekommen sie finanzielle Unterstützung, manche stehen auch in einem Arbeitsverhältnis und beziehen Gehälter. Einige Frauen der Emerillon tragen bereits lange Röcke und BHs, statt der Kamisa, die hygienischer ist. Materielle Unterschiede machen sich in den Pfahlbauten bemerkbar, führen zu Streit, Neid und Mißgunst. Auch das Verhalten der beiden Gendarmen gibt in diesem Zusammenhang leider zu denken, wenn auch in unterschiedlicher Weise. Der eine ist jovial, freundlich, meint es gut mit allen Indianern und verkauft ihnen Taschenlampenbatterien und Zigaretten. Er hat aber auch herausgefunden, daß er am besten mit „diesen großen Kindern“ auskommt, wenn er ihnen den P'ti Punch nicht verwehrt. Ich bin empört. Was den Schnaps betrifft, so ist seine Handlungsweise unverantwortlich und durch nichts zu rechtfertigen. Der Alkohol ist eine große Gefahr für die Indianer, mehr noch als für andere Rassen. Diese ethnische Gruppe hatte schon in der Zeit des Goldbooms Kontakt mit den Weißen, die in diesem Gebiet ihre Schürfstellen hatten. Der Alkohol ist ihnen nicht mehr neu. Die Folge davon ist, daß die Emerillon am Aussterben sind, die Gruppe wird immer kleiner und schwächer. Zudringlich, aggressiv und fordernd kommen sie heute zu dem Gendarmen, und er gibt ihnen noch mehr von dem Gift, das ihren Untergang beschleunigt. Die Frauen wiederum interessieren sich mehr und mehr für die Kataloge französischer Versandfirmen, die bei dem Gendarmen herumliegen, und da sie genug Geld haben, geben sie manchmal auch Bestellungen auf. Einmal wöchentlich kommt ein Boot aus Saint-George, das Post und die bestellten Waren bringt. Die Frau des Gendarmen gibt zu, daß es oft genug „pacotille" – Blödsinn – ist, was die Indianerinnen aus Frankreich bestellen. Sie haben keine Erfahrung mit der europäischen Konsumwelt und lassen sich von hübschen Bildchen blenden.

Warum werden diejenigen, denen eine so fragile Bevölkerung anvertraut wird, nicht besser auf ihren immerhin zweijährigen Aufenthalt vorbereitet?

Was den Chefgendarmen, Monsieur L., betrifft, so hatte ich gleich in den ersten Tagen meines Aufenthaltes in Camopi Gelegenheit, seine Einstellung gegenüber den Indianern kennenzulernen. Ich war auf dem Weg zum Badeplatz am Fluß, in der Nähe der Hütten der Emerillon. Der Hitze wegen war ich nur mit Shorts und einer durchsichtigen dünnen Bluse bekleidet. Monsieur L. war unterwegs, um den Generator anzulassen, der die Gebäude der Gendarmerie mit Strom versorgt. Wir begegneten einander, wechselten einen Gruß. Plötzlich blieb er stehen und sagte: „Mademoiselle, in diesem Aufzug möchte ich Sie nicht wieder sehen. Sie sind hier nicht an der Côte d'Azur. Ich wünsche, daß Sie sich, solange Sie in dieser Gemeinde leben, betragen, wie es einem zivilisierten Europäer hier ansteht, und auf gebührende Distanz zu den Indianern bedacht sind. Oder wollen Sie es den Wilden gleichtun?" Was sollte ich erwidern? Sein Standort war nur allzu klar. Wie konnte ich ihm *meinen* Standpunkt klarmachen? Daß ich mich im Indianergebiet befinde, bei den Indianern zu Gast bin; daß ich mich ihnen anpassen müsse, nicht ihm. Ich beherrschte mich und schwieg. Ich durfte kein Risiko eingehen, das meinen Aufenthalt hier gefährden könnte.

30. August

„A gauche, à gauche!" ruft Joachin nach hinten und legt das Gewicht seines gedrungenen, kräftigen Indianerkörpers auf den Takari, um die Piroge vom Felsen wegzudrücken. Auch Simon, der breitbeinig wie eine Bronzestatue vorn im Bug steht, arbeitet ohne Unterlaß. Der Motor heult auf, hängt in der Luft, dann faßt er wieder, wir kommen einige Zentimeter voran. Noch ein Stück, zwei Meter noch, zwei kurze Meter, dann haben wir auch diese Schwelle des Kataraktes bezwungen! Da rutscht Simon mit seinem Paddel an dem glatten Felsen ab, der Stern dreht weg, das acht Meter lange Boot stellt sich quer in den Fluß, quer zur reißenden Strömung. Die Wucht des Schwalles drückt seitlich gegen die Planken, wird immer stärker, Wasser dringt ins Boot ein, und schon zwingt uns der Fluß vollends in die Richtung seines Verlaufs. Wir treiben flußabwärts.

„Merde, Jacky, das war deine Schuld!" schimpft der Chefgendarm aus Camopi.

„Nicht genug Wasser, Chef!" rechtfertigt sich der Wayapi am Außenborder und deutet uns auszusteigen.

An Bord der Piroge befinden sich Monsieur L., der Chefgendarm, Bertram, sein zwölfjähriger Sohn, vier Indianer und ich. Hier, in der ruhigen Strömung unterhalb des Katarakts, reicht uns das Wasser fast bis zur Brust, aber im Bereich der Stromschnelle ist es nur halb so tief. Gemeinsam hängen sich die Indianer an die Planken, stemmen sich mit den Füßen gegen die Felsen, und mit Hilfe des Außenborders schieben sie die Piroge Stück für Stück über das glitschige Gestein der Stromschnelle hinauf. „Aha – hm.

Aha – hm!“ gibt Jacky das Kommando, das in wortgetreuer Übersetzung ho-ruck heißt. Dieses Manöver ist nicht ungefährlich, erst letzte Woche ist dabei ein Bootsmann tödlich verunglückt, weil er abrutschte und in die rotierende Schraube geriet.

Monoton geht die Fahrt weiter, die heute morgen in Camopi begann. Urwaldmauern, Galeriewälder, verstricktes Grün, Flußmäander, Papageien, die in Scharen über uns hinwegziehen, Leguane, die sich, alarmiert, ins Wasser plumpsen lassen, und Sonne – Sonne. Allzuschnell haben Hitze und Fahrtwind meine Bluse und die Shorts getrocknet. Ich tauche den ledernen Rangerhut ins Wasser, das neben den Planken aufzischt, und lasse mir das kühle Naß übers Gesicht laufen. Lange schon sind die Gespräche erstorben, schweigend dösen wir vor uns hin. Übermorgen werden wir in Trois-Sauts sein, noch 300 Kilometer, dann bin ich am Ziel . . .

Still sitzen die vier Indianer um das Feuer am Ufer eines brasilianischen Nebenflusses des Oyapock. Sie essen Maniokbrot und Fische, die sie eben erst aus der Stromschnelle geholt haben. „Nimm“, sagt Jacky freundlich zu mir und deutet auf einen kleinen Baku, der aufgespießt auf einen Ast in der Gluthitze brät.

Die Indianer haben eine ideale Stelle für das Nachtlager gewählt. Die flachen Felsen am Rande einer kleinen Stromschnelle ziehen sich bis weit in den Wald hinein und bieten einen bequemen Zugang zum Ufer. Es ist ein luftiger Ort, ganz ohne Moskitos.

Bertram und sein Vater schlafen unter dem Carbet, das die Indianer vor Sonnenuntergang schnell errichtet haben. Sie haben acht schenkelstarke Bäume gefällt, vier davon im Rechteck in den Boden gerammt und die vier weiteren Stämme mit einigen Lianen obendrauf zur Querverbindung festgebunden. Darüber wurde eine große Plastikplane geworfen, die tagsüber unser Gepäck in der Piroge vor Spritzwasser schützt. Fertig war das Carbet, groß genug für sieben Hängematten.

Lange liege ich noch wach und lausche auf die Vielzahl der Laute, die vom Fluß her kommen, von hoch oben, aus den Bäumen, und von unten, vom Boden her. Beruhigende Laute, gleichmäßig, wie das Atmen der Menschen, das Plätschern und Rauschen des Flusses, der müde Schlafgesang eines Vogels, das stete Unken der Kröte. Andere, die aggressiv, aufpeitschend wirken, wie das Konzert der Zikaden, das plötzlich mit schrillem Laut beginnt, anschwillt, immer voller klingt, um plötzlich wieder zu verstummen. Durchdringend wie die Schreie eines Brüllaffen, die mir im Traum noch nachhallen.

Diffus ist das Licht des Morgens, zaghaft, als hätte die Nacht nicht genügt. Stille breitet sich aus, Lautlosigkeit, als hätten die Flußnebel, die dick und schwer wie Daunenkissen auf Wäldern und Wassern liegen, alles Leben erstickt, alle Laute verschluckt. Schwarzen, skurrilen Scherenschnitten gleichen die paar Bäume, die, sich behauptend, aus dem milchigen Weiß hervortreten. Weit trägt der langgezogene, klagende Schrei eines Vogels.

Jacky läßt leise den Motor an, langsam bewegt sich die Piroge vom Ufer weg, sachte schneidet der Bug in den Wasserspiegel. Wellenbänder laufen seitwärts von ihm davon. Schneller dreht sich die Schraube, rascher pflügt der Bug, bis er schließlich abhebt und über dem Wasser liegt, und der Motor überlaut die zarten Aquarellüfte erzittern läßt.

Im Laufe des Tages wird der Oyapock immer schmäler, nur an den Hindernissen, den Sauts, wie die Stromschnellen genannt werden, weitet er sich oft auf sechzig, siebzig Meter. Ein fauler Fluß, der immer einen Weg sucht, Felsen und Inseln zu umgehen. Für einen Fremden muß es sehr schwierig sein, sich an den großen Sauts zurechtzufinden. Oft münden da Flüsse ein, die genauso breit erscheinen wie der Oyapock. Leicht kann man sich verirren und dem falschen Wasserweg folgen.

Immer näher kommen die Ufer unserer Fahrspur in der Mitte des Flusses. Schwarze Baumskelette ragen aus dem Wasser, Fledermäuse flattern auf. Wild und romantisch wird der Oyapock, schnellfüßig die Strömung. Baumtunnels nehmen uns den Blick zum Himmel, Ufer zu Ufer grün verstrickt. Betäubend süß sind die Düfte der lila blühenden Jakarandabäume.

„Wenn wir mit dieser Geschwindigkeit weiterfahren, können wir vielleicht schon heute nacht in Trois-Sauts sein. Was meinst du, Jacky, oui ou non?" fragt Monsieur L.

„Non, Chef. Das ist nicht gut. Der Fluß ist zu eng, zu viele Hindernisse für die Nacht. Es ist besser, zwei Stunden vor Trois-Sauts ein Lager zu machen. Wir gehen jagen, und morgen früh kommen wir mit viel Wild in Trois-Sauts an. Ist besser, Chef."

„Da vorn gibt es viele Bakus in der Stromschnelle", sagt Simon, vorn im Bug. „Machen wir Pause?"

„Nein, keine Pause, wir fahren weiter."

„D'accord, Chef, keine Pause. Heute nacht in Trois-Sauts, ja?" Die Indianer scheinen ihren Chef gut zu kennen.

Das Knattern des Motors fängt an, sich in meinen Kopf zu übertragen, der pochende Schmerz läßt sich trotz wiederholter Wasserduschen aus dem Hut nicht vertreiben. Auch Hunger meldet sich, Müdigkeit. Golden, schräg fallen uns die Strahlen der tiefstehenden Sonne ins Gesicht, jedesmal, wenn sich der Fluß in einem seiner Mäander nach Westen dreht. Bald ist das Sonnengold erloschen, auf dem Fluß wird es schattig, das Grün erscheint einheitlich, dunkel, und schlagartig macht sich Kühle bemerkbar. Ich friere im Fahrtwind und verkrieche mich schutzsuchend hinter der Benzintonne. Wenn wir, einem Hindernis ausweichend, ganz dicht ans Ufer heranfahren, umflutet uns wie eine Wolke die satte, feuchte Wärme, die der Wald ausdunstet, getränkt mit den Gerüchen von Blumen und herber Erde.

Allmählich legt sich Dunkelheit um uns. Langsamer, aufmerksamer – angespannt geht die Fahrt weiter. Manchmal stellt Jacky den Motor ab, und die Indianer lauschen in die Dunkelheit hinein, rudern dann lautlos, um das Hindernis, das sie am Geräusch des Wassers erkannt haben, gefahrlos zu passieren. Mondlos schwarz ist die Nacht, laut und ungewiß.

Eine Stunde nach Einbruch der Dunkelheit erreichen wir das erste Dorf der Wayapi, das zusammen mit den beiden anderen die Bezeichnung Trois-Sauts trägt. Tatsächlich rührt der Name von dem dreigeteilten Wasserfall über dem letzten Dorf her. Die Lampe des Gendarmen wandert suchend über die Uferböschung. Auf dem steilen Weg, der zur Anlegestelle herabführt, stehen die Indianer. Aufgereiht wie die Glieder einer Kette, einer hinter dem anderen, bis hinauf ins Dorf Pina stehen sie und erwarten uns. Sie sind festlich gekleidet und geschmückt und tragen viereckige Spiegel auf der Brust, die im Licht der Lampe aufblitzen. Jacky drosselt den Motor.

„Was ist hier los? Gibt es ein Casiri?" fragt Monsieur L. den Bootsmann.

Ein Wortwechsel in Wayapisprache zwischen den Indianern im Boot und ihren Stammesgenossen am Ufer beginnt.

„Es ist sinnlos, hierzubleiben, wenn sie Casiri haben, das geht ja die ganze Nacht durch, ich kenne das. Nachher sind alle betrunken, und ich möchte heute in Ruhe schlafen. Was ist, Jacky, Casiri – oui ou non?"

„Oui, Chef, Casiri, aber es dauert nicht lange."

„Das kenn' ich. Wir fahren weiter. Ist ja höchstens eine halbe Stunde bis Zidoc."

Monsieur L. scheint Casiri, die Trinkfeste der Wayapi, nicht zu mögen.

Zwei Wayapi steigen vom Ufer zu uns zu. Sie wollen zurück in ihr Dorf und können uns gleich den Weg weisen.

„Paßt auf, seid vorsichtig!“ ruft einer in gebrochenem Französisch herüber.

„Wird schon gutgehen, Jacky kennt ja die Strecke“, meint Monsieur L. mehr zu sich selbst.

Kreuz und quer weichen wir Hindernissen aus, die oft bis auf eine schmale Passage die gesamte Flußbreite blockieren. Im Slalom bewegen wir uns durch die absolute Finsternis, Schwarz, das keine Tonabstufungen kennt, Schwarz, so weit meine Augen auch reichen mögen. Nur hören kann ich, wie es kracht, und ich spüre, wie wir schief und schwankend auf einer Untiefe hängen und Wasser ins Boot eindringt. Die Lampen vermögen die Dunkelheit auch nicht zu durchdringen. Aufgeregt reden die Indianer durcheinander, springen in den Fluß, schieben, ziehen und stoßen, dann ein plötzlicher Ruck, und wir sind losgekommen, fahren stotternd weiter. Da – voraus in der Dunkelheit – tauchen Lichter auf. Wir sind da! Doch was ist das? Sind es Taschenlampen, die sich auf und nieder bewegen, Kreise ziehen, Spiralen beschreiben? Nein, ich habe mich getäuscht, riesengroße Leuchtkäfer sind es, die mir mit ihren Signalen der Paarung das nahe Dorf vortäuschten.

Zaghaft und fahl steigt drüben in Brasilien der Mond aus dem Laub der Bäume, läßt allmählich Konturen erkennen. Als er glänzend und groß am Himmel steht, leuchtet er uns zur Ankunft in Village Zidoc, dem Hauptdorf der Wayapi, das schlaftrunken und dunkel am Ufer liegt.

Am Ziel – Village Zidoc

1. September
Endlich bin ich allein – unbeaufsichtigt, frei!

Die Piroge ist wieder abgefahren. Ich kann drangehen, mich in dem Oka, das ich jetzt allein bewohne, einzurichten. Es ist das Gästehaus des Dorfes, das uns nach unserer Ankunft zugewiesen wurde.

Die Männer, die beim Entladen der Piroge halfen, wunderten sich über mein umfangreiches Gepäck und das rote, schmale Kunststoffboot. Zwei Wayapi, Si'i Lassouka und Yawalu, die beide sehr gut Französisch sprechen, begrüßten uns. Ich fragte sie, ob es ihnen recht sei, daß ich für eine Weile hierbleibe. Ohne zu zögern sagten sie ja. Auch meine Frage, ob sie mir helfen könnten, ihre Sprache zu erlernen, beantworteten sie mit ja. Darüber war ich sehr glücklich, gab es mir doch das Gefühl, willkommen zu sein.

Meine Kleider, Shorts und Bluse, habe ich gegen eine Kamisa vertauscht; ein Streifen von dem roten Stoff, den ich als Geschenk mitgebracht habe, einmal um die Hüfte gewickelt, die Enden eingesteckt – fertig. Damit die Wayapi nicht meinen, ich äffe sie nach, trage ich dazu einen Bikinioberteil. Ich will nichts überstürzen und keine Fehler begehen.

Village Zidoc. Wie kann ich es beschreiben, das Dorf, durch das ich zum ersten Mal gehe? So vieles fällt gleichzeitig auf, meine Eindrücke gleichen Momentaufnahmen, ungeordnet, verwirrend, alles ist neu und fremd für mich. Die kleinen Frauen, die ihre Babys mit einer Stoffbahn auf die Hüfte gebunden tragen. Ein Kind, mindestens zwei Jahre alt, das gierig nach den spitzen

Village Zidoc – alles ist neu und fremd für mich

Brüsten seiner Mutter greift und daran saugt. Urucu, die rote Farbe, die mir überall begegnet. Einheitlich rot gefärbt ist der Körper eines jungen Mannes; die schwarzen Zeichnungen auf seiner Stirn, die Symbolik auf seinen Armen. Schwarzes Haar, rückenlang, glatt oder gewellt, das die Frauen offen tragen; dazu die ganz kurzen Stirnfransen; und die kahlgeschorenen Köpfe mancher Kinder.Die roten oder gelben Plastikkämme, die die Männer ins Haar gesteckt tragen. Der alte, hagere Mann, der bedächtig einen Schritt vor den anderen setzt, dessen Blick mich trifft, verschlossen, weit entfernt. Ein junges Mädchen, das sich unbewußt-kokett in seiner halbnackten Schönheit an der Yula eines Okas streckt. Ein kleiner Junge, der liebevoll einen Ara füttert, der frei auf den Dächern umherklettert. Frauen, die wagenradgroße Maniokbrote aufs Dach der Kochhütte werfen. Knirpse, die mit Schleudern auf die Bananen an den Stauden zielen. Kleine, pralle, dicke Bäuche, stämmige Beinchen, schnell wie die Wiesel. Aus den Kochhütten das Lachen der Frauen, das in einem gehaltenen, schrillen Ton endet. Vogellaute; das „Kikiwii" der Queue-Jaunes, das ich schon kenne; das Geschrei der beiden Dorfaras, die übers Dorf ziehen. Jaulende Hunde, die an einer kurzen Schnur im Haus angebunden sind.

Das Dorf ist nicht sehr groß, wenige Schritte nur, und man ist vom Dschungel wie eine Insel vom Meer umgeben. Village Zidoc besteht aus 24 Wohnhäusern und etlichen ebenerdigen Kochhütten. Bei einigen der Pfahlbauten ist das Blätterdach an den beiden Längsseiten bis auf den Lattenboden herabgezogen, so daß das Oka zwei geschlossene Seiten hat. Der Lehmboden im Dorf ist festgetreten. Vogelfedern und alle möglichen Knochen liegen herum, ein Affenschädel ragt halb aus der Erde. Spärlicher Pflanzenbewuchs, einige große Bananenstauden, Sträucher mit grellroten oder gelben Pfefferschoten, klein und rund wie Kirschen, und am Dorfrand, zum Wald hin, Urucustauden und Kalebassenbäume.

Die Frauen nehmen meine Gegenwart mit Befremden wahr. Wenn ich an den Kochhütten stehenbleibe, grüße, lächeln sie zurückhaltend. Ich spüre die Unsicherheit, das Warum, die allumfassende Unbegreiflichkeit. Trotz des Lächelns bleiben die Gesichter ausdruckslos, wie verriegelt. Ich spüre die Blicke, die mir folgen. Manchmal, wenn ich mich zu ihnen setze, ertappe ich mich dabei, wie ich die Frauen voll maßlosen Interesses anstarre. Sie sind meist schmächtig, im Vergleich mit den kräftigen Männern, ihre Gliedmaßen sind zart, der gedrungene Körper hat keine

Taille, und ihre Brüste bilden ein großes W, so als würden sie das Initial für „Wayapi" symbolisieren. Die Frauen haben eine außergewöhnlich zarte Haut, fein und samten, hellbraun, keine Pore ist zu erkennen. Ihre Gesichter sind rund und ebenmäßig, sie haben kleine, gerade Nasen und mandelförmige dunkle Augen. Die Stirn ist nieder, und an den Schläfen zieht sich der feine Haaransatz fast bis zu den – nicht vorhandenen – Augenbrauen, nur die Kinder haben sie noch. Wie mag das kommen?

Die Wayapifrauen betrachten mich genauso unverhohlen wie ich sie. Ich glaube, wir hegen sehr ähnliche Empfindungen füreinander. Scheu und Neugierde, aber auch ein wenig Unbehagen; ich habe das Gefühl, ständig beobachtet zu werden, selbst aus der Ferne. Ich weiß nicht, wie ich mich den Wayapi gegenüber verhalten soll; ich kenne die Spielregeln ihrer Gesellschaft nicht, noch was ich richtig oder falsch mache. Weder Zustimmung noch Ablehnung. Ist es ihnen überhaupt recht, daß ich hierbleibe? Paßt es ihnen, daß ich versuche, mit den Kindern zu spielen? Haben sie womöglich Angst, ich könnte ihnen irgendwelchen Schaden zufügen? Stört es sie, daß ich Si'i und Yawalu, die beiden Männer, die Französisch sprechen, in deren Oka aufsuche? Ich kann nur gefühlsmäßig entscheiden und das Verhalten der Wayapifrauen als Richtlinie nehmen, um mein Handeln danach zu bestimmen. Die Zeit wird uns schon helfen, Brücken zueinander zu schlagen.

5. September

Heiser, krächzend versucht sich der erste Hahn und läßt mit gerecktem Hals seinen Weckruf erschallen. Kaum ist er verstummt, heben nacheinander die anderen Hähne von fern und nah zu krähen an. Das unmelodischeste Kikeriki, das mich je aus den Träumen riß, und das um drei Uhr morgens! Europäische Hähne warten damit wenigstens bis zum Morgengrauen. Ich weigere mich, den Tagesbeginn schon so früh zu akzeptieren, und kuschle mich wieder in die Wohligkeit meiner Hängematte, die leise hin und her schwingt. Wie freue ich mich auf das erste Licht des Morgens, wenn die Konturen des Gebälks sichtbar werden, die vielen tausend Blätter des Daches, wenn Licht von allen Seiten frei hereinflutet in mein schwebendes Zuhause!

Ich bewohne das schönste Oka des Dorfes. Es ist der erste Pfahlbau oben auf der Uferböschung, am Rande des Flusses, geschützt unter einem Mango-, einem Zitronen- und einem Kakaobaum, die kühlenden Schatten spenden, wenn mittags die Hitze unerträglich wird. Das Oka ist ein rundum offenes Haus auf Piloten, ohne Wände und Abtrennungen. Die Yula, ein stufenartig eingekerbter Baumstamm, führt hinauf auf die Wohnfläche. Schwere, rohe Stämme bilden das Gerüst des Hauses, sie sind mit Lianen verbunden, kein einziger Nagel ist in dieser Konstruktion zu finden. Auch die Bodenlatten, quer verlegt, mit Zwischenräumen von ein, zwei Zentimeter, wurden mit Lianen befestigt, ebenso die vielen regelmäßigen Palmblattbüschel, die das dichte Dach bilden. Wie eine zerzauste, fransige Perücke sieht es aus! Ein lockerer, halbhoher Lattenzaun ersetzt stellenweise die fehlenden Seitenwände. Und hinten, an der Schmalseite des zwölf Meter langen Okas, wächst ein Urucustrauch mit zarten hellrosa Blüten weit ins Haus herein. Keine einzige ebene Fläche gibt es hier, da das Oka etwas abschüssig steht, was mir anfangs Balanceschwierigkeiten bereitete. Und wenn mir etwas aus der Hand fällt, rollt es unweigerlich aus dem Haus hinaus, wenn es nicht schon vorher zwischen den Latten durchgefallen ist. Es ist die luftigste Behausung, die man sich vorstellen kann. Sie verleiht das Gefühl, keine Verbindung zur Erde zu haben, konstant in der Schwebe zu sein. Das schwingende Hängemattendasein verstärkt noch diesen ungewohnten Zustand . . .

Stumpfes Grau zieht ins Dorf und verdrängt die Dunkelheit. Da kommt auch schon der Nachbarshahn, höhnisch, in hinterlistiger

Absicht, direkt unter meinen Moskitobaldachin herangeschlichen, um sich an meinem Ohr zu kräftigem Crescendo zu recken. Sein Krähen bedeutet immer endgültige Realität des Tagesbeginns. Aus den Okas ringsum vernehme ich die ersten, leisen Gespräche. Feuer lodert in den Hütten auf, Rauch steigt senkrecht aus den Dächern, verliert sich im feuchten, kalten Nebel, der die Menschen frieren läßt. Auch im Freien werden nun Feuer angefacht, Männer hocken dicht davor, mit dem Rücken zu den Flammen, und wärmen sich. Angenehm würzig wird der harzige Geruch des brennenden Holzes zu mir getragen. Vier Filme laufen um mich herum ab, auf jeder Seite ein anderer, und keinen will ich verpassen! Von der Flußseite meines Adlerhorstes dringt das hallende Aufklatschen nackter Körper auf dem Wasser her. Trotz der Morgenkälte nehmen die Wayapi jetzt schon ihr Morgenbad, putzen sich mit den Fingern die Zähne, kämmen ihr Haar. Immer lauter werden die Geräusche im Dorf, bald sind auch die Kinder wieder auf den Beinen, lachen und schreien, laufen vergnügt zum Bootssteg, wo jetzt reger Betrieb herrscht. Frauen schöpfen Wasser mit Plastikeimern, schleppen sie zu den Häusern hinauf, eine dicke Wayapimama hockt auf dem halbversunkenen Baumstamm und schrubbt einen schwarzen Topf. Eine Schar Kinder springt lärmend, mit Schwung und Anlauf von hoch oben vom Bootssteg hinein in den Fluß, trotz der starken Strömung, sie tauchen und schwimmen, klettern heraus und veranstalten eine Schlammschlacht, bewerfen einander mit Klumpen des klebrigen, gelben Uferschlammes. Am gegenüberliegenden Ufer, auf brasilianischer Seite, blitzen die ersten Sonnenstrahlen durch das schneeweiße Geäst des großen Fromagier. Eine der am Ufer verzurrten Pirogen wird von zwei Frauen ausgeschöpft und beladen: zuerst die Katuris – die geflochtenen Rückenkörbe der Frauen; dann Coup-Coup – die Machete; zwei Kleinkinder, das Ruder, eine Kalebasse mit Cassavebrot. Es sind die beiden Frauen

Der Bootssteg – beliebter Spielplatz der Kinder

von Papi, meinem Nachbarn. Er reicht ihnen noch seinen Jagdbogen und ein Bündel Pfeile ins Boot, stößt die Piroge vom Ufer ab, springt schnell hinein, mit einem Säckchen Patronen in der Hand und der alten Flinte auf der Schulter. Die Frauen rudern. Wahrscheinlich fahren sie zur Pflanzung, wo die Frauen arbeiten, während der Mann im Wald jagt. Auch die anderen Pirogen legen bald ab. Manchmal nur die Frauen und Kinder, manchmal einige Männer allein. Obwohl ich verdeckt von den Seitenlatten meines Okas auf dem Boden hocke, verraten mir ihre heraufgeworfenen Blicke, ihre gegenseitigen Gesten, daß sie wissen, daß ich sie beobachte. Das Dorf ist nun fast leer. Nur ein Alter hockt auf einem Schemel und arbeitet an einer Flechtarbeit, und einige Frauen bearbeiten die Maniokknollen, die sie am Vortag geerntet haben.

Das Wasser des Oyapock ist lehmig, völlig undurchsichtig und recht kühl. Vorsichtig taste ich mich auf dem glitschigen Baumstamm vor, der in den Fluß ragt. Hier gehen sie alle baden, das ist die Badestelle. Ich ziehe mich aus, bedecke mit einer Hand sorgfältig meine Blöße, wie die Wayapi es tun, und hechte gegen die Strömung ins Wasser. Inzwischen weiß ich schon, daß an dieser Stelle weder Felsen noch spitze Äste am Grund zu befürchten sind. Kaum bin ich aufgetaucht, sind schon wieder Leute am Bootssteg. Zwei Burschen schlendern herab, um auch ein Bad zu nehmen, einige Mädchen kommen mit schmutzigem Geschirr an.

Die Haut juckt. Überall habe ich Insektenstiche, manche sogar entzündet, eitrig. Ich spüre die kleinen Fische, die daran knabbern, sehe sie aber nicht. Savon Marseille, Schichtseife, ist zum Reinigen das beste, weil sie auch desinfizierend wirkt. Mit einem rauhen Teppichschwamm rubble ich mich ab, bis ich rot wie ein Krebs bin, tauche unter und schwimme einige Minuten gegen den Fluß.

Ich habe andauernd das Gefühl, mich waschen zu müssen. Die

feuchte Hitze des Tages bewirkt, daß man ständig schwitzt und sich klebrig fühlt. Hinzu kommt, daß Village Zidoc für europäische Begriffe nicht gerade den saubersten Eindruck macht. Abwässer jeder Art werden einfach durch den Lattenboden geschüttet – der nächste Regen wäscht es schon wieder weg. Die Menschen spucken – egal wohin. Die Hühner gehen in den Okas ein und aus, Kleinkinder krabbeln nackt am Boden, wo Knochen und Federn vom letzten Wild herumliegen. Und das Flußwasser, das wir trinken? Das wir nur unweit der Stelle holen, wo die Frauen das Wild ausnehmen, wo sie ihre Kamisas und den Babys den Po waschen, wo sie sich nackt ins flache Wasser hocken, was auch seinen bestimmten Grund hat? Die Stelle, an der man das Trinkwasser entnimmt, liegt zwar einige Meter stromaufwärts. Aber was besagt das schon? Das nächste Dorf am Oyapock liegt nur drei Kilometer weit entfernt. Doch was soll's. Ich habe mich entschlossen, hier zu leben. Das Leben ist nicht steril. Im Urwald schon gar nicht.

Es scheint für die Wayapi nichts Erheiternderes zu geben, als mir beim Baden zuzusehen. Vor allem, wenn ich hinterher versuchte, Kamisa und Bikinioberteil gleichzeitig anzulegen und das nur mit einer Hand, weil die andere ja die Nacktheit, die den Unterschied macht, bedecken muß. Was, zum Donnerwetter, ist daran so lustig? Jetzt haben sich die Burschen neben den Mädchen auf dem Steg niedergelassen und kichern mit ihnen um die Wette. Ach was, wozu sich das Leben unnötig schwermachen. Die Kamisa genügt.

„Bonjour, Elfie, oaté ene?"

„Bonjour, Si'i, oaté", begrüße ich den Indianer, der mit einer Axt in der Hand ans Wasser kommt. „Wohin gehst du? Aufs Abatti?" – Auf die Pflanzung?

„Nein, in den Wald. Ich bereite eine neue Rodung vor."

Ist ihm aufgefallen, daß ich keinen Oberteil mehr trage? Sein Blick verrät es jedenfalls nicht.

Si'i, ich muß mit dir reden!"

„Ja?"

„Ich bin doch fremd hier, nicht? Wenn du in Saint-George bist, bist du auch fremd. Es ist möglich, daß ich vieles falsch mache, ohne es zu wissen. Ich möchte euch aber nicht verletzen, ich möchte nichts tun, was sich nicht gehört. Verstehst du!"

„Ja, ja."

Er sieht mich vollkommen ausdruckslos an.

„Si'i, wenn ich etwas falsch mache, wirst du es mir sagen? Ja?"

„Nein, Elfie. Es gibt nichts. Bei uns ist das anders. Jeder macht, was er will, nur was er will. Es gibt nichts zu sagen. Ich gehe jetzt, yakelai, Elfie!"

„Yakelai, Si'i!"

Ratlos blicke ich ihm nach. Wie meint er das – jeder macht, was er will? Sie verhalten sich doch ganz offensichtlich nach einheitlichen Mustern – eines für die Frauen, eines für die Männer –, die ihnen Regeln, Pflichten und Verbote auferlegen. Sind das nicht auch Zwänge? Oder erscheinen ihnen diese Gebote, die dem Leben hier angepaßt sind, ohne die es nicht geht, so selbstverständlich, daß sie sie gar nicht als solche erkennen?

Meine Vorräte gehen langsam zu Ende. Noch habe ich einige Säckchen Suppe, Haferflocken, Trockenmilch, Kaffee und Zucker, Mehl und natürlich jede Menge Reis. Aber ich muß zusehen, auch Fleisch und Gemüse zu bekommen. Es wäre vielleicht doch angebracht gewesen, auch Konserven mitzubringen, zumindest für die ersten Wochen, bis der geplante Tauschhandel mit dem Reis funktioniert.

Am Nachmittag kommen einige Frauen zu mir ins Oka. Erst stehen sie nur scheu und steif da und sehen sich um. Als ich ihnen deute, sich zu setzen, werden sie zutraulicher und inspizieren mein Inventar. Ich verrühre Orangenpulver mit Wasser und biete es ihnen an, gerade genug, daß jede ein wenig kosten kann. Eine Frau befühlt den dünnen Tüllstoff des Moskitonetzes, das wie ein großes Zelt um meine Hängematte gespannt ist. Sie streicht mir über den Arm, spricht zu mir mit leiser, gehauchter Stimme, nimmt mir die Zigarette aus den Fingern, macht einen Zug und gibt sie mir wieder zurück. Lächelnd, ruhig, lieb.

„Nuli apotá?" – Willst du Reis? – frage ich sie, weil ich die leere Kalebasse in ihrer Hand gesehen habe.

„Eu, eu." – Ja, ja, ich will.

„Aapotá mja. Gatu?" – Ich will Fleisch, gut? – schlage ich ihr den Tausch vor.

„Naykoy mja. Meyu apotá?" – Es gibt kein Fleisch. Willst du Meyubrot? – antwortet sie.

„Eu, eu, aapotá."

„Gatu, Sa'i. Koy, meyu oiko." – Es ist gut, morgen gibt es Meyu, Sa'i. – Sa'i ist die Bezeichnung für die Frau, mit der man nicht verwandt ist.

Auch die anderen Frauen bekommen einige Kilogramm Reis und versprechen dafür Fleisch zu bringen. Dann wollen sie, daß ich die Kiste öffne, in der die Geschenke sind. Angelhaken, Messer, Nylonschnur, Parfüm, Seife und ähnliches. Die roten Armreifen haben es ihnen besonders angetan, und so schenke ich sie ihnen. Sie freuen sich, drücken ihre Freude durch Gesten aus, streicheln mir über die Arme, zwicken mich freundschaftlich, während ein kleines Mädchen nach meiner Brust greift und enttäuscht feststellt, daß es davon nicht trinken kann. Unter Gelächter steigen die Frauen behende die Yula hinab. Na also, jetzt wird es sich im Dorf herumsprechen, daß es bei der Sa'i viel Reis gibt und andere schöne Sachen, und bald werden sie kommen und Fleisch und Gemüse bringen . . .

Si'i ist wieder im Dorf. Ich brauche mein Oka gar nicht zu verlassen, um zu wissen, wer kommt und wer geht, selbst aus der Hängematte kann ich den Bootssteg gut überblicken.

Si'i kommt, um mir zu helfen, meinen Garten anzulegen. Ich habe aus Europa etliche Samen mitgebracht, die ich hier anbauen will. Wer weiß, vielleicht wächst daraus einiges, was es in Guyana noch gar nicht gibt. Die Kürbisse vielleicht? Oder die Karotten, Tomaten, Sonnenblumen, die Erbsen und die Radieschen? Es ist ein interessanter Versuch, der Mühe wert. Der Platz zwischen meinem Oka und dem von Papi erscheint mir geeignet. Auch Si'i äußert keine Bedenken. Er gräbt den Boden um, und ich beginne mit dem Pflanzen. Seine Hilfe bezahle ich mit einem Lappendolch. Abends kommen die letzten Pirogen zurück. Die großen Katuris der Frauen sind bis zum Rand mit Maniok gefüllt. Sicher ist so eine Ladung mehr als 60 Kilo schwer. Wie diese zarten Frauen das tragen können! Sie knien im Boot nieder, streifen die Armschlaufen aus dünner Rinde über die Schultern und das obere Querband über die Stirn, beugen sich ganz weit vor, um das Gewicht auf den Rücken zu legen, stehen langsam auf und steigen vorsichtig aus dem schwankenden Boot. Die Männer stehen daneben und sehen zu, sie tragen nur die Waffen! Manche Frauen haben zusätzlich zum Katuri das Baby auf der Hüfte. Auch die größeren Mädchen, etwa ab dem achten oder neunten Lebensjahr, schleppen bereits Katuris zu den Okas hinauf. Kleinere Körbe, mit Zuckerrohr beladen. In einigen Pirogen ist auch Jagdbeute. Etliche Tukane, ein roter Ara, ein kleiner brauner Affe, ein Agutis.

Ich mache mich auf den Weg zu Yawalu. Yawalu ist in Camopi zur Schule gegangen, deswegen beherrscht er die französische Sprache so gut. In Zidoc sprechen außer Yawalu und Si'i noch fünf weitere Männer Französisch, wenn auch nicht so gut wie die beiden. Von den Franzosen wird Yawalu mit Robèrt angesprochen. Wie fast alle Indianer hat er außer seinem indianischen auch noch einen französischen Namen. Von einigen Ausnahmen abgesehen, werden diese Namen aber nicht verwendet, die französische Namensgebung dient in erster Linie der amtlichen Registrierung der Dorfbewohner. Ich ließe mich auch nicht gern Robèrt rufen, wenn ich so einen schönen Namen hätte wie er. Yawalu, das heißt „wilder Jaguar".

Yawalu ist einer der wenigen Wayapi, die ein Gehalt beziehen. Er hat in seinem Oka ein Funkgerät, das er zu bedienen versteht. Über dieses Gerät werden wichtige Meldungen nach Camopi durchgegeben, Geburten und Sterbefälle sowie meteorologische Daten, die Yawalu an einem Meßstand abliest. Im Falle einer schweren Krankheit kann Yawalu auch den Arzt in Saint-George damit erreichen. Das heißt, wenn das Gerät funktioniert, denn oft verhindern atmosphärische Störungen die Funkverbindung, oder das Gerät ist kaputt.

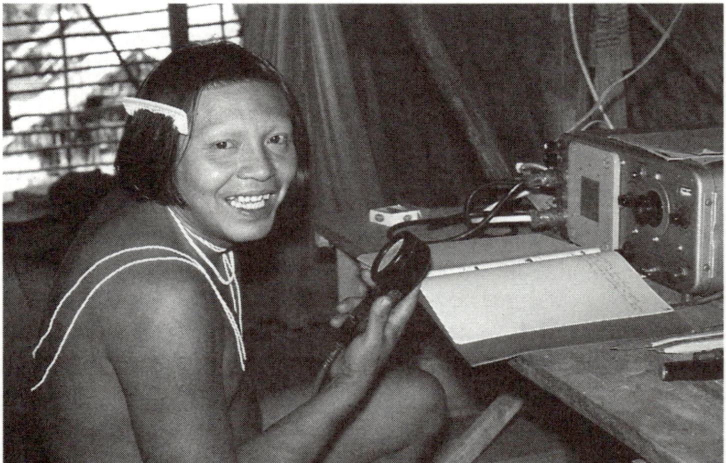

Yawalu und sein Funkgerät

Der zweite Gehaltsempfänger im Dorf ist Si'i. Er hat eine Ausbildung in Saint-George als Sanitäter hinter sich und trägt hier in Zidoc die Verantwortung für den Pfahlbau der Gesundheitsbehörde, in dem verschiedene Medikamente gelagert sind. Freilich in nicht sehr vertrauenerweckendem Zustand. In der tropischen Feuchtigkeit haben viele Packungen Schimmel angesetzt, und Nadeln und Pinzetten sind weit davon entfernt, steril zu sein. Viel Gebrauch von westlicher Medizin scheinen die Leute hier ohnehin nicht zu machen. Wie alle Indianer kennen sie etliche Heilprodukte des Urwalds, die ihnen weitaus vertrauter sind.

Ein kleines Gehalt bekommt auch der jeweilige Capitaine, der Dorfvorsteher. Dieser hat keine eigentliche Funktion im Verwaltungsdienst zu erfüllen, sein Gehalt ist eher als symbolische Geste und Zeichen der Würdigung zu verstehen.

Ich finde Yawalu im ebenerdigen Palaverhaus der Männer, in der Mitte des Dorfes. Er sitzt mit einigen anderen Männern auf einer flachen Bank, raucht eine lange, dünne Rindenzigarre und plaudert. Ob ich als Frau hier erwünscht bin? Mein Gefühl sagt mir nein. Ich bleibe draußen stehen, warte, bis Yawalu mich sieht. Das dauert lange. Vielleicht will er mich nicht sehen? Vielleicht hat er keine Lust, Vokabeln zu übersetzen, wie er es mir gestern versprochen hat? Nach einer langen Weile dreht er sich um und sagt:

„Ap'g, Sa'i!" – Setz dich, Sa'i.

Und schon redet er weiter und beachtet mich nicht mehr. Eine Frau kommt aus einem Oka herüber und bietet Yawalu eine volle Kalebasse an, die er in einem Zug leer trinkt.

„Willst du Casiri, Elfie?"

„Aber ja, gerne, Yawalu."

Endlich bekomme ich das berühmte Maniokbier zu kosten, von dem man bis Cayenne spricht. Die Frau bringt mir eine halbvolle

Kalebasse, sicher fast einen Liter dieser milchigen Flüssigkeit, die säuerlich riecht. Sie hält mir das Gefäß, während ich trinke, ich schlucke und schlucke, aber die Coui – so nennt man dieses Gefäß – ist immer noch nicht leer. Sicher erwartet jeder von mir, daß ich austrinke. Also würge und schlucke ich weiter, bis ich es geschafft habe. Die Coui ist leer.

„Schmeckt es dir?" fragt Yawalu.

„Ja, ganz ausgezeichnet, wirklich sehr gut."

„Sie soll dir noch bringen."

„O nein, Yawalu, jetzt bin ich satt, wirklich."

Tatsächlich hat mir das Casiri gut geschmeckt, es war keine höfliche Übertreibung. Ich hatte großen Durst, und das dickliche Getränk war angenehm kühl, erfrischend, nur leicht gegoren, schmeckte ein wenig wie Kefir.

Ein, zwei Stunden sitze ich bei den Männern, am Rande des Palaverhauses. Ich verstehe nicht, was sie sprechen, und Yawalu richtet das Wort nicht an mich. Langsam wird es dunkel. Die Arbeitsgeräusche, die Hähne, die Kinder sind verstummt. Einige Leute gehen noch zum Fluß, um Abendtoilette zu machen. Eine der Frauen, die heute bei mir waren, hebt im Vorbeigehen die Hand mit dem Armreifen hoch, lacht herüber.

Monoton klingen die Stimmen der Männer. Hin und wieder glimmen die Enden der Zigarren auf. Eine beruhigende und friedliche Atmosphäre breitet sich über das nächtliche Dorf. Regungslos sitzen die Männer da und reden, reden in die Dunkelheit. Ich verabschiede mich von Yawalu, der mir verspricht, morgen die Vokabeln zu übersetzen . . .

14. September

Vom Dorf führen etliche Pfade in den Wald hinein. Manche sind fast völlig verwachsen, versteckt unter dem dichten Gestrüpp, das knapp hinter den letzten Hütten beginnt, unkenntlich für das

Auge des Fremden. Schnell schließt sich jede Wunde, die der Mensch dem geschlossenen Grün zufügt. Durch Beobachtung der Dorfbewohner kenne ich einige dieser Pfade, oft folge ich auch den Frauen, wenn sie morgens den Weg in den Wald einschlagen. Die Pfade führen zu Pflanzungen, die kilometerweit entfernt im Wald liegen, vom Fluß her nicht erreichbar.

Barfuß, nur mit der Kamisa bekleidet, folge ich heute dem Uferpfad des Oyapock, der flußabwärts führt. Über Hügel, durch Gestrüpp, oft weit vom Wasserlauf entfernt, dann wieder ganz nahe. Ich habe mich daran gewöhnt, barfuß zu gehen wie die Wayapi. Ein wenig beherrsche ich es schon, spontan zu wissen, wohin ich den Schritt setze, ohne den Blick immerzu auf den Boden zu heften, aber oft genug führt das auch noch zu Verletzungen. Die Füße müssen erst lernen, ein Eigenleben zu führen, um Dornen, Schlingen, spitze Hölzer und Einbrüche zu meiden. Um so zu werden wie die Füße der Indianer, die „sehend" sind. Keine leichte Aufgabe für europäisch verbildete Füße, die durch das ständige Tragen von Schuhen unsensibel geworden sind. Das gleiche trifft auch auf die Sinnesorgane zu, das aufmerksame Sehen, das unterscheidende, feine Gehör. Es ist eine völlig neue Welt der sinnlichen Wahrnehmungen, die sich mir allmählich erschließt.

Ich überquere einen Crique auf dem schrägen Baumstamm, der hoch über dem kleinen Wasserlauf wie eine Brücke hinüberführt, und freue mich über die Sicherheit meines Schrittes auf dem moosig glatten, schmalen Stamm, freue mich über das fast lautlose Dahingleiten auf dem feuchten Laub des Pfades. Nur barfuß, nur fast nackt ist es möglich, sich im Urwald schnell, leise und sicher fortzubewegen.

In einer Plastiktüte trage ich Köder. Er ist für die vier Angelhaken bestimmt, die ich täglich auslege, Angelhaken so groß und stark wie Fleischerhaken. Ich verwende die Eingeweide eines

Affen, die mir Papi überließ, angeblich der beste Nachtköder, um bestimmte Fische zu fangen. Angeblich, denn bisher hat kein einziger Fisch angebissen. Dabei hätte ich es dringend nötig, eiweißhaltige Nahrung zu bekommen. Seit meiner Ankunft vor zwei Wochen ernähre ich mich fast ausschließlich von Reis und Bananen, Haferflocken und Kaffee. Etwa fünfzig Kilo Reis sind schon an die Frauen verteilt, die täglich mit leeren Couis ankommen. Lächelnd fragen sie nach Nuli, und ich verlange dafür, lächelnd wie sie, Fleisch. Fleisch, auf das ich noch heute warte, das ich nicht von ihnen bekomme. Einige bringen mir wenigstens ein paar Bananen oder Meyubrot, andere aber gar nichts. Deswegen hänge ich jetzt jeden Abend die Haken mit Köder in den Fluß, dort, wo die Criques in den Oyapock münden und das Wasser ruhig und tief ist. Aber jeden Morgen ziehe ich sie leer heraus, und wieder vergeht ein Tag ohne richtiges Essen. Die Fische scheinen zu glauben, es mache mir Spaß, sie täglich zu füttern! Allein der Hunger lehrt mich diese Ausdauer.

Ich klettere die Böschung hinab, bis zu den ausgewaschenen Wurzeln über der Wasserlinie, und befestige die stinkenden Eingeweide am Haken, der mit einem festen Stahlzug an der Plastikleine hängt, damit ein starker Fisch den Haken nicht abreißen kann. Wie ich das Ganze an den Wurzeln über dem Wasser befestigen will, merke ich, daß da bereits eine Leine ist! Hat ein Wayapi an meiner Stelle seinen Köder ausgelegt? Diese Leine läßt sich nicht hochziehen, der Haken hat sich unter Wasser verhängt. An dem Knoten erkenne ich, daß es meine eigene Leine ist, die ich heute morgen offensichtlich vergessen habe. Ich springe hinein in das trübe, sumpfige Wasser, um den Haken zu lösen. Hier, wo man nichts kaufen kann, wird jede Kleinigkeit zur Kostbarkeit, erst recht so ein starker Haken. Neben mir treiben die Innereien des Affen. Wie eklig! Ich bücke mich, taste nach dem Haken. Da starrt mich plötzlich aus der Morastsuppe des Criques ein riesiges Fischgesicht an. Aimara! Der größte Raubfisch des Oyapock, und er hängt an meinem Haken! Der Kerl muß mindestens zehn, zwölf Kilo wiegen! Schnell klettere ich die Böschung hinauf und ziehe den Brocken vorsichtig an Land. Da liegt er nun, mein erster großer Fisch im Leben, da liegt er – und stinkt erbärmlich! Er ist völlig verdorben, ungenießbar, an mehreren Stellen schon angenagt, und das alles wegen meines Strohkopfs voll Vergeßlichkeit!

Betrübt mache ich mich auf den Heimweg und denke darüber nach, was ich noch essen könnte. Es ist nur noch Reis da, Mehl, Öl. Der Bauch wird zwar voll davon, der Magen hört auf zu knurren, aber der Hunger verschwindet nicht, Hunger nach etwas Festem, nach etwas zum Zubeißen. Dieser Hunger wird allmählich zum Zentralpunkt meiner Gedanken. Ein einziges Mal nur bisher hat mir eine Frau ein großes Stück geräucherten Fisch gebracht. Saftigen, leckeren Fisch, genug für zwei, drei Tage. Doch was ist damit passiert? Nachts hat ihn mir eine Katze gestohlen und nur die ledrige Haut und die Knorpel zurückgelassen. Seit jener Nacht schlafe ich schlecht und unruhig. Ich wache auf, sooft eine Katze hereinspringt, das Oka leicht bebt und diese Erschütterung sich ganz sachte auf die Hängematte überträgt, und verscheuche den Räuber. Meine Lebensmittel sind mir kostbar.

Wenn es wenigstens nur die zwei Katzen des Dorfes wären, die plündern! Untertags flattern die Hühner von den Bäumen herein und hacken sich Löcher in die Jutesäcke mit Reis, in dem sich bereits ganze Käferkolonien einquartiert haben. Und nachts kommen auch Ratten, die den Trick mit dem Plastikbeutel bereits durchschaut haben und sich durchfressen zum Mehl und zum Zucker. Ich muß noch viel lernen, wenn ich ein halbes Jahr oder länger hier leben will!

Mein Enthusiasmus der ersten Tage ist verflogen. Ich habe es mir wohl leichter vorgestellt, hier zu leben. Es sind nicht nur die

Versorgungsprobleme, die mich quälen. Warum bekomme ich keinen Kontakt zu den Leuten? Haben sie denn gar kein Interesse an mir? Nie laden sie mich in ihre Häuser ein, nie kommen die Frauen zu mir, *ohne* etwas zu wollen. Männer kommen ausnahmslos überhaupt nicht. Und Si'i und Yawalu scheinen mir sogar aus dem Weg zu gehen. Wahrscheinlich ist ihnen meine ewige Fragerei lästig.

Mit den Kindern komme ich gut aus, wir haben viel Spaß miteinander. Sie zeichnen gerne, bunte Kreise die kleinen, stilisierte Menschen und Tiere die großen. Oft spiele ich mit ihnen ein Spiel, das ihnen viel Vergnügen bereitet und für mich lehrreich ist. Ich zeichne einen Gegenstand aus ihrem Leben auf, und sie müssen schon während des Zeichnens zu erraten versuchen, was es werden soll. So lerne ich Vokabeln! Ich wünschte, mir würde ein Spiel einfallen, das die Erwachsenen genauso begeistern könnte!

Es ist die Ungeduld, die mir zu schaffen macht. Ich möchte vorankommen, jeden Tag mehr lernen, abends abhaken können, was der Tag gebracht hat, Pläne schmieden für morgen. Nichts davon gelingt mir. Ich muß warten mit meinem Arbeitsdrang, bis diese Fremdheit, die uns trennt, endlich verschwunden ist. Und die Zeit? Für die Wayapi zählt sie nicht, hier gibt es so viel davon, daß sie nie knapp wird. Sie ist unwichtig für ihr subsistenzielles Leben, das damit ausgefüllt ist, zu überleben. Das ist für einen Europäer zwar leicht zu verstehen, danach zu leben aber ist schwer.

Die Wunden meines Gastes Tapi'i sind schon etwas eingetrocknet. Er liegt angebunden in der Ecke meines Okas und schläft. Der hochbeinige, schlanke weiße Hund mit kurzhaarigem Fell wurde während der Jagd von einem Wildschwein angegriffen. Er hat tapfer gekämpft, aber die Sau hat ihm schwere, tiefe Verletzungen

Mit den Kindern komme ich gut aus

längs der Wirbelsäule zugefügt. Papi, sein Besitzer, brachte ihn ins Dorf zurück und band ihn unter seinem Oka fest, um ihn hier sterben zu lassen. Er gab ihm weder zu fressen noch zu trinken und wartete nur auf Tapi'is Tod. Da nahm ich den Hund zu mir, reinigte seine Wunden und spritzte ihm Penicillin. Er ließ sich das von mir gefallen, obwohl sämtliche Hunde des Dorfes mich und meinen fremden Geruch hassen und aggressiv werden, sobald ich in ihre Nähe komme. Jetzt geht es ihm besser, er wirkt munterer.

Er winselt leise, wie ich Merfenpuder auf die noch offenen Stellen schütte. Armer Kerl! Er springt auf. „So bleib doch, Tapi'i, ist schon vorbei!" Doch schon hechtet er durch die Spalte zwischen den Seitenplanken ins Freie und reißt mit seiner Leine die Planke durch.

Es ist traurig, nicht einmal mit den Tieren habe ich Glück. Nur Ama-Tudu, die Vogelspinne, habe ich jetzt noch und die drei großen Leuchtkäfer, die Zuckerrohrsaft fressen und nachts, als freundliche Notbeleuchtung, meine Einsamkeit teilen. Alle anderen Tiere, die ich von den Indianern eingetauscht habe, sind tot. Als erstes hatte ich einen allerliebsten grasgrünen Perroquet mit roten und blauen Schwanzfedern. Ein zutraulicher kleiner Papagei, der gern auf meiner Schulter saß und mit den Ohrringen spielte. Vergnügt trällerte er mir sein „Kokotte, kokotte" ins Ohr, bis ihn ein Hund totbiß, mit dem er arglos spielen wollte. Mein nächster Schützling war das winzige Koatababy, ein schwarzer Klammeraffe; ausgewachsen wäre er, aufrecht stehend, fast einen Meter groß geworden. Aber sein Schicksal wollte es anders. Er erbrach die Milch und den Zuckerrohrsaft, die ich ihm einflößte, zitterte am ganzen Körper und starb noch am ersten Tag. Er war einfach noch zu klein, um ohne Mutter leben zu können.

Dann begann die makabre Geschichte meiner ersten Ama-Tudu. Ich fing diese große Vogelspinne mit den behaarten, schwarzen langen Beinen und zartrosa Füßen im Moskitonetz meiner Hängematte, wo sich oft im dünnen Gewebe Käfer und Insekten einquartieren, und hielt sie in einer großen Blechdose, über die ich durchlöchertes Cellophan spannte. Ama-Tudu fraß Mücken und Fliegen, die ich nachts, wenn sie in Scharen um meine Petroleumlampe schwirrten, mühelos fing. Diese Spinne trug einen kleinen weißen Knoten am schwarzen Rücken, den ich mir nicht erklären konnte. Waren es vielleicht ihre Eier? Neugierig wartete ich ab. Am dritten Tag verweigerte Ama-Tudu die Nahrung, ließ sogar die feinsten Mücken unberührt. Am vierten Tag bemerkte ich, daß sich aus diesem weißen Knoten eine Made entwickelt hatte, die wuchs und täglich größer wurde. Schließlich war sie am Rücken der Spinne dick und fett und rillig geworden, während die Spinne zusehends verkümmerte. Dieser Parasit saugte sie systematisch aus! Nach einer Woche war er zur fingerdicken Made herangewachsen, und von Ama-Tudu war nichts mehr übrig, bis auf das letzte haarige Bein war alles aufgefressen. Suchend schwenkte die Made den Kopffortsatz, wälzte sich herum und tastete den Boden der Dose ab, bis sie die Raupe fand, die ich hineingetan hatte. – Die Natur ist gerecht: Am nächsten Morgen war die Dose voll zentimetergroßer Ameisen, die sich an der fetten Made ergötzten – bis schließlich der bunte Hahn von Papi, der mir morgens immer so höhnisch ins Ohr krähte, in mein Oka flatterte und – pik-pik-pik – eine Ameise nach der anderen in sich hineinfutterte. Derselbe Hahn, den am Abend desselben Tages ein ausgelassener Bengel in wildem Tanz mit Pfeil und Bogen geschossen hat. Die Geschichte von Ama-Tudu eins, die wie eine erfundene Fabel anmutet, endet im Haus von Papi – so hoffe ich inständigst.

23. September

Es ist Abend. Noch einmal schlucke ich zwei Malariapillen. Der Nivakinstoß muß fünf Tage hindurch erfolgen. Die Kopfschmerzen sind schon etwas leichter, aber während des Schreibens überfallen mich immer wieder Momente, wo ich am Abkippen bin, Sekunden nahender Ohnmacht. Die Konzentrationsfähigkeit ist minimal. Um die Laterne schwirrt es von Käfern, Termiten, Nachtfalter prallen an den Glaszylinder, flattern kitzelnd an meinem nackten Rücken empor. Kleine, zarte Mücken kriechen mir in die Nase, und Heuschrecken knallen mir an die Seite. Am ganzen Körper krabbelt und beißt es. Nervenaufreibendes Um-sich-Schlagen, Sich-Kratzen, automatisch, ohne zu denken. Es ist an der Zeit, unters Moskitonetz zu flüchten. Ich bin auch zu erschöpft, um die Beobachtungen des Tages aufzuzeichnen. Zuvor müssen aber noch die kleinen Infektionen an Armen und Beinen behandelt werden, wie jeden Abend, aufgekratzte Mückenstiche, eingetretene Dornen und Unerklärliches. All diese Wunden heilen äußerst schlecht, mir fehlen Abwehrkräfte gegen die lokalen Mikroben. Einige Entzündungen behandle ich nun seit Camopi. Die Oberfläche ist zwar verheilt, aber unter der Haut frißt sich die Entzündung weiter, es bilden sich schmerzende Eiterherde, bis zu Erbsengröße. Immer wieder müssen die Stellen geöffnet und sorgfältig gereinigt werden. Danach kommt eine Neomycinsalbe auf die vielen Wundstellen, Pflaster darüber – das Ganze ergibt dann die sogenannten Patchworkbeine!

Aber man kann nicht vorsichtig genug sein, um nicht doch eine Stelle zu übersehen. Wie der winzige dunkle Punkt im Nagelbett der kleinen Zehe, den ich tagelang nicht beachtete. Heute schmerzt er unglaublich! Ich beiße die Zähne zusammen und schneide mit dem kleinen Skalpell ein Stückchen aus der empfindlichen weichen Haut am Nagelansatz. Jetzt die Pinzette, schon ist der Fremdkörper draußen. Etwas Gaze zum Abtupfen. Aber was ist das denn – mein Gott, habe ich Fieber, phantasiere ich? Der „Schiefer“ hüpft von der Pinzette, aus dem kleinen Einschnitt am Nagel kriechen nach und nach noch mehr solcher schwarzer Punkte heraus! Das müssen Chiques sein, Sandflöhe, die in einem Eigelege unter dem Nagel herangewachsen sind! Ich verbrenne die Gaze. Mir ist speiübel.

24. September

Yawalu – wilder Jaguar – „Ich habe als Bub viel gerauft, viel Unfug getrieben, schlaue Sachen, schlau wie der Jaguar ...“ Ja, der Name paßt wirklich zu dem stämmigen Mann, der es versteht, sich im Wald wie eine Raubkatze zu bewegen. Ich denke an seine Worte, werde daran erinnert, als Yawalus dicke Frau die Yula heraufklettert.

Sie lächelt verschämt, wie es die Eigenart vieler Wayapifrauen ist. Lächeln, das sich in seiner Bedeutung durch feine Nuancen unterscheidet, die ich eben im Begriffe bin kennenzulernen.

Yawalus Frau ist wirklich sehr dick. Aber dick sein, das heißt hier schön sein. Bedeutet, stark zu sein; Krankheit, Fieber, Zeiten des Nahrungsmangels besser zu verkraften. Es bedeutet, gesund zu sein. Und noch etwas anderes drückt es aus: daß der Mann ein guter, tüchtiger Jäger ist, der oft und viel Fleisch nach Hause bringt. Dick sein bedeutet in dieser sozialen Struktur, was in unserer Welt Wohlhabenheit ausdrückt.

Yawalus „wohlhabende“ Frau besucht mich zum ersten Mal. Ihr jüngstes Kind, halb verdeckt von einer Brust, hat festen Sitz auf der wohlgepolsterten Hüfte. Ihre kurze rote Kamisa ist sehr straff unter dem runden, prallen Bauch gebunden, über dem etliche rote Glasperlenketten baumeln sowie eine Kette mit einem Jaguarzahn. Ihr Gesicht ist rund, und die Stirnfransen, die zur Gesichtsmitte hin kürzer geschnitten sind als seitlich, betonen noch diese gesamte lebensstrotzende Rundheit.

„Yawalu schickt dir das“, sagt sie und überreicht mir sein Geschenk. Es ist Fleisch – Tapirfleisch, fett und deswegen von den Wayapi sehr geschätzt, die in ihrer Küche kein Speisefett verwenden.

„Das ist gut, ich habe kein Fleisch“, antworte ich, denn „danke“ sagt man nicht bei den Wayapi. Yawalus Frau setzt sich auf den Boden, läßt das Baby vor sich herumkrabbeln und trinkt mit mir Limonade. Für das Fleisch gebe ich kein Gegengeschenk, wie ich es anfangs getan habe, wenn mir die Frauen Meyubrot oder Baku brachten. Da wußte ich noch nicht, daß Geschäfte machen, Zug um Zug, hier nicht üblich ist. Man schenkt einander die Dinge und erwartet vom anderen, irgendwann, in ein paar Tagen, vielleicht auch erst in einer Woche, ebenfalls etwas geschenkt zu bekommen. Ein kompliziertes System bei 150 Leuten im Dorf, die ich noch nicht alle kenne, die ich verwechsle, aber ein sehr sympathisches System.

Yawalus Frau lacht über meine Ama-Tudu und inspiziert meine Garderobe. Ihr Blick drückt Verwunderung aus, fragt, wozu ich außer meiner Kamisa noch so viele Überzüge brauche.

„Es ist kalt am Abend, in der Nacht und am Morgen“, antworte ich auf ihre wortlose Frage, und sie versteht. Ja, denn jeder weiß, daß ich allein bin und niemand habe, der nachts mit mir die Ekea teilt und mich wärmt, wenn ich friere.

Einige Stunden später geht es mir plötzlich sehr schlecht. Mein Kreislauf spielt verrückt, und ich darf nur ganz langsam von links nach rechts schauen, sonst stolpern die Bilder und kommen durcheinander. Auch ein Bad im kalten Fluß vertreibt diesen Zauber nicht, kühlt nur das Fieber ein wenig ab, das in unregelmäßigen Abständen schon seit Tagen auftritt. Jeder Muskel schmerzt beim Gehen, und der Kopf scheint auf einer wippenden, rostigen Spiralfeder zu sitzen. Sieht aus, als hätte ich einen Arbovirus erwischt. Selbst der Appetit ist mir abhanden gekommen, und das ärgert mich besonders, weil ich doch endlich einmal Fleisch bekommen habe! Ich bezwinge meine Müdigkeit, mache Feuer auf meinem Petroleumkocher, lege das Fleisch in die Pfanne und esse das gut durchgebratene Stück, obwohl es mich ekelt. Ich muß essen. Fleisch essen, bei Kräften bleiben, wer weiß, wann es wieder etwas gibt. Um so mehr, als ich auf eine Ernte aus meinem Gemüsegarten leider auch nicht hoffen kann. Es ist nun gewiß, daß mein Versuch, in Trois-Sauts europäisches Gemüse zu ziehen, fehlgeschlagen ist. Auch die letzten grünen, sprießenden Hoffnungen haben kapituliert. Sie sind verwelkt in der Sonnenglut, verkümmert in der ausgewaschenen Erde. Nicht nur Sonne und Regen, die kurzen, aber heftigen Regenfälle, die die Erde oft samt den Pflänzchen wegschwemmten, sind dafür verantwortlich. Ebenso die Hühner, die oft gar nicht warteten, bis die grünen Spitzen den Boden durchbrachen, und sich bereits die Samen herausscharrten. Was noch übrigblieb, vernichteten die Raupen, die auf manchen Blättern so dicht gedrängt saßen, daß vom Grün nichts mehr zu sehen war. Und schließlich waren es auch noch die Kinder, die beim Spielen nicht aufpaßten und die Pflanzen zertrampelten. Ich hätte entweder auf erhöhten, abgedeckten Etagen anbauen sollen, oder aber außerhalb des Dorfes, in einer der Pflanzungen, wo der Boden fruchtbarer ist. Es war eben nur ein Versuch. Aber traurig ist es doch!

26. September

Ich weiß bestimmt, daß heute der Sechsundzwanzigste ist. Phantastisch – am letzten Zipfel der Welt, unter fast nackten, rotbemalten Männern zu leben, von denen einige Seiko-Uhren tragen, mit Datumsanzeige! Ich frage hin und wieder nach dem Tag, denn schließlich möchte ich Weihnachten nicht verpassen.

Ich glaube, ich war sehr, sehr lange krank. Heute morgen bin ich aufgewacht, und alles war mir fremd, alles sah so wunderbar aus, als wäre ich gerade erst angekommen. Klar erscheint mir die Welt, bunt und strahlend. Wie schön, denke ich, wenn ich auf den Fluß hinterschaue. Wie schön seid ihr, sage ich heute zu den hunderttausend drei Zentimeter langen Kakerlaken, die mit mir leben – und das, obwohl Si'i sagt: „Sale, ils mangent la merde", dreckig, die fressen Kot, und es mich immer ekelte, wenn sie über meine Füße huschten.

Ich bin gesund! Rostige Mühle Geist, fängst du endlich wieder an, dich zu drehen? Paul kommt zu mir. Paul Zidoc, der Sohn des letzten Capitaine des Dorfes. Er hat die Liane, um die ich ihn gebeten habe, nicht vergessen. Es ist das eine ganz besondere Liane, breit, flach, gewellt und sehr biegsam. Daraus formt Paul in meinem Oka eine über einen Meter weite, kreisförmige Umrandung und legt das Rund mit frischen Bananenblättern aus. Jetzt noch einige Eimer des gelben, nassen Lehms hinein, den ich vom Fluß hole. Paul tritt mit seinen breiten Füßen die Masse fest, und fertig ist meine brandsichere Feuerstelle!

Um meine neugewonnenen Energien zu nutzen, nehme ich mein Coup-Coup und mache mich auf die Suche nach Brennholz. Ich schleppe aus dem nahen Wald dicke und dünne Äste herbei, die sich von den zahllosen umgestürzten Bäumen leicht und problemlos beschaffen lassen, bis der Holzhaufen in meinem Oka eine ansehnliche Größe erreicht hat.

„So, und jetzt wird gleich mal ein zünftiges Feuerchen gemacht. Nicht wahr, da schaut ihr, was ich alles kann!" sage ich vergnügt zu den Kindern, die fasziniert jedem meiner Handgriffe folgen. Aber bald gibt es nichts mehr zu schauen. Die Rauchentwicklung ist gewaltig, von züngelnden Flammen allerdings keine Spur. Dafür scharen sich sämtliche Nachbarn um mein Oka und freuen sich unbändig.

„Zumindest hilft es gegen die Käfer im Blätterdach, meint ihr nicht? La guerre les bêtes!" verteidige ich mich.

Holzbeschaffung ist Frauensache

Am Nachmittag gehe ich wieder Holz sammeln. Richtiges, gut durchgetrocknetes Brennholz dieses Mal. Die ältere der beiden Frauen Papis begleitet mich. Ausgerüstet mit einer großen Holzfälleraxt, führt sie mich zu einer Rodung und zerhackt in knapp einer halben Stunde einen ganzen, dicken Stamm. Die Frau ist einen guten Kopf kleiner als ich, schmächtig, mit zarten strichdünnen Gliedmaßen, aber die Axt schwingt sie wie ein Tiroler Holzknecht. Steinhartes Holz, das nicht splittert. Holzhacken ist in Trois-Sauts Frauensache. Ihre Haut bleibt dabei matt und samten, nur auf der Oberlippe glänzt es perlig. Ich dagegen triefe von Schweiß, schutzlos unter der sengenden Sonne, die auf dieser Lichtung grell und ungefiltert bis zum Boden dringt. Sternchen flimmern mir vor den Augen, und ich spüre, daß ich nicht mehr lange durchhalte. Dabei tue ich nichts, als die Scheiter in das Katuri schlichten.

Der Korb ist voll. Damit das Holz nicht herausfallen kann, wird das hinten offene Katuri kreuzweise verschnürt. Womit? Ganz einfach, man ergreift eine der sich am Boden dahinrankenden Wurzeln – egal wo, sie sind überall – und zieht kräftig daran. Schon hat man ein drei, vier Meter langes, solides, biegsames Seil.

Fazit: Brennholz ist doch nicht so leicht und problemlos zu beschaffen, wie ich dachte.

28. September

Mein euphorischer Zustand hat nicht lange angehalten. Leichte Temperatur, Übelkeit, Bauchschmerzen, Augenflimmern – mit einem Wort: mies.

In der Nacht mache ich Blutproben auf Glaslamellen, um sie bei nächster Gelegenheit nach Cayenne zu schicken. Müßiges Unterfangen. Die Vampire, die in der Finsternis oft durchs Oka flattern, waren da und haben das Blut aufgeleckt. Makaber. Hoffentlich bekommen sie zur Strafe nun auch das Denguefieber!

Erste Einblicke

30. September

Mein Kajak nimmt sich neben den langen, schweren Einbäumen der Wayapi wie ein rotes Kinderspielzeug aus. Bevor ich selbst die Jungfernfahrt auf dem Oyapock antrete, will ich sehen, wie ein Wayapi damit umgeht, dem dieses Gefährt vollkommen neu ist und der nicht weiß, wie man es handhabt. Heute, während des Casirifestes, ist es soweit. Viel Besuch ist eingetroffen, die Bewohner des dritten Dorfes, Village Kammala, sind zu dem Fest geladen. Alle haben schon reichlich Casiri getrunken, palavert, getanzt. Wie die Stimmung auf dem Höhepunkt ist, laufen ein paar der Jungen zum Fluß hinunter und lösen die Leine meines Bootes. Sie lachen zu mir herauf, ich nicke und ermuntere sie weiterzumachen. Zwanzig, dreißig junge Männer stehen jetzt um den Kajak herum, in ihren bodenlangen Festtags-Kalimbes, geschmückt und geschminkt, und ein Haufen Kinder noch dazu. Amama ist der Mutigste. Er schiebt das leichte, kippende Gefährt ins Wasser und klettert hinein, während die andern in laute „Hiiii"-Rufe ausbrechen, Ausdruck allergrößten Spaßes, Krönung jeden Gelächters. Irgend jemand gibt dem Boot einen Schubs, reicht das beidseitige Kajakpaddel nach, und schon erfaßt es die Strömung und treibt es ab. Amama sitzt falsch im Boot, völlig falsch, er hat die Beine in der kleinen Einstiegsluke steil vor sich aufgestellt, anstatt sie vorn ins Boot hineinzustrecken. Dennoch kippt er nicht um, sondern verlegt sein Gewicht gegen die Strömung, genau, wie es im Lehrbuch steht. Die Zuschauer grölen vor Vergnügen, pfeifen, rufen, gestikulieren, schlagen sich gegenseitig auf die Schultern. Und Amama, der Ärmste, weiß nicht, was er mit dem eigenartigen Ding, dem Paddel, anfangen soll, das an beiden Enden ein Blatt hat, anstatt nur eines wie ihre eigenen Ruder. Nach einigen Versuchen hat er das Balancegefühl für das Paddel entdeckt, hält es richtig in der Mitte und sticht zu beiden Seiten des Kajaks ins Wasser. Zwanzig, dreißig Meter ist er inzwischen abgetrieben. Wird er es schaffen, in dieser falschen Sitzhaltung ohne zu kentern umzudrehen und zurückzukommen? Er schafft es. Kein Problem für einen Wayapi, der es von Kindesbeinen an gewohnt ist, in schwankenden Einbäumen vorwärts zu kommen. Er legt sich mit aller Kraft gegen die Strömung und ist im Nu wieder da, am Ufer bei den anderen, die nun auch probieren wollen. Jeder, der will, kommt an die Reihe, und alle sind annähernd gleich geschickt. Dann kehren die Großen zum Fest zurück, und ich bin an der Reihe, Kajakchauffeur für die Kinder zu spielen, die gar nicht genug bekommen wollen.

Die Begeisterung der Wayapi für meinen Kajak ist rasch verflogen, der Reiz des Neuen schnell vorbei. Ein Spielzeug eben. Nichts Solides. Für die Arbeit nicht zu gebrauchen. Folglich unwichtig, weil unnötig. Sie sagen, daß es bald brechen wird, wie die Plastikeimer, die sie von der Küste bekommen haben und die hier auch nicht lange halten. Mag sein, daß die UV-Strahlen der Äquatorsonne daran schuld sind.

2. Oktober

Heute will ich mich mit dem Oyapock vermählen! Ich breche zu meiner ersten richtigen Bootsfahrt auf. Mit Rucksack, Angelrute und Coup-Coup ausgerüstet, gehe ich beschwingt zum Anlegeplatz hinunter. Mein Kajak leuchtet mir erwartungsvoll entgegen. Wie ich den Lukenschutz abnehme, fahre ich blitzartig zurück. Auf der Sitzfläche, im feuchten, dunstigen Innenraum sitzt ein großer schwarzer Skorpion und erhebt drohend seinen langen Schwanz mit dem Giftstachel. Diese Skorpione sind sehr giftig, der

Stich qualvoll und nicht ungefährlich. Nicht auszudenken, was passiert wäre, wenn er sich, von mir unbemerkt, in der Spitze des Bootes versteckt hätte. Die ersten hundert Meter paddle ich kräftig, zur Freude der Wayapi, die mir nachsehen. Hinter der Flußbiegung aber lasse ich mich von den Launen des Oyapock ganz nach seinem Belieben treiben und drehen und genieße die lautlose Fahrt durch die verträumte Flußlandschaft. Braune Schmetterlinge mit rosa Tupfen tanzen am flachen Felsenufer über dem Wassergekräusel auf und ab. Tellergroße, violett schillernde Morphos, lebendig gewordene Edelsteine, schweben über dem Wasser, stolze Eitelkeit, die sich im Wasser spiegelt. Und wie ein Festzug ziehen die unzähligen Blüten des Jakarandabaumes auf dem ölig fließenden Wasser dahin. Zwei stromlinienförmige Aras überqueren knapp über den Baumkronen den Fluß, ihre langen roten Schwanzfedern wie eine Fahne hinter sich herziehend. Ein Stück vor mir geht lautlos ein leichter Regenschauer nieder, aus unbewölktem Himmel, von nirgendwo, bildet ein bewegtes Muster von verlaufenden Wasserkreisen, als würden Tausende kleiner Fischchen nach Mücken schnappen. Wie ich die Stelle erreiche, spüre ich noch einige feine Tröpfchen auf der Haut zerstäuben, schon ist der Geisterschauer vorbei. Weitab liegt das Dorf mit seinen lauten Geräuschen, fern ist die Realität. Fein abgestufte Farben umgeben mich, wohlklingende Laute, die nicht dieser Welt, hier und jetzt, anzugehören scheinen. Zu schön, um irdisch wahr zu sein! Ein ums andere Mal drehen wir im Kreise, rundherum, um und um, langsam, immer im gleichen Rhythmus. Das Wasser plätschert die Begleitung, Insekten spielen das Lied, Zweige berühren den Strom, geben den Dreivierteltakt, rundherum, um und um tanzen wir den Reigen ...

An einer Felseninsel halte ich, um zu angeln. Wie üblich ohne Erfolg, es beißt nichts an, bei all meiner Ausdauer. Das muß am Köder liegen. Vielleicht hatte der alte Mika tatsächlich recht, als er meinte, ich solle es mit Früchten versuchen. Ist es möglich, daß manche Fische Vegetarier sind?

Ungetrübter Laune setze ich meine Flußfahrt fort und gelange an eine Stelle, wo ich im Ufergebüsch zwei Einbäume erkenne. Das deutet darauf hin, daß sich in der Nähe Pflanzungen befinden oder daß von hier Jagdpfade in den Wald führen.

Der Pfad, dem ich folge, verzweigt sich immer wieder, immer öfter und wird schließlich ganz schmal. Dichtes Gestrüpp von Musacea-Gewächsen säumt ihn zu beiden Seiten, Stauden, die der Bananenstaude zum Verwechseln ähnlich sind. Manche tragen spitze, kahnförmige orange Blüten, wie Lanzen abstehend, wie bunte Kranichköpfe. In Europa sieht man diese Blüten manchmal in den Blumengeschäften, teure Exoten, unter der Bezeichnung Paradiesvogelblume. Hier wuchern sie wild, beherbergen unzählige Insekten. Ich beobachte schillernde, winzige Kolibris, die im Fluge vor den orangefarbenen Kelchen halten und mit ihrem langen Schnabel Nektar saugen. Auch am Dorfrand von Zidoc wächst Musacea. Obwohl die Pflanze keine Früchte liefert, ist sie für die Wayapi dennoch von vielfältiger Bedeutung. Die großen, lappigen Blätter werden als Teller verwendet, weiters, um die vollen Latuluas, die Casiritröge, damit abzudecken, und als „Einwickelpapier" für verschiedene kleine Dinge. Im Wald ergeben einige Lagen dieser Blätter, übereinandergestapelt, eine bequeme und vor Insekten geschützte Liege- oder Sitzfläche. Und mit Lianen in die Zweige gebunden, ein schnell hergestelltes Schutzdach gegen die heftigen, plötzlich einsetzenden Regenschauer.

Aus dem verwucherten Gestrüpp der Musacea führt der ansteigende Pfad durch dichtes Unterholz, das sich mehr und mehr lichtet, in den „Hochwald", ohne niederen Bewuchs. Klobige, mächtige Baumriesen stehen da, zwanzig, dreißig Meter hoch, mit Lianensträngen verbunden, die den schlanken, hohen Stämmen erst den Halt zum Leben geben. Lianen, wie gewundene Schlangenleiber, stark wie Brückenseile, bis hinauf ins geschlossene grüne Dach der einheitlichen Blätterdecke. Wie klein ich mir am Boden daneben vorkomme! Gewohnte Relationen finden bei solchen Ausmaßen keine Anwendung mehr. Plötzlich bin ich nur noch ein winziges Käferchen – ein artfremdes noch dazu –, das im Moos seinen Weg sucht, das niemandem Böses will und nur hoffen kann, nicht zertreten zu werden.

Es raschelt im Laub, kleine Echsen, die fliehen. Vögel singen hoch oben im Dach der Blätter, die nur selten einen Sonnenstrahl durchlassen, zu mir herab, in den düsteren Unterwald. Eine flaumige, hellgraue Taube überquert in Schulterhöhe den Pfad, stößt mit mir zusammen, erschrickt wie ich. Winzige, grün und braun gesprenkelte Fröschchen, nicht größer als ein Fingernagel, lassen sich fangen, lassen mich ihre glasigen Miniaturhände mit den gespreizten Fingern betrachten.

Ich wundere mich nicht darüber, keine größeren Tiere zu sehen. Oft schon war ich im Wald, aber Tiere sah ich nur selten. Einige kleine Affen, Tukane, Aras, ein paar Schlangen, einmal ein Agami. Die Sumpfrehe, die Brüll- und Klammeraffen, Wildschweine, Agoutis, Pakas, der Tapir, der Kaiman und gar der Jaguar, sie halten sich noch viel tiefer in den Wäldern verborgen, weiter, als ich je vordringen konnte. Zudem leben sie verstreut, meist als Einzelgänger, und sind nur schwer aufzustöbern. Ein weiterer Grund, weswegen ich so wenige Tiere sehe, mag freilich auch der sein, daß sie viel schneller flüchten, als ich sie hören oder sehen kann.

Beim Überklettern eines Baumes mache ich mit Ameisen hautnah Bekanntschaft. Wilde, kriegerische Gesellen, die nicht etwa nach heimatlicher Manier vor dem Feinde flüchten oder versuchen, an ihm selbst einen Weg zu finden, das unliebsame Hindernis schnell zu umgehen. Zu Dutzenden krallen, beißen sie sich fest und entledigen sich, den Körper gekrümmt, ihrer gesamten Giftladung, bis ich sie einzeln von mir abreiße. Schnell hole ich eine Zigarette aus dem Rucksack, kaue den Tabak und bestreiche damit die schmerzenden Stellen, wie ich es bei Si'i gesehen habe. Das hilft sofort.

Aus der Ferne vernehme ich Axthiebe. Die Geräusche kommen aus der Richtung, in die ich gehe. Bald kann ich vor mir durch die Bäume eine Lichtung erkennen. Es wird hell und freundlich im Wald, ich habe die Pflanzung erreicht und stehe im prallen, grellen Sonnenlicht, an das sich die Augen erst gewöhnen müssen.

Steht man vor einer Wayapi-Pflanzung, ist jeder Vergleich mit Beispielen unserer heimischen Agrarwirtschaft hinfällig. Keine gradlinigen Ackerfurchen, keine Reihenpflanzung in Symmetrie und Ordnung, keine strenge Trennung der einzelnen Anbausorten prägen das Bild eines Abattis. Scheinbar willkürlich werden hier die Pflanzen durcheinander gesetzt, und ein Jahr in diesem Biotop genügt, um daraus ein hohes, verfilztes Gestrüpp entstehen zu lassen. Als ich das erste Mal eine solche Pflanzung betrat, glaubte ich mich in einem Sekundärwald zu befinden.

Ich folge einer ausgetretenen Spur, die zwischen Zuckerrohr, Maniok und am Boden rankenden Süßkartoffeln hindurchführt. Halbverkohlte Baumstämme liegen am Weg, und einige Male muß ich zurückgehen, weil sich der Weg als Sackgasse erweist.

„Elfie?" höre ich von irgendwo eine Frauenstimme meinen Namen rufen.

„Hu'u!" antworte ich nach Wayapiart, erst ein langgezogenes tiefes U, dann ein zweites hoch und kurz. Wie konnten sie mich ausnehmen? Ich gehe barfuß, lautlos, bin vom Gebüsch verdeckt und, der Stimme nach zu schließen, sind die Frauen noch weit weg. Wieder ruft sie mich, dieses Mal auch mit dem üblichen Ruf, und ich antworte. Ein paarmal wiederholen wir dieses Spiel, das mich durch das grüne Labyrinth zu ihnen führen soll, und dann steht plötzlich Denise vor mir, eine Nichte von Si'i Lassouka, und zieht mich mit sich zur Arbeitsstelle.

Mama Lassouka gräbt mit einem Coup-Coup Maniokknollen aus und wirft sie auf einen Haufen. Die umgehackten Maniok-sträucher steckt sie wieder in die Erde, daraus werden aufs neue Knollen entstehen. Ein Stück weiter arbeitet die Frau von Ulapilä und die von Kala'i, die hochschwanger ist. Ihre kleine, achtjährige Tochter muß für sie das Brennholz ins Katuri schlichten, weil sie selbst sich nicht mehr so gut bücken kann. Trotzdem nimmt sie schon wieder ihre Axt und beginnt einen weiteren Baum systematisch zu zerkleinern. Auch die Kleine schwingt schon eine Axt, die fast so groß ist wie sie selbst.

Mama Lassouka gräbt Maniok aus

Mama Lassouka hat ihr Katuri mit Maniok gefüllt, stemmt es auf den Rücken und begibt sich damit auf den langen Rückweg zu den Booten. Wie eine Junge klettert sie mitsamt ihrer Last über Baumstämme, kriecht durchs Gestrüpp, dabei ist sie schon sechzig Jahre alt.

„Fertig für heute, Mama Lassouka?"

„Nein, noch ein Katuri voll", sagt sie keuchend, aber lächelnd.

Ich bleibe und helfe Denise beim Ausgraben von Yäti (Süßkartoffel). Sie sucht die Früchte unter den Ranken, hackt mit einem Messer die Erde ein wenig auf, und ich grabe sie aus und sammle sie in einen Korb.

„Hier – da – nimm!" Denise kommandiert mich rasch herum. Ich komme beim Kriechen im Gestrüpp auf allen vieren gewaltig ins Schwitzen und muß mich beeilen, mit ihr Schritt zu halten. „Da komm her – komm schon, nimm!"

Denise hat leicht lachen, sie kennt sich hier aus. Aber ich habe mich bereits an den scharfen Gräsern blutig geschnitten.

Die schwangere Frau von Kala'i packt sich den vollen Brennholzkorb auf den Rücken und schleppt ihn, weit vorgebeugt, so daß ihr der pralle runde Bauch auf den Oberschenkeln aufliegt. Auch das kleine Mädchen trägt ein Katuri, und das sieht ebenfalls nicht leicht aus.

Denise kommt mit ein paar Kürbissen daher. Sie hackt die holzige, sehr harte Schale auf, holt aus dem festen weißen Fleisch die Kerne heraus und sammelt sie in eine Coui. Den Rest wirft sie weg.

„Die rösten wir über dem Feuer, dann sind sie gut", sagt sie.

Da kommt mir eine Idee. Ich nehme mir einen besonders großen Kürbis, höhle ihn vorsichtig aus, damit die Schale nicht bricht, und packe ihn in meinen Rucksack. Die werden Augen machen!

Aus dem Wald hinter der Pflanzung höre ich Coup-Coups

klirren, Äxte schlagen und dann das Rauschen umstürzender Bäume. Si'i und seine Freunde roden Sekundärwald, um die Fläche wieder nutzbar zu machen. Ein Stück Wald, das vor Jahren schon einmal gerodet und abgebrannt wurde, um darauf eine Pflanzung anzulegen. Heute stehen da Bäume, die höchstens zehn Meter hoch sind.

So ein Sekundärwald wird nicht immer nach Ablauf einer Ruheperiode wieder benützt, obwohl das Roden hier weitaus einfacher ist als im Primärwald, wo erst die gewaltigen Baumriesen gefällt werden müssen. Aber das junge, saftige Gehölz, das sich nach Auflassen der Pflanzung bildet, und die wild wuchernden Ableger der Kulturpflanzen werden oft von Parasiten befallen, so daß die Erträge bei Wiederbenutzung so einer Pflanzung – trotz Abbrennens – zu gering sind. Jahr für Jahr muß sich jede Familie ein neues Abatti anlegen, mehr als ein oder zwei Ernten sind auf einer Pflanzung nicht möglich. Der Urwaldboden ist zu arm an Nährstoffen – erstaunlich, aber wahr.

Schier unfaßbarer Widerspruch zum äußeren Erscheinungsbild! Wie ist es möglich, daß auf diesem armen Boden ein Urwald, ein Dschungel mit so üppiger Vegetation gedeihen kann? Diese Frage beschäftigte mich lange. Aber wie bei so vielen Dingen hier darf man die Antwort nicht bei europäischen Mustern suchen.

Die Antwort ergab sich von selbst, als ich mir eines Tages die Wurzeln umgestürzter Bäume systematisch näher ansah und feststellte, daß sich alle Wurzeln auffallend gleichen. Weder eine kräftige Pfahlwurzel zeichnet sie aus noch ein Geflecht tiefreichender Wurzeln. Der Wurzelstock ist überraschend klein in Relation zur enormen Höhe und zum Umfang des Stammes und gleicht einer flachen, ausladenden Kralle, die dem Festhalten dient. Diese Bäume holen sich die Nährstoffe offenbar nicht über die Wurzeln aus der Erde, sondern nehmen sie von außen auf! Mikroben, Schimmel und andere Pilze, biogene Ablagerungen,

Insektenlarven, Maden und Ameisen überziehen die Stämme und jene Wurzeln, die über der Erde liegen, und liefern die Nahrung, die der Boden nicht geben kann. Der Haushalt ist geschlossen, jeder lebt für jeden und einer vom anderen.

Die Nutzung des Urwaldbodens für den Menschen bedarf der Erfahrung jener, die seit Jahrtausenden mit diesem Biotop vertraut sind. Die vielen Mißerfolge, die den Kolonialisten beschieden waren, ehe auch sie die Methoden der Indianer anwandten, bestätigen diese Erkenntnis ebenso wie mein mißglückter Gemüsegarten.

Si'i lachte, als ich ihm erzählte, daß man bei uns Land nach Quadratmetern kaufen muß. Grundbesitz ist bei den Wayapi unbekannt, weder der einzelne noch die Gemeinschaft hat ein Anrecht auf Grund und Boden. Es gibt ja nicht einmal ein streng begrenztes Wayapi-Territorium. In ihren Augen zählt nur das Gebiet, das sie laufend begehen, sei es zur Alltagsjagd oder zu ausgedehnten Expeditionen. Ein gewisses Gefühl für ein begrenztes Stammesgebiet geben ihnen nur die Beziehungen zwischen den Dörfern und zu den Indianern von Camopi.

Neben Maniok sind Mais, die verschiedenen Jamswurzeln, die Süßkartoffel und die Banane die wichtigsten Anbausorten, für den Mann außerdem noch Tabak, Pfeilrohr und Fischgift, die er selbst pflanzt und pflegt. Alle anderen Gemüse- und Obstpflanzen, die die Wayapi noch kennen, sind von relativ geringer Bedeutung und gelten als Nebenertrag, Nascherei, nur für Frauen und Kinder bestimmt. Urucustauden, die ihnen den roten Farbstoff für die Körperbemalung liefern, werden rund ums Dorf gepflanzt.

Allgemeiner Aufbruch und Rückkehr ins Dorf. Der Arbeitstag, einer wie ungezählte andere, neigt sich seinem Ende zu. Die Männer rauchen Rindenzigarren. Mama Lassouka verstaut ihr letztes Katuri im Boot und preßt einige Stangen Zuckerrohr an einer einfachen Preßvorrichtung aus. Es ist ein halbhoch abgeschlagener, dünner Stamm, mit einem konischen Loch für die Preßstange. Der Saft rinnt in eine Coui, Mama Lassouka löst darin ein Stück Meyu auf, vermengt es mit den Fingern zu einer Suppe und bietet es den Männern an. Ich bin so müde, daß es mir nur unter größter Kraftanstrengung gelingt, gegen die Strömung nach Hause zu kommen, mit den anderen mitzuhalten.

Die beiden Pirogen legen als erste am Bootssteg an. Gebückt schleppen die Frauen die Katuris ins Dorf hinauf, während die Männer leichtfüßig, nur mit der Axt oder dem Gewehr beladen, ans Ufer springen und zu den Hütten schlendern. Empörung regt sich in mir . . . Gleichmütig, klaglos nehmen hier die Menschen ihr unabänderliches Los auf sich, das ihnen die Tradition zugeteilt hat. Man kennt nichts anderes, man denkt darüber nicht nach, so war es immer, so ist es eben. Alles hat tiefere Gründe und ist deswegen gut. Gründe, die der einzelne vielleicht gar nicht mehr kennt, die sich im Laufe vieler Generationen im Urwaldmilieu entwickelt haben. Wenn ich die Wayapifrauen beobachte, in ihrer stillen Zufriedenheit, Heiterkeit, ja Fröhlichkeit, denke ich mir, daß es uns mit all unserem Wissen noch nicht gelungen ist, die eigene Mitte zu finden.

Großes Gelächter und allseitiges Vergnügen, als ich am Abend mit dem beleuchteten Kürbiskopf mit Dämonengesicht von Oka zu Oka ziehe.

7. Oktober

Gewaltig, unübersehbar sind die Wälder, auf guyanischer Seite wie drüben, jenseits des Oyapock, auf brasilianischer. Unendliche Weite des Urwalds. Und dennoch fühle ich mich beengter als auf der kleinen Insel Wabinfuru im Indischen Ozean, auf der ich lebte.

Tatsächlich ist der Bewegungsraum des Menschen in Trois-Sauts sehr beschränkt: das Dorf, der Pfad ins nächste Dorf, das

Flußufer, die Pflanzung, und das ist auch schon alles. Der Urwald lockt, aber ich wage keine größeren Ausflüge, aus Angst, mich zu verirren oder mich mangels Erfahrung falsch zu verhalten. Auch mit dem Kajak beträgt der Radius meiner Möglichkeiten nur fünf bis acht Kilometer, weil darüber hinaus die Strömung zu stark ist. Und ruhige Criques, befahrbare Nebenarme des Oyapock, gibt es in der Nähe keine. Für mich allein ist mein Bewegungsraum sehr limitiert. Aber zusammen mit den Wayapi wäre es möglich, die Wälder zu durchstreifen und kennenzulernen. Auf ihren Jagdausflügen, die sie weit von den Dörfern wegführen, dorthin, wo sie früher lebten und heute noch Jagdpfade haben, in Itusansan oder noch weiter, in den Tumac-Humac-Bergen. Aber wie stelle ich es an? Die Jagd ist ein absolut männlicher Akt, bei dem die Frau nichts zu suchen hat.

Oft schon habe ich Si'i, Yawalu, Yapok, Tola und Papi, Männer, die ich bereits ein wenig kenne, mit denen ich oft spreche, gebeten, mich mitzunehmen, wenn sie fischen oder jagen gehen. Sehr höflich, fast erfreut sagen sie ja, aber meinen selbstverständlich nein. Wie muß ich mich verhalten, was muß ich tun, um von ihnen akzeptiert zu werden?

Ich habe einen Fisch gefangen, einen riesigen, so groß, wie ich im Dorf noch keinen sah. Gut, der Fisch stank, aber gefangen habe ich ihn. Dann habe ich mit den Männern Fußball gespielt – ein Sport, den sie aus Camopi kennen und begeistert betreiben. Leider konnte ich meine Mannschaft im roten Kalimbé nicht von der Gegenmannschaft im roten Kalimbé unterscheiden, so daß ich ständig dem eigenen Team den Ball abjagte. Immerhin fanden hinterher alle, daß sie noch nie so ein lustiges Spiel erlebt hätten.

Dann die Kajakfahrt über die enorme Stromschnelle vor Village Zidoc! Ich dachte mir, wenn ich etwas so Mutiges vollbringe wie die Befahrung der Wasserfälle, etwas, was es noch niemals zuvor gegeben hat, was keiner je wagte, müßte das doch gehörig

Eindruck machen, so daß sie mich vielleicht als ebenbürtig betrachten würden. Großer Gott, hatte ich Angst. Mit dem kleinen bißchen Erfahrung auf österreichischem Wildwasser wußte ich, daß es möglich sein müßte, heil und unbeschädigt da hinunterzukommen. Ich vertraute auf meinen Instinkt, die heimischen Lektionen und mein bewährtes Glück. Und fuhr los, hinein in die tosenden Fluten. Gegenströmungen – Boot aufkanten, mit der Stromzunge fahren; Felsblöcke – knapp anfahren, sich zum Hindernis legen; verkeiltes Geäst im Strom – weit ausweichen. Wie wild arbeitete ich mit dem Paddel, um die Hindernisse richtig zu umgehen und von einer Stufe der dreigeteilten Fälle auf die nächste zu kommen. Senkrecht tauchte ich in eine Walze unter einem Abfall, riß mich wieder heraus und wurde schließlich das letzte Stück von der Hauptströmung mitgerissen und gut hinuntergebracht.

Die Bewohner des so idyllisch gelegenen Dorfes Kammala und etliche Männer aus Zidoc standen wie festgefroren am Ufer. Wenn ihre Mienen überhaupt etwas ausdrückten, so Verständnislosigkeit, manchmal Heiterkeit.

„Warum hast du das gemacht?" fragte mich Yawalu erstaunt. „Warum denn? Wenn du unterhalb der Stromschnellen fahren willst, kannst du das Boot über die Felsen am Rand hinuntertragen . . . !"

9. Oktober

Deprimierende Tage. Nichts, was ich mir vornehme, klappt. Die Arbeit am Filmmanuskript ist festgefahren. Ich zweifle an meinen Fähigkeiten. Warum will ich mich nicht damit abfinden, daß ich noch viel zuwenig über das Leben hier weiß, um Schlüsse für den Film zu ziehen? Warum fällt mir das Warten so schwer? Die knappe und einseitige Ernährung, die physische Schwäche tut ein übriges.

Weil ich selbst nicht mit mir zufrieden bin, suche ich die Ursache bei den Wayapi, und aggressive Gedanken regen sich in mir. Sie kommen doch nur, weil sie Reis oder etwas von meinen Sachen brauchen. Sie sind nur auf Vorteile bedacht, sie beuten mich aus. Sie wollen keinen Kontakt mit mir, sie wollen nicht, daß ich etwas von ihnen erfahre. – Gleich wieder schäme ich mich, sage mir, daß Menschen, die ein subsistenzielles Leben führen, das ihnen nur das Nötigste läßt, auch über extreme Härte verfügen müssen, um zu überleben. Weiß, daß besondere Rücksichtnahme und Feingefühl Luxus sind.

Früher war der weiße Mann ihr Feind – ihr Todfeind. Er war es, der die Krankheiten brachte, die sie zu Tausenden auslöschten. Er war es, der ihnen ihr Land wegnahm, der eindrang in ihre Jagdgebiete und sie, die Menschen, tötete wie das Wild. Jetzt leben die Wayapi in Frieden mit dem weißen Mann, der ihnen in Guyana Schutz bot, wo sie niemand mehr bedroht.

Der Weiße gilt heute als ihr Helfer. Er kommt, um zu geben, und geht wieder. Der Arzt aus Saint-George, der Medizin bringt, Gendarmen und Militär, die Sicherheit versprechen; Monsieur M. von der Familienbeihilfe; der junge Lehrer, der manchmal in Zidoc weilt und vielleicht einmal den Kindern Wissen bringen wird.

Und ich komme und bleibe, bleibe, ohne daß man genau weiß, warum. Ich gebe weniger als all die anderen; erwarte vielmehr, daß sie *mir* geben: ihre Nahrung, ihre Zeit, ihr Interesse, ihr Wissen. Ich fordere, daß sie mich akzeptieren – aber nicht ganz; denn das hieße als Frau, *nur* als Frau . . .

Seit Tagen frage ich: „Wann gibt es wieder ein Mayuli? – Sag mir, Si'i, wann ihr wieder Bäume fällt. – Sag mir, Yawalu, wann ihr zur Rodung geht. – Nimm mich mit, Paul, wenn du das Holz abbrennst." Und sie fahren wieder ohne mich ab, acht, zehn Mann in der Piroge, und niemand sagt es mir.

Wie sie heute wieder stumm und unauffällig im Wald verschwinden, beschließe ich, ihnen nachzugehen. Tea K't – Kleinauge –, ein junges Mädchen, das ich gerne mag, hat Zeit und will mich begleiten. Ich bin froh darüber, die Filmausrüstung ist sehr schwer, allein könnte ich sie nicht transportieren. Tea K't trägt den roten Kunststoffrucksack mit Kamera und Zubehör, lachend über das ungewohnte „Katuri", ich nehme das Holzstativ, Tonband und Akku. Wir folgen dem Uferpfad des Oyapock.

Bis heute habe ich im Dorf weder gefilmt noch fotografiert. Ich will warten, bis diese Tätigkeit nicht mehr zudringlich wirkt, nicht mehr als unbefugtes Eindringen in die Privatsphäre empfunden wird. Das setzt ein gutes Einander-Kennen voraus, Vertrauen, Zuneigung, womit das Zielen auf einen Menschen – und sei es auch nur mit dem Fotoobjektiv – seinen aggressiven Aspekt verliert.

Die Tätigkeiten im Rahmen des Mayulis spielen im Leben der Wayapi eine bedeutende Rolle und finden nur jetzt, zur Zeit der Kwolail, also zur Sommerzeit, statt. Später wird nicht mehr gerodet, später wird es andere Aktivitäten geben, die ebenfalls saisonbedingt sind. Deswegen breche ich meine Vorsätze und werde nun die ersten Aufnahmen machen.

Nach einer halben Stunde nähern Tea K't und ich uns der Rodung, schon hören wir die Männer arbeiten. Aber enttäuscht stelle ich fest, daß dieses Mayuli, auf dem heute gerodet wird, auf der anderen Seite des Oyapock liegt. Die Männer haben den Fluß überquert, müssen ein Boot haben!

Zurück ins Dorf. Tea – sie will nicht *Klein*auge genannt werden – findet das sehr lustig und lacht die ganze Zeit. Vor meinem Oka stellt sie den Rucksack ab, lacht und geht. Für sie ist die Hilfe beendet. Ratlos stehe ich da.

„Tea, komm doch! Am Steg liegt noch eine kleine Piroge. Wenn du mir hilfst, schenke ich dir etwas!"

„Eu, eu, oaté", sagt sie schließlich, und wir legen mit der Piroge ab, umringt von fünf Kindern, die uns begleiten wollen.

Tea ist ein liebes Mädchen. Sie kommt oft zu mir ins Oka, setzt sich hin, sieht mir zu, springt dann plötzlich auf und zieht mich mit sich zum Fluß hinunter, um schwimmen zu gehen. Sie ist spontan, immer zum Lachen aufgelegt und freundschaftlich. Komme ich bei ihrem Oka vorbei und sie ißt gerade etwas, ruft sie mich hinein und läßt mich kosten, immer, ausnahmslos, und wenn es auch nur ein kleiner Bissen ist, den sie sich abspart. Das tut sonst keiner im Dorf.

Tea paddelt hinten, ich vorn in der schmalen Piroge. Als wir an der großen Sandbank im Fluß vorbei sind, kommt uns eine andere Piroge entgegen. Es sind die Holzfäller. Ihre Arbeit ist für heute beendet. Meine auch ...

Ich sitze in meinem Oka, pflücke eine Banane nach der anderen vom Stamm, der mich ernährt, und stopfe sie in meinen allzeit hungrigen Mund.

10. Oktober

Gut habe ich geschlafen. Die nachtschwärmerischen Hähne höre ich schon lange nicht mehr. Und überhaupt – gibt es etwas Bequemeres, als in einer guten Hängematte zu schlafen? Wie in einem Einbaum liege ich darin, wie ein Schmetterling in einem weichen Kokon, der ihn schützend und wärmend umhüllt.

Erfrischt, zufrieden und ausgeruht wie schon lange nicht, wache ich auf, unter dem Blick des alten Mika, der – wer weiß, wie lange schon – in einer Ecke sitzt und mich ansieht. Wir tauschen all die Höflichkeiten aus, die unter den Wayapi morgens üblich sind und fast einem Zeremoniell gleichkommen. Mika, aus dem Nachbardorf Kammala, spricht auch ein wenig Französisch, aber ich freue mich, daß er diese Phrasen in seiner Sprache spricht und ich entsprechend antworten kann.

„Ich habe dir Bakus mitgebracht. Kammala schickt sie dir“, sagt er schließlich, steht auf und reicht mir einen vollen Stamm dunkelrote, pralle Bananen. „Kammala möchte, daß du zu uns ins Dorf ziehst. Alle möchten das.“

„Warum, Mika?“

„Bei uns gibt es viel zu essen. Das ist nicht so wie hier“, sagt er ein wenig abfällig.

„Ist gut, Mika. Ich freue mich über die Einladung und werde euch Bescheid geben. Brauchst du etwas von mir?“

„Nein, Sa'i.“

„Willst du Nuli für Wiri-Wiri?“

„Ja, ich will.“

Ich borge ihm eine meiner Couis, fülle sie mit Reis für seine junge Frau, und damit geht er.

Ich bin gerührt und freue mich wie ein Kind. Das erste Mal, seit ich hier am Haut-Oyapock lebe, geschieht es mir, daß jemand an mir persönlich Anteil nimmt. Aber will Kammala, der Capitaine des Nachbardorfs, wirklich, daß ich zu ihnen komme? Und wenn ja, warum? Sind die Bananen von ihm, nicht von Mika selbst? Ich wage es nicht zu glauben, daß die Leute des Dorfes am Wasserfall mich um meiner selbst willen bei sich aufnehmen wollen.

Es ist etwa halb sieben, das Dorf liegt noch im Nebel. Mein erster Blick gilt der Anlegestelle. Sind noch alle Boote da? Ist noch keines zum Mayuli von Antoine abgefahren? Nein, ich kann beruhigt sein. Vor den Okas brennen noch die Feuer, Frauen kochen Takaka, die Stärkesuppe aus Maniok, würzen sie mit Ko'i, Pfefferschoten, Frauen reiben die Körper der Männer mit Urucu ein, rot glänzen ihre Hände.

Schnell brennt auch mein Feuer, und ich koche das Frühstück. Gedünstete Bananen mit Haferflocken. Wenn ich demnächst gelb im Gesicht werde, kommt das nicht von einer kranken Leber, sondern von meiner Affennahrung.

Tapi'i, diese untreue Hundeseele, der nur gelegentlich bei mir logiert, jault, weil er gar zu viele Flöhe hat und mit dem Kratzen nicht mehr nachkommt. Hast schon recht, mach dir's auf meinem Garderobesack bequem . . .

Mit Argusaugen beobachte ich, was im Oka Antoine vor sich geht. Ich werde dabeisein, auf Biegen oder Brechen, wenn seine neue Pflanzung gerodet wird!

Antoine ist eine wichtige Person in Zidoc. Zur Zeit gibt es keinen Capitaine, Zidoc war der letzte Dorfvorsteher, und der ist schon lange tot. Die Leute hier sagen, daß Antoine der nächste Capitaine sein wird.

Der Begriff „Capitaine" wurde von den Franzosen am Anfang der Kolonialzeit geprägt. Die Einwanderer erkannten schnell, welchen Einfluß die „Chefs" in den Dörfern hatten und wie sehr sie ihnen von Nutzen sein konnten. Also verliehen sie ihnen nach europäischer Fasson als Zeichen von Würde und Macht einen Titel, Medaillen, Orden, eine Offiziersuniform, vor allem aber ein Gewehr.

Mit den einstigen großen Stammeshäuptlingen, die für den Zusammenhalt Zehntausender Wayapi sorgten, haben die heutigen Capitaines nicht mehr viel gemeinsam. Sie üben in der kleinen Dorffamilie keine autoritäre Macht, jedoch eine beratende Funktion im Ältestenrat aus. Das betrifft nicht nur die Probleme, die sich im Alltag ergeben, sondern auch die traditionellen Zeremonien und Feste, die von den Capitaines bestimmt und geleitet werden. Ihre Hauptverantwortung in der heutigen Zeit liegt in der Sorge für den kulturellen Fortbestand der Wayapi und die Bewahrung ihrer freien und unabhängigen Lebensart.

Im Oka Antoine findet ein kollektives Frühstück statt. Die Männer, die ihm beim Roden helfen, sind um ihn versammelt. Jeder hat sich ein Stück Meyu mitgebracht, und nun essen sie gemeinsam, was ihnen die Frau Antoines vorsetzt: Fisch, gegart in

Die getrockneten Meyu-Brote gibt es zu jeder Mahlzeit

Tukupi, der Maniokflüssigkeit, die durch langes Kochen ungiftig wird und als Soße dient. Sie essen, rauchen, Papa Milli schleift mit einer Feile seine Axt, Tola holt mit der Spitze des großen Küchenmessers vorsichtig ein verflogenes Insekt aus seinem Auge.

Um acht Uhr treffen die Männer am Bootssteg ein. Seit einer halben Stunde sitze ich schon abfahrbereit mit Sack und Pack in der Piroge. Ich lächle ihnen entschuldigend entgegen.

„Ça va, Elfie?" fragt Yawalu. Er zeigt kein bißchen Erstaunen.

„Eu, eu, ngátu. Es ist doch in Ordnung, daß ich mitkomme?"

„Oui, oui, kein Problem, das ist sicher!" sagt er eifrig, wie mir scheint.

In zwei Pirogen fahren wir ab, vierzehn Mann und zweimal 25 PS. Seit einigen Minuten scheint die Sonne, aber es wird ein Gewitter geben, wie schon in den letzten Tagen. Eigenartig genug, sagen die Männer, jetzt, wo doch Trockenheit ist.

„Das liegt daran, daß irgendwo am Oyapock wieder jemand nach dem Namen einer Stromschnelle gefragt hat", erklärt mir Yawalu. „Immer wenn der Name ausgesprochen wird, kommt ein Regen, das ist sicher."

Nach einer guten halben Stunde legen wir in einem brasilianischen Crique am Ufer an. Ich habe mehr Gepäck, als ich tragen kann, und nach kurzem Zögern helfen mir zwei Burschen, die Ausrüstung durch den Wald zu der Lichtung zu tragen, auf der schon viele gefällte Bäume liegen.

Die Männer verteilen sich und beginnen mit der Arbeit. Manche Bäume, die gefällt werden müssen, sind so stark, daß sechs Mann mit ausgebreiteten Armen den Umfang des Stammes nicht umspannen können. Zu viert schlagen sie auf den Stamm ein. Das Holz ist hart, der Stahl klirrt. Bald glänzen die Körper im Schweiß, kräftige, muskulöse Körper, die ihr Ganzes geben.

Die Wayapi haben ein eigenes System beim Roden entwickelt – den Kettenfall. Sie schlagen in vier oder fünf Bäume, die nebeneinanderstehen, tiefe Kerben und bestimmen dann einen besonders kräftigen Baum, der im Fallen die anderen in die gleiche Richtung mitreißen soll.

Auch meine Arbeit ist schwer. Motiv wählen, die Ausrüstung über Stämme, Wurzeln, Gestrüpp an den Drehplatz bringen, Stativ aufbauen, Kamera festsetzen, den Akku anschließen, das Tonband, Synchro-Kabel verbinden, Kopfhörer aufsetzen, Richtmikrophon einstellen, Pegel am Tonband aussteuern, Belichtung messen . . . sechs Arme wären vonnöten, um alle erforderlichen Handgriffe gleichzeitig ausführen zu können. Totale im Bildausschnitt, Halbtotale, dann Nahaufnahme, Gesichter, schwingende

Äste – an Zwischenschnitte denken ... Plötzlich kracht neben mir eine Masse von Laub, Lianen, Ästen zu Boden. Mein Herz klopft laut wie die Axthiebe, die Wayapi lachen über mein entsetztes, von Kopfhörern umrahmtes Gesicht, die mich für die Geräusche von außen taub machen.

Vorsichtiger arbeite ich weiter, ohne Kopfhörer, ohne Ton, den ich ja doch nicht gleichzeitig kontrollieren kann. Grandiose Bilder werden das! Jetzt in Großaufnahme die tief eingeschlagene Kerbe. Während des gewaltigen, langsamen Falls wird sie zur klaffenden, immer weiter aufreißenden Wunde, zu einem zahnigen Maul, dem die Kiefer brechen, ehe der Stamm sich ächzend ergibt und zu Boden sinkt. Dann der Gegenschuß auf die Baumkrone, die in Zeitlupe auf die Kamera zukommt, näher, immer näher ... Tele auf die Lianen, die schnalzend reißen, Totale zurück auf die Baumkrone, die knapp neben mir zu Boden donnert, federnd abprallt, bis das Laub, dick und bauschig, ruhig daliegt ...

Doch ganz so weit komme ich mit der Realisation dieser Einstellungen nicht. Als der Riese anfängt, knirschende Laute von sich zu geben, laufen alle weg.

„Ayo, Elfie, schnell ... komm schnell, da hinunter!" Si'i packt mich am Arm, ich verheddere mich in einem Kabel, schleife Stativ und Kamera mit.

„Nach welcher Seite werden die Bäume fallen?" frage ich.

„Hierher, wo wir jetzt sind. Viele Bäume, schnell."

Papa Milli schnappt sich noch meinen Akku, und wir laufen weiter, hinunter zu dem kleinen Crique im Wald, wohl dreißig Meter weit, so weit, wie dieser Riese hoch ist. Das Quietschen, Knirschen wird lauter. Da! Der erste Baum der Kette fällt! Im selben Moment fährt mir der Schreck in die Glieder. Ich habe etwas vergessen! Oben ist Stille eingetreten. Die Kettenreaktion ist ausgeblieben. Einige Axthiebe sind zu hören. Ob ich es wagen kann?

„Merde, Si'i, ich habe oben das Tonband stehenlassen! Wenn die Bäume darauf fallen, ist alles beim Teufel. Kann ich es holen?"

„Gut, hole es rasch. Papa Misa ist auch noch oben, muß noch nachschlagen. Mach schnell!"

Ich haste los, stoße sicherheitshalber einen schrillen Warnpfiff auf zwei Fingern für Papa Misa aus. Gott sei Dank, alles geht gut, gerade noch rechtzeitig bin ich wieder zurück und suche mir einen günstigen Platz zum Filmen. Zwei Bäume gehen mit phantastischem Lärm zu Boden, dann ein dritter ... die Lianen, die die Bäume verbinden, reißen alle anderen mit sich – und dann geht noch ein Querschläger nieder, der in eine andere Richtung fällt. Die Erde unter mir scheint zu vibrieren. Breitbeinig sitze ich am Boden, beide Ellbogen auf die Knie gestützt. Die Kamera surrt. Plötzlich spüre ich, wie mir etwas auf die Schulter fällt und langsam den gekrümmten Rücken hinunterrutscht – kühl, fest, glatt ... Keine Heftigkeit zeigen, keine rasche Bewegung! Langsam, wie in Zeitlupe, stelle ich das Gerät ab, greife zum Messer am Gürtel, drehe mich um ... eine Schlange, blaugrün, schlank, mit gelben Tupfen, liegt eingeringelt neben mir, bewegt sich nicht. Wie hypnotisiert starre ich sie an.

„Ha, ha, ha, hiii!" schallt es vielstimmig von hinten. Yawalu kommt herbeigeeilt, nimmt das Reptil mit bloßer Hand und schlenkert es vor meinen Augen hin und her. Lacht und klopft mir beruhigend auf die Schulter. „Tot, tot, tot! Nur ein Spaß, Elfie, die war schon tot, ha, ha. Telesay hat sie gefunden und ihr mit dem Coup-Coup eins auf den Kopf gegeben."

Wirklich sehr lustig! Langsam finde ich meine Sprache wieder.

„Ist sie giftig?" frage ich Yawalu, nun auch wieder lächelnd.

„Aber ja, man stirbt vielleicht!"

„Gib her, Yawalu", sage ich und nehme mit spitzen Fingern das schöne Tier in die Hand, „ich werde sie mir durch die Linse der Kamera ansehen."

Einige Männer kommen heran und schauen durch das Okular, rufen aufgeregt die anderen herbei.

„Hoh, hoh . . . au'au . . . ani!" Langgezogene, gutturale Laute, die Respekt und Bewunderung ausdrücken – Respekt vor den nadeldünnen, spitzen Zähnen im Maul, den beiden gelben, geschlitzten Katzenaugen im Kopf, der, groß und deutlich, wie der Kopf einer Riesenschlange aussieht . . .

Zu Mittag sind wir zurück, noch bevor uns der Regen erreicht. Ich bin völlig geschafft, aber glücklich, diese Aufnahmen im Kasten zu haben. Die Arriflex mit Revolverkopf ist eine wunderbare Kamera, ohne Elektronik, sicher, zuverlässig, unempfindlich. Nur leider braucht sie den neun Kilo schweren Akku zur Stromversorgung, ein Stativ, händische Einstellungen, die zeitraubend, und viele Kabel, die im Weg sind. Zu viele Nachteile, um allein damit zurechtzukommen. Aber die andere Kamera, die leichte und handliche Beaulieu, ist bereits seit Camopi nicht mehr einsetzbar, das Ladekabel funktioniert nicht mehr. Ich kann nur hoffen, daß bald Besuch nach Trois-Sauts kommt, der mir mit der Post diesen unentbehrlichen Teil bringt. Sonst sehe ich für meine Filmprojekte schwarz.

Bereits gegen halb vier Uhr nachmittags fängt es an, ausgesprochen angenehm zu werden. Aber die sanften Abende dann sind es noch viel mehr. Die Tageshitze hat all die Feuchtigkeit wie ein Löschblatt aufgesogen. Die Erde strahlt noch ein wenig Sonnenwärme aus, und das Holz im Oka ist glatt und warm, wie lebendig. Das Dorf versinkt in Müdigkeit, die Stimmen der Menschen werden gedämpfter, klingen aus, und als wäre das der Auftakt, beginnen die Tiere der Nacht mit ihrem unvergleichlichen Konzert, das ich aus Gewöhnung schon kaum mehr wahrnehme. Ich fühle mich angenehm entspannt wie in einem lauwarmen Bad und wünsche mir, der Abend würde nie in die Nacht übergehen mit ihren schleichenden, bösen Nebeln, die die Menschen krank machen. Aber auch die Nacht hat ihren Zauber. Ein Gefühl völliger Sicherheit umgibt mich in dem schwebenden Oka. Im Schein der Laterne wird es zur hellen, unantastbaren Insel rankender Gedanken inmitten eines Meeres von Dunkelheit. Diese späten Abende sind es, die die Erlebnisse des Tages noch einmal neu erstehen, zu Worten formen lassen, die sich aneinanderreihen und die Seiten füllen.

„Sai'i?" ruft eine Stimme und holt mich aus meinen entrückten Gedanken.

„Eu, eu, mamoe pui?" – Ja, was ist?

„Elfie, kannst du helfen?"

Es ist Si'i, der die Yula heraufkommt und sich vor mich hinhockt.

„Ein Kind aus Village Kammala ist krank, sehr krank. Es hat etwas Giftiges gegessen!"

„Hm. Hat es schon erbrochen?"

„Ja, ja."

„Wie alt ist es denn?"

„Vielleicht zweieinhalb, drei Jahre, und nicht sehr stark."

„Weiß man, was es gegessen hat?"

„Die Eier von Kröten", sagt Si'i langsam und schaut mich eigenartig an.

Das trifft mich ein Keulenschlag . . . *Und taten so, als wären sie unsere Freunde, wickelten Fische in Blätter ein und brieten sie auf dem Feuer und gaben sie ihnen zu essen. Aber dem Essen hatten wir Froscheier beigefügt, und wir freuten uns sehr, als einer nach dem anderen einfach umfiel und starb* . . . hatte ich in einem Buch über die Yanoama-Indianer vom oberen Orinoko gelesen.

„Schnell, Si'i, komm. Gibt es Corticosteron?"

„Ja, Sa'i, es gibt."

„Um wieviel Uhr hat das Kind die Eier gegessen?" frage ich,

während wir zu dem Pfahlbau der Gesundheitsbehörde laufen.

„Ich glaube, um sechs. Jetzt ist es acht."

In dem Oka, wo Si'i die Medikamente gelagert hat, ist es dunkel. Nur die Lichtbahnen von drei Taschenlampen fallen auf eine am Boden sitzende Gestalt. Es ist Njälä, die Mutter, mit dem Kind in den Armen. Es rührt sich nicht. Paul wird weggeschickt, um meine Laterne zu holen. Das Kind, ein zarter, kleiner Junge, fühlt sich kühl an. Die Haut ist trocken, die Pupillen weit. Mein Gott, ich spüre kaum einen Puls.

„Legt ihn auf den Tisch", sage ich mit zittriger Stimme.

Das Kind atmet, aber nur ganz flach, kaum ein Herzton ist zu hören. Es ist bewußtlos. Stirbt es? Liegt es schon im Koma? Kohle kann man nicht mehr geben. Si'i richtet die Cortisonspritze her, injiziert. Jetzt atmet es nicht mehr! Ich lege es ausgestreckt auf den Rücken, biege den Kopf ganz nach hinten und beginne mit der Atemspende. Der kleine Körper wölbt sich leicht, die Lippen bewegen sich. Aber nein, es ist nur Speichel, der aus dem Mund dringt. Wir reinigen die Atemwege, ich mache weiter. Si'i horcht am Herzen, beginnt nun zusätzlich mit Herzmassage. Ein Atemstoß, fünfmal Herzmassage. Ohne Unterlaß machen wir weiter, wechseln uns schließlich ab. Kot dringt aus dem Darm des Kleinen. Hat er jetzt eben nicht von allein geatmet? Mein Gott, wenn er doch irgendeine Reaktion zeigen würde! Mein Gott, laß dieses Kind doch leben!

„Was ist, Si'i, was glaubst du ... So sag doch was!"

„Nein, ich glaube nicht," sagt er. Ich verstehe trotzdem, was er meint.

„Wir müssen weitermachen, oft dauert es lange, bis der Atem wieder einsetzt!"

Die anderen stehen stumm um uns herum.

„Er hat mit den anderen Casiri gespielt. Am Wasserfall, am Rand, wo immer das Wasser in Pfützen steht, und da sind auch immer schon Kröteneier gewesen. Er muß sie mit dem Wasser getrunken haben", sagt einer leise.

„Es hat keinen Sinn, Elfie", sagt Si'i tonlos, „jeder stirbt, der diese Froscheier ißt, das war immer schon so."

Ich ignoriere seine Worte, will sie nicht wahrhaben. Versuche, dem Kind mit meinem Atem ein bißchen Leben, wenigstens ein kleines bißchen Leben und Wärme einzuhauchen.

„Es ist tot", sagt Si'i und hört mit der Herzmassage auf. Er hat recht. Ja, das Kind ist tot. Es ist zu spät, es war von Anfang an zu spät. Schlaff liegt es da, die Lider halb geöffnet, starr der Blick. Die kleinen Hände sind ganz kalt. Ich reibe sie, streichle das Köpfchen, den Körper, liebe plötzlich dieses kleine Leben, das es nicht mehr gibt. Schmerzhafte Trauer berührt mich.

Viele Menschen sind inzwischen gekommen, schauen auf das Kind herab. Verschließen den Blick, wie sie es immer tun, wenn sie Gefühle nicht zeigen wollen. Die beiden etwas größeren Geschwister des Kleinen verbergen sich in den schützenden Armen des Vaters. Er weint still. Da kommt Njälä, die Mutter, herein. Jemand hat sie hinausgeführt, als wir uns um das Kind bemühten. Gerade wie eine Kerze, ausdruckslos geht sie zu dem Tisch, nimmt das Kind in die Arme, schluchzt, es umschlingend, laut und trocken auf, und aufrecht, mit starrem Blick, wie in Trance, geht sie hinaus, steigt die Yula hinab und schlägt den Weg in die Finsternis ein, durch den Wald, ins nächste Dorf. Niemand folgt Njälä. Man läßt sie in ihrer Trauer allein. Reglos, stumm stehen wir da. Lauschen auf die Hunde, die anschlagen, als die Frau vorübergeht, die unkenden Kröten am Fluß.

Emomili, mein kleiner Bruder! Ist deine Seele schon auf der Reise? Ja'i tata, die vielen, vielen Himmelsfeuer leuchten dir in der Finsternis. Hab keine Angst, Emomili! „Die Seelen der Toten wandern weit", sagt Yawalu, „sie gehen hinauf in das große Oka. Und da steht Yaneya, der alles macht. Und Yaneya fragt: Was bist du für ein Mensch? Und du mußt antworten. Es hat aber keinen Sinn zu lügen. Wenn du ein guter Mensch bist, gehst du durch das Oka und hinten wieder hinaus. Dort ist ein schönes Dorf, so wie hier unten, und dort bleibst du. Es ist gut, da zu bleiben, es gibt viel zu jagen in den Wäldern, viel, viel Fleisch. Die Frauen arbeiten in den Pflanzungen, und die Männer jagen und schießen die Seelen der toten Tiere, all der vielen, vielen toten Tiere. Wenn du lügst zu Yaneya, wenn du ein schlechter Mensch bist, dann wird dir aber schnell ein riesiges Hirschgeweih wachsen am Kopf, und damit kannst du nicht durch das schmale Oka gehen. Der schlechte Mensch muß deswegen zurück auf die Erde und muß noch einmal leben.

Njälä wird ihren kleinen toten Sohn begraben. Im Wald, wo die Aras, die im Leben die Kinder beschützen, über die Bäume fliegen. Die Seelen der Toten leben! Oft bleiben sie noch lange in der Nähe des Dorfes und beobachten die Menschen. Vor ihnen muß man sich in acht nehmen, wenn man sie herumirren, rumoren hört im Wald. Das Grab? Was ist es schon. Sterben zu viele Menschen in kurzer Zeit, und gibt es zu viele Kranke, wird das Dorf aufgelassen. Krankheit ist immer ein Fluch, eine Verwünschung, sie kommt von jemandem, der dir Böses will! Die Wayapi haben stets die Wanderung geliebt. Wir sind hierher und dorthin gezogen, haben Dörfer gebaut, Pflanzungen angelegt . . . und kamen die Ameisen und Ungeziefer ins Dorf, gab es kein Wild mehr in der Nähe, ging man eben woanders hin und ließ sich dort nieder. Der Boden nimmt den Leib der Ahnen auf, was ist das schon. Bei den Weißen ist alles ganz anders, aber was wissen sie schon darüber . . .?"

Zurück in meinem Oka, schlage ich das Tagebuch auf, lese die letzten Zeilen, die ich schrieb, bevor Si'i kam. Ich finde keinen Anschluß. Ohne Übergang ist der Tod gekommen.

12. Oktober
Im Dorf herrscht fieberhafte Aktivität. Es wird bis zur Erschöpfung gearbeitet. Die Frauen in den Küchenhütten putzen und raspeln Maniok bis in die späten Nachtstunden. Familien, die morgens das Dorf verlassen, kommen oft erst nach Einbruch der Dunkelheit zurück. Den Gesichtern ist die Anstrengung anzusehen. Si'i meint, das sei immer so in der Zeit, die sie „Kwolail" – Sonne, Sommerzeit – nennen. Das gute Wetter muß genutzt, schnell müssen jetzt noch die letzten Rodungen angelegt werden, damit sie trocknen können, bevor die Regenzeit beginnt und das Abbrennen unmöglich macht. Manche Hütten werden jetzt repariert, Reymond baut sich ein neues Oka, Telesay bearbeitet mit der Axt einen Einbaum, Paul schleppt Stämme zum Fluß, um den Bootssteg instand zu setzen. Die meisten Männer arbeiten noch auf den Mayulis, den Rodungen, entweder auf ihrer eigenen oder auf denen ihrer Verwandten und Freunde. Für Jagd und Fischfang bleibt nur wenig Zeit. Zudem ist die übliche Pirschjagd jetzt schwierig geworden, das Laub im Wald ist zu trocken und raschelt zu sehr. Das bringt mit sich, daß die Nahrung in den Okas knapp ist. Und das ausgerechnet jetzt, wo die Menschen schwerer arbeiten als sonst und reichliche Kost nötig wäre. Auch die Vorjahrspflanzung liefert zur Zeit nicht viel Auswahl, nur Maniok und eine bestimmte Sorte Jamswurzeln. Und die vielen fruchttragenden Bäume im Urwald, die eine nicht unbedeutende Rolle für die Ernährung der Wayapi spielen, haben ebenfalls keine Reifeperiode.

Während dieser Zeit kommt den Casirifesten besondere Bedeutung zu. Fast jeden Abend nach Beendigung des Tagewerks versammeln sich die Dorfbewohner, um gemeinsam Casiri, also Maniokbier, zu trinken. Dieses ist sehr nahrhaft und ersetzt, in großen Mengen konsumiert, den Mangel an fester Nahrung. Die Frauen sind mit der Zubereitung voll ausgelastet und arbeiten manchmal die Nacht durch, um die nötigen Mengen herzustellen. Mit Casiri wird auch die Mithilfe bei der Rodung vergolten.

Wie anscheinend überall auf der Welt, macht auch hier das schöne Wetter die Menschen reiselustig. Für die Wayapi bedeutet das, in weiter entfernte Jagdgründe aufzubrechen und dort, fern vom Dorf, ein Sommerlager zu errichten. Sobald die eigene Rodung fertig ist, die nun für Wochen sich selbst überlassen bleibt, um zu trocknen, und vorausgesetzt, daß man auch für kein anderes Mayuli gebraucht wird, fährt die ganze Familie, samt den Kindern, dem Hund, Hängematten und Töpfen, für etliche Wochen weg. Die Männer jagen Pekaris, Nabelschweine, fischen an den seichten Stromschnellen, die Frauen sind mit dem Räuchern von Fisch und Fleisch beschäftigt, um Vorräte anzulegen. Leguaneier werden aus offenen Sandbänken herausgestochert, wilder Honig und die beliebten Bienenmaden werden gesammelt. An diesen entlegenen Sandbänken können die Männer jetzt auch den Kaiman erlegen, der hier seine Eier ablegt, oder den Tapir überraschen, wenn er ein Bad nimmt. Voll beladen kommen die Pirogen von solchen Expeditionen zurück. Unter den Blicken der anderen, die nicht wegfahren konnten, die wenig zu essen haben und nun hoffen, von den Heimkehrern ein wenig abzubekommen – nahrhaftes Souvenir aus den Ferien!

Meine Freundin Munu'i

Munu'i ist eine junge Indianerin, die ich besonders gern habe. Sie unterscheidet sich deutlich von den anderen Frauen und Mädchen, die ich näher kenne, die immerfort kichern, laut, sogar ein wenig grob sind, wenn sie mich zum Baden ins Wasser ziehen. Munu'i ist anders, kein bißchen plump in ihrer Art, sanft, zärtlich. Sie lacht nicht dauernd über mich und versteht, warum ich ihre Sprache nur mangelhaft beherrsche. Sechzehn Jahre ist sie alt, hat einen festen, sehr schönen Körper, spitze Brüste, die prall abstehen, und einen schon erkennbaren rundlichen Bauch, in dem ihr erstes Baby wächst. Munu'i – das heißt Erdnüßchen, und der Name paßt.

Ich finde sie in der Hütte von Papa Misa.

„Oaté po ele ke, Munu'i?" – Hast du gut geschlafen, Munu'i?

„Eu, eu oaté a ke. E ene?" – Ja, ja, ich habe gut geschlafen. Und du?

„Oaté. Mamoe pui ele j'i?" – Gut. Was machst du?

„A posiko ange'e." – Ich arbeite heute.

„Mamoe posiko ene?" – Was arbeitest du?

„Ayo tae ene, tolo momo lanu." – Komm schauen, ich zeige es dir.

Sie lacht, nimmt mich an der Hand, klettert mit mir die Yula hinab und führt mich zum Küchencarbet der Familie Misa. Das Blätterdach ist weit heruntergezogen, wir müssen uns tief bücken, um hineinzugelangen. Drinnen stehen auf Pflöcken zwei Latuluá, lange, ausgehöhlte Baumstämme, die Casiritröge. Am Boden, auf einigen Steinen aufgelegt, liegt eine schwarze, runde Eisenplatte, unter der ein Feuer brennt. Daneben liegen fünf weiße, meter-

Meine Freundin Munu'i

lange dicke Stangen, die feste Masse der ausgedrückten Maniokflocken, die die Form der Preßstrümpfe angenommen haben. „Casiri a mo'i!" – Casiri mache ich! – flüstert sie, nimmt eine der Maniokstangen, legt sie in den schmalen Trog, der einem Waschtrog gleicht, zerbricht und zerkrümelt die Masse. Ich helfe Munu'i und reibe diese Brocken durch ein grob geflochtenes Sieb, unter dem sich bald ein Haufen feiner, lockerer feuchter Flocken anhäuft. Munu'i schürt das Feuer unter der Platte, streut mit dem Feuerwedel einige Handvoll Maniokflocken auf die heiße Platte und verteilt sie gleichmäßig. Nach einigen Minuten sind die Flocken aufgequollen und verbinden sich zu einer dicken Meyuflade.

Jetzt bringt sie aus ihrem Oka Maniokstangen, die offensichtlich schon länger gelagert sind. Sie sind außen fermentiert und steinhart. Ich muß den hölzernen Mörser benutzen und sie zu feinem Mehl zerstoßen. Es gibt verschiedene Arten der Meyuzubereitung, je nachdem, wofür die Fladen schließlich verwendet werden sollen. Wird später Casiri daraus gemacht, kommen nur ganz bestimmte Manioksorten in Frage; die vorherige Lagerung und der Backvorgang sind anders für Meyu, das frisch gegessen wird. Insgesamt eine sehr komplizierte Prozedur.

Angenehm riecht es hier, wie nach Mandeln! Das kommt von der Blausäure, die im Saft des Bittermaniok enthalten ist. Dieses Gift ist der Grund für die langwierige und schwierige Verarbeitung der riesigen, kiloschweren Knollen. Sie werden zuerst geschält, dann gewaschen, auf Reibbrettern zu einer feinen Masse zerrieben, die endlich in den geflochtenen Preßstrümpfen ausgepreßt wird. Bis auf den letzten Tropfen muß der giftige Saft entfernt werden. Das geschieht mit Hilfe einer Stange, die durch eine Schlaufe am unteren Ende des aufgehängten Strumpfes gesteckt wird und so einen langen Hebel bildet, der an der einen Seite verkeilt, an der anderen durch das eigene Körpergewicht belastet wird. So lange, bis kein Tropfen mehr durch die Maschen des Geflechtes tritt.

Munu'is dicke Meyubrote häufen sich. Zu zweit kommen wir schnell voran, sie braucht sich nur noch ums Backen zu kümmern. Absichtlich läßt sie die Flade etwas anbrennen, das erhöht, wie sie sagt, das Aroma. Jetzt bäckt sie ganz dünne Meyus, fein und goldgelb wie französische Crêpes, und gibt mir ein Stück zu kosten. Es ist nicht sehr geschmackvoll, erinnert ein wenig an finnisches Knäckebrot oder – mit etwas Phantasie – an den hauchdünnen Teigmantel eines Wiener Apfelstrudels. Munu'i legt die fertigen dicken Meyus in einen der beiden großen Casiritröge, schüttet Wasser darauf und gibt einige zerriebene Süßkartoffeln dazu.

„Ele pota?" – Willst du noch? – fragt sie und bringt mir noch ein Stück des hauchdünnen Meyus. Ich lehne ab.

„Ele poko miti!“ – Nimm ein kleines Stück! – drängt sie, lacht glucksend, deutet auf eine Kalebasse, läßt aus ihrem kleinen Mund eine Kugel des gut zerkauten Meyus hineinplumpsen und schüttet sie mit dem Wasser ins Latuluá. Ich soll das Brot also gar nicht essen, sondern nur zerkauen und dann wieder ausspucken? Ich verstehe! Durch den zugefügten Speichel und die Zugabe der Süßkartoffeln wird die Fermentation beschleunigt.

Lachend und mit vollen Backen arbeiten wir bis in den Nachmittag hinein und holen dann Wasser vom Fluß. Viele Eimer voll sind nötig, um ein Latuluá zu füllen, das etwa zwei- bis dreihundert Liter fassen mag. Damit ist das Casiri allerdings noch immer nicht fertig. Jetzt muß es 24 Stunden stehen, damit sich die Brote auflösen können. Dann wird Munu'i die dicke, milchige Flüssigkeit durch ein feines Sieb ins zweite Latuluá filtern und warten, daß es fermentiert und den beliebten süßsäuerlichen Geschmack annimmt. Übermorgen, fürs große Casirifest, wird es fertig sein ... Nach einem erquickenden Bad ruhe ich mich in der Hängematte von der Arbeit aus und betrachte die untergehende Sonne, die das Dorf erst in zartrosa, dann in dumpfes violettes Licht taucht, das langsam verglimmt. Wie ein glühendes Stück Holz verglimmt und in der Dunkelheit erlischt.

„Ayo, Elfie, ayo!“ ruft mich Munu'i, und ich bemerke, daß ich vergessen habe, die Petroleumlampe anzuzünden. Munu'i bedeutet mir, ihr zu folgen.

Ich frage sie verwundert, wohin sie mich denn führt. Sie schlägt den Waldpfad ein, es ist finster. Sie antwortet nicht. Statt dessen hockt sie plötzlich nieder, zieht auch mich herab und sagt lachend: „Posito!“ – Pipi machen! –, während es schon vernehmlich zu Boden plätschert. Ich freue mich. Weiß ich doch, daß die Frauen abends immer ihre Freundin mitnehmen, wenn sie zum letztenmal vor dem Schlafengehen „posito“ machen.

Gemeinsam gehen wir zu ihrem Oka, am anderen Ende des

Dorfes. Nirgends brennt ein Feuer, nirgends ist eine Petroleumlampe angezündet. Mondlos dunkel liegt Village Zidoc da. Aber von überall hört man Stimmengemurmel, überall sieht man schemenhafte Gestalten auf ihren Ap'k, den niederen Holzschemeln, sitzen. Gespenstisch, unwirklich und intim.

Munu'i schöpft mit einer großen Kalebasse das unfertige Casiri aus dem Latuluá, das mit Musaceablättern zugedeckt ist, und reicht es mir. Kühl, mehlig, noch nicht sauer, noch nicht gegoren.

„Schmeckt gut, Munu'i!"

„Eu, eu, i gátu, sehr gut. Darum kannst du jetzt heiraten", sagt sie und lacht.

„Na sag, heiratet ein Mann wegen Casiri? Muß die Frau nicht auch anderes können?"

„Casiri muß sie können, und viele Kinder."

„Und die Arbeit auf dem Abatti, Holz hacken und eine Piroge paddeln, Wild kochen, daß es schmeckt, ist das nicht auch wichtig?"

„Ani!" – Nein!

„Wieso nein?"

„Das kann jeder."

„Ich nicht, Munu'i, ich kann keinen Affen kochen, auch keinen Kaiman. Ein Huhn, ja, das ist einfach. Sag mal, gibt es bei dir keine Hühner, Munu'i, nein?"

„Nein, es gibt keine."

„Warum nicht? Die sind doch praktisch." Ich lache, weil mir der Vergleich „lebende Konserve" in den Sinn kommt. „Und Eier legen die doch auch, ohne daß man etwas dazu tun muß!"

„Ani, naykoy massakala, ich habe keine Hühner. Komm mit ins Oka."

„Munu'i, gibt es auch keinen Ehemann?" frage ich scherzend, weil niemand im Oka ist. Sie sagt darauf nichts, sieht mich nur fragend an. Sie hat den Witz nicht verstanden.

In dem kleinen Haus Munu'is liegt zwischen den zwei aufgespannten Hängematten allerlei am Boden herum, über das ich stolpere. Ein Schemel, ein Fischernetz, ein Wassereimer, ein Haufen Knochen.

Munu'i entfacht das Feuer auf der irdenen Feuerstelle am offenen Ende des Okas. Im zuckenden Flammenschein wird das Interieur sichtbar. Spindeln mit gesponnener Baumwolle stecken zwischen den Blätterbüscheln des Daches, das fast bis zum Lattenboden herabreicht, ein lockerer Duff frischer, unverarbeiteter Baumwolle. Ein Jagdbogen neben vielen verschiedenen Pfeilen liegt im Gebälk, eine bunte Federkrone aus feinem Tukanflaum baumelt herab. Am Boden einige Couis, in verschiedenen Reifestadien vom Baum gepflückt, in verschiedenen Größen, wie Munu'i sie gerne wollte; eine Kugel Urucufarbe, eine gelbe Perlenkette, die halb durch die Latten gerutscht ist, Federn. Über dem Feuer am Räucherrost liegt nackt, schwarz, schlaff ein Vogel. Ein Ara vielleicht, ein Tukan – unkenntlich. Munu'i nimmt eine Handvoll kleiner Piranhas aus einer Coui, schiebt sie kurz in die Glut, wendet sie und legt sie vor mich auf ein trockenes Pflanzenblatt.

„Setz dich und iß", sagt sie und holt aus der dunklen Ecke hinter sich einige Ko'i, Pfefferschoten, deren Saft sie auf ein Häufchen Salz träufelt.

„Iß, Elfie!" drängt sie, weil ich zögere.

„Mit den Gräten?" frage ich.

„Ha, ha, ani, Sa'i, nein, nein, doch nicht die Gräten! Da, nimm Meyu dazu!"

„Hm . . . gut!"

Wir hocken nahe am Feuer. Die Asche fühlt sich weich und warm an unter den nackten Füßen. Asche ist auch am Fisch, es knirscht ein wenig zwischen den Zähnen. Aber das Fleisch der Piranhas ist ganz fein, zart, schneeweiß. Wie Munu'i breche ich ein Stückchen davon ab, tunke es in die Ko'i-Salz-Mischung und stecke es in den Mund. Die Wayapi beißen nicht vom Ganzen ab, das tut man nicht, ist unschicklich.

Es schmeckt, ich fühle mich satt, warm, geborgen. Ich spüre die Hitze der Flammen am nackten Körper, die Maserung des glatten Holzes unter der Hand, die sich abstützt, das warme Fischfleisch im Mund, die fruchtige Schärfe, spüre die Wärme, die mir aus Munu'is Augen entgegenströmt. Alles in mir ist Fühlen, Spüren. Verbundensein. Der Widerschein der roten Flammen züngelt auf Munu'is ebenmäßigem, schönem Gesicht, verleiht dem Raum eine archaische Atmosphäre. So, genauso muß es schon vor Tausenden Jahren gewesen sein. Der gleiche Feuerschein, die gleichen Bedürfnisse, die gestillt werden wollen, die gleichen Gefühle. Die Zeit ist versiegt, der Mensch ruht im Frieden der Unveränderbarkeit, des ewigen Jetzt . . .

Das Dorf schläft. Nicht aber die Hunde. Laut bellend springen sie auf und zerren an ihren Schnüren, als ich vorübergehe, verstummen erst unwillig, wenn Stimmen sie zur Ruhe gemahnen.

S-s-s-s-s-s, Tausende Zikaden surren mit ihren scharfen, schneidenden Lauten. Chwoa-ko, chwoa-ko, chwoa-ko, Ochsenfrösche unken laut und dröhnend am Fluß unten, so als ob jemand Holz sägte. Kü-kü, kü-kü, kü-kü schallt eine Vogelstimme aus dem Urucustrauch hinter meinem Oka. Ein Baby weint in einer Hütte kurz auf, Papi schnarcht mit der Regelmäßigkeit eines Automaten. Am Fluß plätschert ein Tier im Wasser, im Blätterdach über mir raschelt es.

Ich kann nicht einschlafen. Es ist aber nicht die lebendige Geräuschkulisse, nicht die vielen verschiedenartigen Laute, die allnächtlich erwachen, sind es, die mich am Schlafen hindern. Es sind die Gedanken, die nicht zur Ruhe kommen wollen, die hellwach sind. So viel haben sie aufzuarbeiten, die ganze Palette meiner Eindrücke in Trois-Sauts, die Fremdheit des Dorfes im Urwald, die Härte, mit der ich mich konfrontiert sehe. Vor allem aber die Menschen . . .

Ich habe sie beobachtet, zuerst leise, fast heimlich, jetzt schon offen und ungezwungen. Doch obwohl ich ihren Alltag nun schon ein wenig kenne, obwohl mir so manches anfänglich Rätselhafte in ihrem Verhalten allmählich verständlich wurde, sind sie mir selbst fremd geblieben, innerlich weit weg von mir – so weit, daß ich im allgemeinen außer sachlicher Neugierde keine echten Gefühle für sie entwickeln kann. Aber diese Sachlichkeit liegt mir nicht. Deswegen bin ich traurig und fühle schmerzhaft die Isolation, in der ich mich befinde, spüre die gläserne Wand, die zwischen ihnen und mir keine Gefühle aufkommen läßt. Oft schon habe ich darüber gegrübelt und keine Erklärung gefunden. Was mache ich falsch? Warum bleibe ich die Fremde, die man meidet? Warum sehen sie in mir einen Eindringling, aus dem man Nutzen zieht?

Heute glaube ich die Antwort gefunden zu haben.

Warum war ich hergekommen? Was zählte in erster Linie? Der Filmauftrag, dessen möglichst gute Ausführung mich in Gedanken beschäftigte, wenn ich durchs Dorf ging. Die außergewöhnlichen Fotomotive, die ich notierte? Geschehnisse, die „lohnten" festgehalten zu werden, Exotik, wie man zu sie Hause erwartet. Besonderheiten, die die äußerlichen Unterschiede zwischen den Indianern und mir, der Europäerin, deutlich machen. Unbewußt und ungewollt war ich drauf und dran, den Fußstapfen jener zu folgen, denen Aufmachung und Sensation wichtig, deren Ziel es ist, Jagdbeute für den verwöhnten Fernsehzuschauer zu machen, anstatt die Menschen, über die zu berichten er gekommen ist, die ethnische Gruppe, in ihrem innersten Wesen zu erfassen. Nicht viel anders als ein ahnungsloser Tourist habe ich mich benommen. Der besondere, der wahre Auftrag ist nicht, einen sensationellen Film, ein sensationelles Buch über die Wayapi zustande zu bringen; der wahre Auftrag ist, das Sensationelle eines einfachen Wayapilebens zu begreifen. Diese sowohl psychische als auch physische Beziehung herzustellen ist nicht Sache neugieriger Betrachtung und wissenschaftlichen Interesses. Es erfordert die eigene innere und äußere Umstellung, das Hineinschlüpfen in die Haut des anderen – mit allen Problemen, allen Konsequenzen, die sich daraus ergeben. Es geschehen lassen. Ihr Leben leben.

Der Tag mit Munu'i hat mich wachgerüttelt. Munu'i ist wie ich – ich bin wie Munu'i. Die Rasse prägt das Äußere, die Umwelt formt sich das ihr adäquate Individuum. Aber in unseren tiefsten Bedürfnissen, den Empfindungen und deren Ausdruck – verhohlen oder unverhohlen – sind wir uns alle gleich.

Heute habe ich gespürt, daß der Schleier gerissen ist. Habe ich etwas von der Seele gespürt. Ich bin auf dem richtigen Pfad. Hoffentlich verliere ich ihn nicht wieder.

13. Oktober

Morgengrauen, Wiegen in Traumwelt . . .

„Sa'i?" Wer weckt mich? Die Frau von Papa Misa rüttelt an meiner Hängematte, hält mir ein flatterndes, krächzendes Huhn übers Gesicht.

„Munu'i sagt, du hast nichts zu essen und willst ein Massakala. Hier ist es, es ist von mir!" sagt die hagere Frau mit dem schwarz ummalten Mund, drückt mir die zappelnden, kratzigen Füße des Huhns in die Hand und geht. Verschlafen, mit den Gedanken noch nicht ganz hier, schäle ich mich aus dem Schlafsack und beruhige das ängstliche Tier. Ein schönes Huhn, rotbraun und schwarz, vielleicht ein bißchen dürr. Unruhig, ruckartig bewegt es den Kopf, daß der rote Kamm wackelt, sieht mich blinzelnd mit seinen rotbraunen Knopfaugen an.

Die Wayapifrauen lieben ihre Hühner, wenn diese Tier-Mensch-Beziehung auch nicht so eng ist wie die der Männer zu ihren Hunden, die fast als Familienmitglieder angesehen werden. Nur äußerst selten, nur wenn es wirklich sonst gar nichts mehr zu essen gibt, und der Mann keine Zeit hat zu jagen, erlaubt man den älteren Jungen, mit Pfeil und Bogen Jagd auf ein Huhn zu machen, es zu töten. Haustierzucht in unserem Sinne, Tierhaltung als Nahrungsquelle, ist hier unbekannt. Die Wayapi betrachten das Fleisch domestizierter Tiere, die sich von Speiseabfällen ernähren, als unrein. Die Hühner liefern ihnen in erster Linie Federn für ihre Festkronen. Sie werden nicht gefüttert. In den Küchencarbets picken die Hühner nach Maniokresten, und am Dorfrand, wo die Erde weich ist, finden sie genügend Würmer und Käfer. Die winzigen Eier dieser Hühner werden nicht gesammelt, sie verlegen sie irgendwo im Gebüsch.

Warm spüre ich den Körper des Huhns an meinem. Dich soll ich töten? Dir den Hals umdrehen, den Kopf abhacken? Dein Leben für meinen Genuß? Wenn mein Hunger auch noch so groß ist, das bringe ich nicht über mich!

Unter meinem Oka binde ich das Massakala am Bein mit einem Bindfaden fest und stelle einen leeren Pappkarton daneben, wo es nachts Schutz finden kann. Jetzt überlege ich, wieso eigentlich die Frau von Papa Misa dieses Huhn gebracht hat. Ich habe Munu'i gestern doch nur gefragt, ob sie Hühner hat, und nicht gesagt, daß ich eines möchte. Ein Mißverständnis, natürlich, ja! „Oiko massakala“ – gibt es Hühner – habe ich gefragt. Doch nein. Wenn die Frauen zu mir um Reis kommen, sagen sie ja auch „Oiko nuli?“ – gibt es Reis? –, obwohl sie den vollen Sack sehen. Die Frage bedeutet ganz einfach, ob ich geben möchte, und nicht, ob ich habe.

Da fällt mir ein, daß ich Munu'i auch gefragt habe, ob es einen Ehemann gibt! Ob mir morgen früh vielleicht auch ein solcher zappelnd und strampelnd in die Hängematte gereicht wird? Den binde ich dann aber nicht unterm Haus an . . .

14. Oktober

Turu Casiri! Fünf Latuluá sind mit Casiri gefüllt, drei Frauen, darunter Munu'i und ich, haben es vorbereitet und verteilen das Getränk an die Männer, die dicht gedrängt im Palaverhaus sitzen, an die Frauen und Kinder im Schatten der Bäume daneben und unter dem großen Oka von Antoine. Niemand ist heute zur Arbeit gegangen. Sie haben sich schön gemacht und ihre neuen Kalimbés angelegt, die noch nicht verwaschen oder von der Sonne ausgebleicht, die leuchtend rot sind. Einige der Alten haben sich Arafedern in die Perlenstränge gesteckt, die ihre Armmuskeln abbinden. Und alle tragen, diagonal um den Körper gewickelt, die endlos langen Perlenketten. Männer, Frauen und Kinder sind mit schwarzem Yanipä und siegellackrotem Si'p geschminkt, pflanzliche Farbstoffe, traditionell zubereitet, tragen Ornamente auf Stirn, Nase und Wangen, manche auch auf den Armen und Schenkeln, auf der Brust. Einige Kinder sind am ganzen Körper einheitlich blauschwarz gefärbt, Tea K't hat rotglänzendes Urucu übers Gesicht verteilt, Munu'i trägt Perlenwülste um die Waden.

Laute, ausgelassene Stimmung liegt über dem Dorf. Ein Feiertag in Village Zidoc, Sonntag in einer Gesellschaft, wo die Zeit nicht in regelmäßige Wochentage zersplittert wird, wo willkürlich, wie es die Arbeit erlaubt, gerastet und gefeiert wird. Alle Wayapi aus Trois-Sauts sind versammelt, auch die Bewohner der beiden anderen Dörfer, Village Pina und Village Kammala, sind der Einladung gefolgt und nach Zidoc gekommen, in farbenprächtigen Zügen, den Fluß entlang, den Weg herauf ins Dorf. Da sitzen sie und reden, über die Arbeit, über die Pflanzungen, Jagderlebnisse werden ausgetauscht, Klatsch verbreitet. Und alle trinken Casiri – das verbindet; das so beliebte Getränk, das schmeckt und sättigt, animiert und lustig macht, das die Zunge lockert und sie bewegt, mehr zu sagen, als es im Alltag sonst üblich ist. Nur jene Frauen, die es zubereitet haben, bieten es an. Oft dauert es lange,

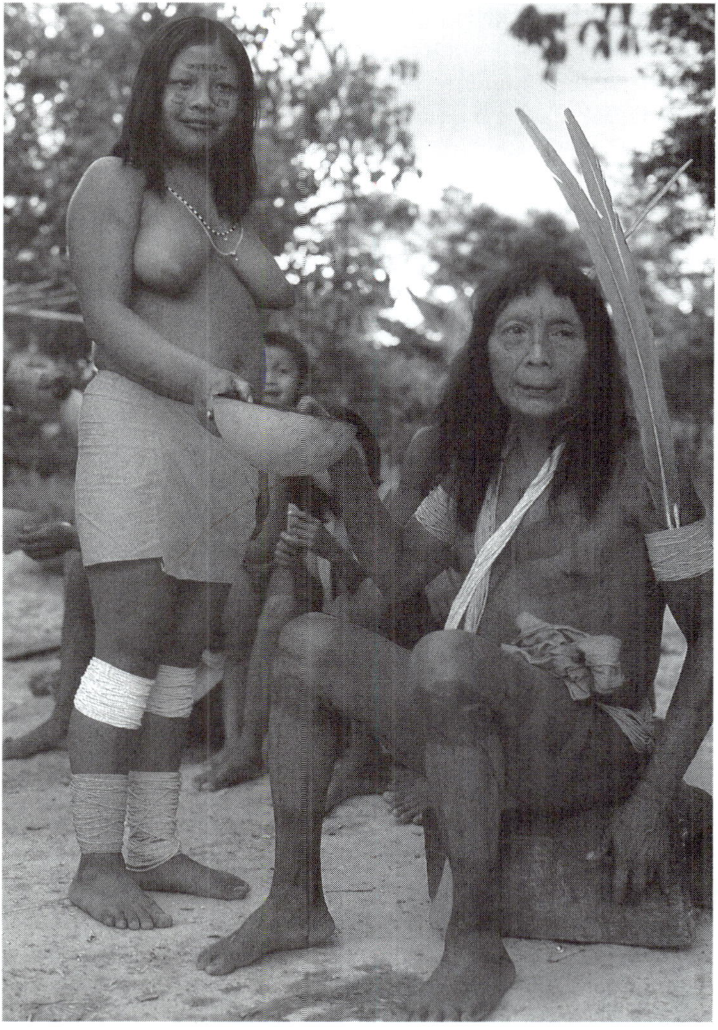

Munu'i bietet Papa Misa Casiri an

ois ein Mann, der gerade in ein anregendes Gespräch vertieft ist, sich der gereichten Coui zuwendet. Munu'i steht geduldig da, stützt den Arm mit der vollen Coui auf der Hüfte ab und wartet, wartet. Hält die Coui auch noch, während Reymond trinkt, und freut sich, daß kein Tropfen übrigbleibt.

Ich setze mich zur Familie Lassouka, spiele mit den kleinen Kindern. Denise reicht mir eine kleine Coui mit gerösteten Kürbiskernen, Tea K't umarmt mich, daß ich hinterher rote Urucumale trage. Päsu dreht meinen Kopf zu sich, teilt mit den Fingern die Haarsträhnen, und einzeln, Haar für Haar, sucht sie nach Läusen. Ich habe doch kein Ungeziefer! Angeregt durch diesen Liebesdienst, schließen sich die anderen Frauen an und suchen sich gegenseitig die Kopfhaut ab. Päsu zeigt mit Stolz ein Tüpfelchen auf ihrer Fingerspitze. Sie war schon enttäuscht, erfolglose Jagd auf meinem Kopf betrieben zu haben. Na so was, also doch ein Schmarotzer am Skalp! Denise und Tea K't schimpfen über meine Aufmachung. Die Kamisa ist schon recht abgetragen, hat einige Flecken, keine einzige Kette habe ich umgehängt, geschminkt bin ich auch nicht, und das Haar sieht ganz häßlich aus, finden sie, hochgesteckt, so nackt am Hals, nigatui! Häßlich! Gemeinsam gehen sie daran, mich zu verschönern. Mit einem feinen Bambusstäbchen drückt mir Denise einige Ornamente auf die Stirn und malt mir mit Urucu einen großen, knallroten Mund, weit über die Lippenkonturen hinaus. Dann noch eine neue Kamisa, Ketten und Armreifen aus meiner Geschenkkiste, die Haare über die Schultern, sei es auch noch so heiß, und Lotion – Duftwässerchen – nicht zu vergessen! Tea K't ist zufrieden – e gátu! Täusche ich mich, oder schielen nicht auch die Männer aus den Augenwinkeln herüber?

Aus dem Palaverhaus tönt Musik. Laut und kreischend. Die Halbwüchsigen haben von den Wayapi Camopis einen alten Batterieplattenspieler und einige Schallplatten bekommen. Verschmutzte, zerkratzte Scheiben mit Beguin-Musik, die an der Küste Guyanas populär und beliebt ist. Nicht genug damit, daß sie diese alten Schlager wieder und wieder spielen, tanzen sie auch noch dazu! Mann zu Mann, eng umschlungen, schwingen die Burschen herum, lassen die Hüften kreisen, stampfen nicht ganz stilecht dazu. Die anderen sehen ihnen begeistert zu und stimmen mit gemeinsamem Hiiii-Geschrei mit ein. Wortlos nehmen die Erwachsenen diesen Zirkus hin, manchen gefällt es sogar. Aber die Alten wenden sich ab, damit haben sie nichts zu tun. Ich denke wie sie. So gern ich diese rhythmische Musik, die von den Antillen kommt, auch höre. Aber doch nicht hier! Es ist einfach grotesk, bemalte Indianer in ihren langen, flatternden Kalimbés Beguin tanzen zu sehen. Die fremde Musik verdrängt die Wayapilieder, die man nur noch selten und nur noch von den Älteren hört. Aber – habe ich denn ein Recht, darüber zu urteilen? Ist es wichtig, daß der Wayapi *mir* gefällt? Hat nicht vielmehr er das Recht, von draußen anzunehmen, was *ihm* gefällt?

„... ba moin on tibo, de tibo trois tibo doudou ...", klingt der Hit in *Creole* zu uns herüber, und Tea K't springt auf, zieht mich zu sich heran – „Ayo, apolai!" – und tanzt nun ihrerseits den Beguin mit mir, zum Vergnügen der anderen Frauen. Den ganzen Tag wird getrunken, geplaudert, die Frauen haben sich Spindeln geholt und spinnen Baumwolle zu dünnen Fäden. Hiii-Rufe, Pfeifen, ein Hund winselt, will nicht auf dem Schoß seines Herrn sitzen bleiben, leiernde Beguin-Musik aus ermüdeten Batterien, ein plärrendes Baby; einige Bissen Meyu und Süßkartoffel, eine Banane. Und zum wiederholten Male leere ich die volle Coui, bin ausgelassen, illuminiert, fröhlich. Hiiiii – welch ein Fest!

Da gesellen sich dem fröhlichen Krach noch andere Töne hinzu. Die Stimmen kommen aus einem Oka nahe am Fluß, dem Oka Telesay, wo ein handfester Ehekrach stattfindet! Au fein, da gibt es was zum Lachen! Ich schließe mich den anderen an, die vergnügt zu dem Pfahlbau streben. Die Burschen quietschen vor Vergnügen.

Das Hiiii erfaßt uns alle – mit Ausnahme des streitenden Ehepaares, das sich in den heftigsten Gefühlsausbrüchen ergeht. Schade, daß ich nicht verstehe, worum es geht; und Tea K't lauscht so angespannt und winkt mit der Hand immer wieder energisch ab, wenn ich frage „Mamoe pui?"

Die Nacht bricht leise herein, man ist müde, das Fest klingt aus, die Wayapi ziehen sich in ihre Okas zurück, lassen die Telesays allein weiterstreiten. Wird wohl auch nicht anders sein als anderswo, ein Ehekrach eben, immer die gleiche Litanei!

Längst sitze ich über meinem Tagebuch, fluche zwischendurch über die frischen Flohbisse auf den Beinen, als ich merke, daß jemand im Haus sein muß. Ich frage, wer da ist, erhalte aber keine Antwort. Statt dessen kommt die Frau von Telesay, die eben noch kräftig zeterte, wortlos, aber zielstrebig herein, ihr Baby an der Hüfte und ein Stoffbündel unterm Arm. Sie würdigt mich keines Blickes, knüpft stillschweigend ihre Hängematte neben meiner auf und legt sich schwungvoll samt dem Baby hinein.

„Hat dich dein Mann rausgeworfen? Ja? Da, nimm eine Zigarette, willst du?"

„Eu, eu."

Kurz darauf springt sie auf, verläßt das Oka, und ich bin mit dem Baby allein. Es dauert nicht lange, da weint das kleine Kind, das weiche, braune, will sich nicht beruhigen, obwohl ich es schützend an meinen warmen Körper halte, wie es das gewohnt sein muß. Was soll ich bloß mit ihm anfangen? Unschlüssig wiege ich das schreiende Baby. Was denkt sich die Mutter? Aber da kommt sie auch schon zurück, entfernt die Hängematte, nimmt den Stoffballen, das Baby, und wortlos, wie sie gekommen ist, geht sie wieder – nach Hause. Der Mann ist ausgezogen!

16. Oktober

„Und wie steht es mit Fleisch?" – wörtlich: Was für Fleisch ißt du? – fragt Si'i im Vorübergehen, als er sieht, daß ich trockenes Meyu esse.

„Es gibt kein Fleisch, Si'i, aber das ist nicht so schlimm, ich brauche nicht viel", antwortete ich, nicht ganz der Wahrheit entsprechend.

Si'i geht in sein Oka zurück und wirft mir kurz darauf ein skurriles, geräuchertes Etwas herauf, das sich bei näherer Betrachtung als kompletter Affenarm erweist. An der zur Faust gekrümmten, anatomisch betrachtet durchaus menschenähnlichen Hand sind sogar noch die Fingernägel dran. Da sitze ich nun mit der Hand in der Hand und schlucke das Würgen in der Kehle entschlossen hinunter. Fleisch ist gleich Fleisch, was soll's. Der Arm ist aber so stark geräuchert, daß die Haut hart wie Leder ist, unmöglich, ihn in diesem Zustand abzunagen. Tapi'i bekommt die kleine Vorderhand in seine Hundecoui, der Rest des wenigen Muskelfleisches kommt in den Reistopf mit den Pfefferschoten, um das eintönige Gericht ein wenig nahrhafter zu machen.

Die ewigen Essensprobleme! Richtigen, schmerzhaften Hunger zu haben, wer daheim in Europa kennt das heute noch? Die Rastlosigkeit, die einen befällt, die stete Rückkehr der Gedanken auf das eine und einzige Hauptthema, auf Essen. Der ständig latente Wunsch: viel essen, viel beißen, einmal richtig satt sein! Manchmal macht es mich ganz aggressiv, ich schleiche mich zu den Pflanzungen und stehle Zuckerrohrstangen. Und nachts in der Hängematte träume ich von riesigen Buffets, beladen mit unerschöpflichen Mengen schmackhafter Gerichte ... Roastbeef, Huhn in Aspik, Hechtklößchen, Apfelstrudel, Mayonnaise, Toast und Butter ...

Die Kinder hier sollten mir nicht nur Vokabeln beibringen, sondern auch das Betteln, das sie so gut beherrschen. Wenn ich

Feuer mache, um irgend etwas zu kochen, kommen sie schon heraufgeklettert und setzen sich rund um mich herum. Harren der Dinge, die da kommen mögen, verfolgen mit großen Augen jeden Bissen, vom Teller auf die Gabel und von da in den Mund, und ich glaube, sie schauen auch, wie es hinunterrutscht. Fünf, oft zehn Paar Augen, die mir das Schlucken schwermachen, die warten, etwas abzubekommen. Warum mache ich es nicht wie sie? Warum stelle ich mich nicht mit den Frauen, die auf die Rückkehr der Männer von der Jagd warten, demonstrativ an den Bootssteg und sage: „Apota miti mja pe'e!" – Ich will ein kleines Stück Fleisch! Yawalu kam heute zu mir und sagte ausdrücklich, daß ich für meine Geschenke auf Fleisch bestehen müsse. Wahrscheinlich lachen die Frauen bereits über mich, über meine dumme Gutmütigkeit, mit der ich ihnen immer wieder freundlich lächelnd gebe. Ich muß bestimmter werden, direkter, muß sagen, wenn mir etwas nicht paßt. Wenn es ums Überleben geht, ist für Takt und Rücksichtnahme kein Platz.

„Medicine Tropicale" nennt sich das ausführliche Buch über Tropenkrankheiten, in dem ich manchmal nachschlage. Hätte ich dieses umfangreiche Werk bloß daheim gelassen. Die vielen drastischen Abbildungen, die zahllosen Möglichkeiten, krank zu werden, mit ausführlicher Beschreibung des Krankheitsverlaufs und der Folgen: furchtbar, ja katastrophal . . . allein das Durchblättern genügt, um einem das zittrige Gefühl zu geben, man müsse schon froh sein, mit dem Leben davonzukommen. Wenn ich es nur schaffe, weiterhin halbwegs gesund zu bleiben! Der ständige Durchfall ist erträglich, daran kann man sich gewöhnen. Ich tue nichts mehr dagegen. Es hat keinen Sinn, sich andauernd mit Medikamenten vollzupumpen, der Organismus muß selbst in der Lage sein, Abwehr zu bilden. Verrückt, wie der Körper reagiert, seine Funktionen, der gesamte Stoffwechsel, die Verdauung ebenso wie der Schweißgeruch, aber auch die Psyche – alles scheint sich allmählich umzustellen, anzupassen. Nur mit der Haut gibt es ständig Probleme. Von den vielen kleinen Infektionen abgesehen, bekomme ich häufig einen juckenden Ausschlag, rote Flecken oder wäßrige Bläschen, die sich verschiedentlich am Körper bilden. Es scheinen irgendwelche Allergien zu sein, deren Ursache ich nicht kenne.

Im Dorf gibt es einige Hepatitisverdächtige. Ihr Urin ist ganz dunkel, sie fühlen sich schlecht und haben bananengelbe Augen. Si'i beunruhigte mich mit der Frage, ob ich nicht etwa auch schon gelbe Augen hätte . . .

Sind meine Bedenken bezüglich Ernährung und Gesundheit übertrieben? Rücke ich meine Person zu sehr in den Vordergrund? Werde ich hypochondrisch und egozentrisch? Es fällt schwer, objektiv zu bleiben, als einzige Weiße, allein in diesem Milieu, ohne Vergleichsmöglichkeit und Aussprache.

Seit einigen Tagen sind im Dorf auffallend viele Männer mit handwerklichen Tätigkeiten beschäftigt. Die Arbeitswut scheint ansteckend zu sein. Kaum fängt ein Mann an, ein Katuri zu flechten, türmen sich am nächsten Tag auch vor etlichen anderen Okas grüne, bauschige Palmwedel, die ebenfalls zu Katuris verarbeitet werden. Tapisi – Preßstrümpfe – werden geflochten; Urupä – Siebe; Panakali – Vorratskörbe. Aus kleinen Alteisenstücken werden für die bevorstehenden großen Fischfänge Pfeilspitzen geschlagen.

Jede Wayapifamilie lebt autark. Sie stellt alle Gegenstände, die sie im täglichen Leben benötigt, selbst her und beschafft die notwendige Nahrung.

Alles, was den Haushalt, die Kinder und die Pflanzung betrifft – die Vorbereitung, also die Rodung, ausgenommen –, ist Frauensache. Dazu gehört die Holzbeschaffung ebenso wie die Baumwollbe- und verarbeitung bis zum Weben der Hängematten.

Frauen bereiten aus den Urucufruchtkapseln die rote Farbe für die Körperbemalung; Karapa – Öl –, mit dem das harte Urucukonzentrat aufgelöst wird; die schwarze Farbe Yanipä aus der Genipapofrucht, sowie – als diesbezügliche Ausnahme – das Kunami, Giftbuletten für den Fischfang. Den Frauen obliegt auch die Schmuckherstellung: auf dünne Baumwollfäden fädeln sie die vielen kleinen Glasperlen zu den viele Meter langen, dünnen Ketten, die sie Mo'i, Schlange, nennen. Manchmal sehe ich die Frauen auch mit Angeln am Ufer sitzen, wo sie kleine Fische fangen.

Die Männer bauen die Pfahlbauten, schlagen ihre Einbäume. Sie machen alle Schnitzarbeiten, mit Hilfe der großen Haumesser und eines Holzschlegels. Auch die Flechtarbeiten sind ausschließ-

Familie bei der täglichen Arbeit

lich Männersache. Besondere Sorgfalt widmen die Männer der Herstellung ihrer Jagdwaffen; Pa'ira – der Bogen; und Wülapa – der Pfeil, von dem es für jede Tierart eine eigene Form gibt. Die Giftbereitung aus Lianen obliegt ihnen ebenso wie der Tabakanbau und die Herstellung der Rindenzigarren, Peteu genannt. Akanta, die wunderschönen Federkronen aus Tukan- und Arafedern, zählen ebenfalls zum männlichen Handwerk, sie werden auch nur vom Mann getragen.

Spezialisierung auf ein bestimmtes Handwerk, gegenseitiger Austausch oder Handel innerhalb des Dorfes sind nicht üblich. Jede Familie führt im wahrsten Sinn des Wortes ein freies, unabhängiges Leben nach eigenen Richtlinien. Das geht schon aus dem Sprachgebrauch hervor. Ein Indianer sagt nicht: Ich würde jetzt gern dieses oder jenes tun. Wenn er etwas tun will, sagt er: "Ich tue . . ."

Als die Wayapi ihre Gebiete im nördlichsten Brasilien verlassen mußten und bis auf einige hundert Menschen dezimiert wurden, riß der Tauschhandel ab. Heute unterhalten die Wayapi nur noch zu den Indianern von Camopi eine Handelsbeziehung. In unbedeutendem Maße trägt diese dazu bei, einige Güter der Zivilisation in die Dörfer zu bringen.

19. Oktober

„E Sa'i'!" ruft von unten eine Kinderstimme.

Neugierig schaue ich auf, um zu sehen, wer da zu Besuch kommt. Ein kleiner Junge klettert behende die Yula herauf. Nun, was gibt's? Die Antwort wird mir vor die Füße geworfen – eine noch zuckende Gans, der das Blut aus dem Schnabel tropft. Ah ja, hat nicht Si'i vor ein paar Tagen gefragt, ob ich wisse, wie man eine Gans zubereitet? Das hier bedeutet also: Koch für uns! Muß knapp aussehen im Oka Lassouka, wenn Si'i eine der drei Gänse im Dorf, Geschenk aus Camopi, schlachten läßt. Was fange ich nun mit dem riesigen Federvieh und meinen kleinen Töpfen an?

Entschlossen klemme ich mir den Festtagsbraten unter den Arm und gehe in das gegenüberliegende Oka.

„Mama Lassouka, ich koche hier! Ist das gut, ja?" sage ich zu der energischen alten Frau. Verwundert sieht sie mich an. Was frage ich soviel? Auf den beiden Feuerstellen der zwei Frauen von Si'i liegt noch Glut. Holz liegt in der Ecke, auch große Töpfe sind vorhanden, allerdings mit Speiseresten darin.

„Mach zwei Töpfe leer, Mama assouka!" Die rüstige Alte gibt den Auftrag an die erste Frau des Hauses weiter, legt sich in ihre Hängematte und äugt aufmerksam herüber.

Jeder Windstoß weht mir den Rauch in die Augen, daß sie tränen, wirbelt den weißen Federhaufen durcheinander, als wäre Frau Holle persönlich am Werk, verteilt den weißen Flaum im ganzen Oka, überall unter den acht Hängematten. Es ist gar nicht so einfach, am offenen Feuer zu kochen. Mit krummem Rücken hockt man schwitzend davor, putzt und schneidet und hackt, Federn kleben am Körper, Schweiß perlt über die Stirn, und kaum steht man auf, um Holz aus der Ecke zu holen, geht entweder das Feuer wieder aus, oder die Hühner stelzen herbei und picken an den vorbereiteten Zutaten.

Als der Braten schließlich fertig ist, ist kein Mensch mehr im Haus. Wann soll gegessen werden? Und wer wird daran teilnehmen? Bin ich überhaupt dazu eingeladen? Demonstrativ hole ich meinen Blechteller, den Lappendolch und hocke mich vors Haus. Die beiden Frauen kommen. Im Freien machen sie zwei Feuerchen, braten die Piranhas, die die Söhne gefischt haben, und essen zusammen mit den Kleinkindern. Si'is Nichte Denise lehnt an der Yula und zupft sich einige nachgewachsene Augenbrauen mit dem Messer aus. Inzwischen weiß ich den Grund: weil Wimpern und Augenbrauen affenartig, also unschön sind, werden sie rigoros entfernt. Dann holt sich Denise vom Räucherrost ein kleines

Stück Leguanfleisch und ißt es mit Meyu. Der Neffe von Si'i, Alfonse, der im Nebenhaus wohnt, holt ein kleines Transistorradio aus seinem Koffer, nimmt die Batterien aus der Taschenlampe, setzt sie fachmännisch ins Radio ein und stellt das Gerät an. Der Empfang ist schlecht, krachende, knisternde Sambaklänge von Radio Brasil. Alfonse beginnt sich Nase und Stirn zu schminken. Si'i selbst ist noch beim Fußballspiel. Ein- bis zweimal wöchentlich spielen die Männer Fußball, wenn es die Arbeit erlaubt. Das dauert immer bis Sonnenuntergang. Zeit genug, um noch ein Bad zu nehmen.

Ich gehe zum Fluß hinunter, zur allgemeinen Badestelle am Bootssteg. Die Hepatitisangst, die mich befallen hatte, hat sich wieder gelegt. Was soll's, wenn alle krank werden, werde ich es auch, da mag ich noch so sehr aufpassen. Wenn man so eng zusammenlebt, ist die Ansteckung gar nicht zu vermeiden. Ich kann zu meinem Schutz nicht mehr tun, als das Trinkwasser abzukochen und jene Stellen zu meiden, wo die Wayapi ihre Notdurft verrichten.

Als auch Si'i gebadet hat, ruft er mich zum Essen. Endlich! Ich lechze nach dieser Gans!

„Ich habe Yawalu eingeladen", sagt Si'i. Er gibt Denise den Auftrag, die Töpfe ins Freie zu tragen. Das Dorf liegt noch im Zwielicht, aber es ist schon angenehm, im Freien zu sitzen. Drüben in Brasilien steigt zwischen den Zweigen des Fromagier im blauen, strahlenden Himmel ein voller blasser Mond auf.

Nur unser Freund Yawalu ist geladen – aber kaum haben wir uns an der festlichen Tafel niedergelassen, werden von allen Seiten Couis hergereicht. Jeder will einen Bissen kosten. Für die Frauen der Familie Lassouka bleibt nichts übrig. Mit Müh und Not rette ich schnell noch ein Stück Gänsebraten und bringe es Mama Lassouka.

„Morgen kannst du wieder kochen, ich schlachte auch meine

Gans", meint Yawalu. Alle lecken sich die Finger, genießen das reichliche Fett. Die meisten Wildtiere sind sehr mager, fettlos und zäh, bestehen nur aus fester Muskelmasse. So ein saftiger, zarter Braten ist schon ein besonderer Leckerbissen!

Yawalu fordert mich auf, mein Tonbandgerät zu holen. Nicht die Stimmen der Zikaden, Frösche und Vögel, die ich aufgenommen habe, begeistern sie – nein, Papis lautes Schnarchen, das auf diesem Band der Nachtgeräusche so gut zu hören ist, hat es ihnen angetan. Darüber können sie sich ausschütten vor Lachen. Wie einfach es ist, Menschen, die gerne lachen, zu erfreuen!

20. Oktober

Zwei Jahre hat Mama Lassouka Baumwolle gepflückt, bearbeitet und gesponnen, bis sie genügend Garn hatte, um jetzt diese Hängematte für Si'i weben zu können. Der Webrahmen besteht aus zwei schräg an den Okapfeilern befestigten Pfosten, die oben und unten durch einen Querbalken verbunden sind. Darüber hat Mama Lassouka in Hängemattenbreite – fast zwei Meter – ganz dicht nebeneinander in Längsrichtung die Kettfäden gewickelt. Danach wurde geteilt, jeder zweite Kettfaden erfaßt, hervorgezogen und locker in eine Schleife gelegt, um beim Schuß jeweils abwechselnd Vorder- und Hinterfäden mühelos trennen zu können. Gewebt wird mit fünf Webschiffchen, die Mama Lassouka links unten in die ersten Kettfäden eingehängt hat. Das erste Schiffchen mit Schußfaden wird zwischen Vorder- und Hinterfaden der Kette jeweils so weit durchgeschoben, wie das schmale Webholz lang ist, und mit diesem anschließend festgeklopft. Schußwechsel, das nächste Schiffchen wird durchgeschoben, festgeklopft; Schußwechsel ...

Diese Art zu weben ist nicht schwierig, aber langwierig. Außerdem gibt es natürlich Kniffe, die man kennen muß. Si'is Mutter beherrscht sie meisterhaft. Sie ist für ihre exakt gewebten, engmaschigen und somit warmen Hängematten berühmt. Trotz ihrer sechzig Jahre oder mehr hat sie noch immer den Blick des Raubvogels, dem kein Fehler entgeht. Andere, viel jüngere Frauen, denen ich beim Weben zusah, arbeiten längst nicht so perfekt. Jede Frau ist stolz auf ihre selbstgewebten Hängematten. Wenn die Frauen einander besuchen, wird die Weberei, die gerade in Arbeit ist, sehr kritisch betrachtet. Deswegen lehnt Mama Lassouka meine Bitte ab, es auch einmal probieren zu dürfen.

Die Wayapi zählen zu den wenigen Tieflandindianern, die ihre Hängematten weben. Bei anderen Stämmen ist es üblich, netzartige Matten zu knüpfen. Diese Machart ist auch hier bekannt, wird aber nur praktiziert, wenn nicht genügend Garn zum Weben vorhanden ist. Das Knüpfen ist viel einfacher und geht rasch voran, aber diese locker geknüpften, leichten Hängematten bieten nur wenig Schutz vor den feuchtkalten Nächten und sind auch nicht sehr dauerhaft.

Die Hängematten zählen zum wertvollsten Besitz einer Wayapifamilie. So wertvoll, daß in früheren Zeiten die Überfälle der Wayana, ihrer ehemaligen Erzfeinde, nicht zuletzt dem Raub dieser Hängematten gegolten haben, weil sie selbst diese Technik nicht beherrschten. Nicht jeder Dorfbewohner hat seine eigene Hängematte, in manchen Familien teilen sich Mann und Frau dieses schaukelnde Bett, und oft schlafen etliche Kinder gemeinsam in einer Matte.

Am Nachmittag herrscht plötzlich Riesenkrach im Dorf. Yawalu hat den Generator zum Laufen gebracht und stellt eine Funkverbindung zu Dr. Attia in Saint-George her, die tatsächlich zustande kommt. Mit Isolierband aus meinem Werkzeugkasten haben wir die vielen Bruchstellen des Kabels zusammengeflickt, die von Mäusen und wer weiß welchen Nagetieren stammen. Das Funkgerät war fast zwei Wochen außer Betrieb gewesen.

Der Grund des Notrufs ist der besorgniserregende Zustand der Frau von Capitaine Kammala. Bereits seit Wochen geht es ihr sehr schlecht. Sie ist fahlgelb, geschwächt, leidet an verschiedenen Schmerzen, hat einen aufgeblähten Leib und spuckt Blut. Die Symptome deuten auf Leberzirrhose.

Ein langwieriger Wortwechsel zwischen Yawalu und Dr. Daniel Attia beginnt, immer wieder von starken Nebengeräuschen und Funkstörungen unterbrochen.

„Daniel, was machen wir?" Yawalu spricht langsam, überdeutlich, artikuliert. „Es geht ihr wirklich sehr schlecht!"

„Hm, ich kann im Augenblick nicht viel dazu sagen . . ."

„Kann sie nicht ins Spital gebracht werden?"

„Das kommt darauf an."

„Daniel, könntest du nicht an den Haut-Oyapock kommen?"

„Nein. Mein Motorist ist gestorben, der andere ist in Cayenne. Bringt sie nach Camopi, dahin kann ich kommen."

„Geht nicht, Daniel, wir haben kein Benzin mehr, nur noch ein paar Liter. Die lange Fahrt ohne Motor hält sie nicht durch."

„Ich kann die Frau aber nicht mit dem Helikopter evakuieren, wenn keine unmittelbare Lebensgefahr besteht. Du weißt, Robert, daß ich sonst die größten Schwierigkeiten bekomme. Ich kann keine unnötigen Evakuierungen anordnen."

Ich bin wütend. Verdammt noch mal, was hat das Leben eines Menschen mit Bürokratie zu tun? Ehe für die Indianer endlich was unternommen wird, muß es erst einmal achtzehn Tote geben, wie bei der letzten Grippewelle, vor zwei Jahren.

Doch dieses Mal endet das Ferngespräch positiv. Nach Rücksprache mit Cayenne kündigt Dr. Attia seinen Besuch an. Er wird sich in drei Tagen mit dem Helikopter einfliegen lassen. Falls nichts dazwischenkommt, falls der Helikopter des Militärs frei ist, falls nicht . . .

Ich denke auch ein wenig an mich. An meine Lebensmittelbestellungen; an Post von meinen Lieben daheim; vor allem aber an das so dringend benötigte Kabel für die Filmkamera. Wer weiß, wann einmal ein Piroge nach Trois-Sauts kommen wird, das kann noch Monate dauern. Meine ganze Hoffnung ist auf diesen Hubschrauber gerichtet. Aber wird Dr. Attia meine Post auch wirklich mitbringen? Ja, wo befindet sie sich überhaupt? In Saint-George? Bei den Gendarmen in Camopi, wo der Hubschrauber zum Auftanken landen muß? Der Besuch von draußen wird plötzlich zum Zentralpunkt meiner Gedanken.

Erst spät in der Nacht überkommt mich die Müdigkeit, und ich murmle . . . Und, lieber Gott, beschütze mich auch diese Nacht vor Vampiren und Ratten sowie vor Spinnen und Skorpionen im Schlafsack . . .

21. Oktober

Die Wayapifrauen bringen ihre Kinder nicht im Dorf, im eigenen Oka zur Welt. Der Mann darf bei der Geburt nicht dabeisein. Deshalb nimmt die Frau, wenn sie spürt, daß es soweit ist, ihre Hängematte und geht ein Stück in den Wald hinein – nicht weit, gerade genug, um nicht eingesehen zu werden. Hier erwartet sie nun die Geburt des Kindes, das sie allein, ohne fremde Hilfe entbindet.

Vor knapp zwei Monaten wurde im Nachbardorf ein Kind geboren. Nach offizieller Version – jener, die Yawalu den Gendarmen in Camopi meldete – handelte es sich um eine Frühgeburt. Die Wirklichkeit aber ist anders. In den Küchenhütten erzählen die Frauen, das Kind sei nur deswegen so schwach, weil es eine Zwillingsgeburt gewesen sei. Das zweite Kind sei nicht mehr am Leben. Nach Wayapitradition darf nur ein Kind leben. Die Wayapi glauben, daß ein Mann mit einer Frau jeweils nur ein einziges Kind zeugen könne. Kommen Zwillinge, so bedeutet das, daß eines der beiden Kinder nicht vom Vater stammt, daß also

Die Frauen entbinden allein im Wald

überirdische Kräfte im Spiel sind. Der Vater wird in den Wald geführt, zu der Hängematte, wo die Frau entbunden hat, und sucht jenes der beiden Kinder aus, das am Leben bleiben soll. Das andere Baby wird getötet und begraben. Nach dem Gesetz wird diese Handlung als Kindesmord geahndet, aber die Wayapi, als Stammesbevölkerung, unterliegen nicht der französischen Gesetzesordnung und richten sich allein nach ihren Traditionen.

Als sich letztens dieser Fall im Nachbardorf ereignete, herrschte große Aufregung in Village Zidoc. Yawalu hatte gedroht, daß er die Wahrheit nach Camopi melden wolle! Dies führte zu heftigen

Diskussionen im Palaverhaus unter den Männern. Was ging das die Gendarmen an? Schließlich gab Yawalu nach, und die Tradition wurde nicht gebrochen.

Das Kind, das am Leben blieb, ein Knabe, wog bei der Geburt nur etwa 1,60 kg, war winzig klein und zerbrechlich, aber ausgesprochen hübsch für ein Neugeborenes. Seine Haut war ganz glatt, und auf dem Köpfchen trug er schon einen dichten Haarschopf.

Vor zwei Wochen, das Kind war sechs Wochen alt, war es noch immer nicht kräftiger geworden, kein bißchen. Es hörte auf zu trinken und bekam Fieber. Wir verständigten Dr. Attia, der Si'i riet, ein Penicillinpräparat zu spritzen. Aber wohin? Wir fanden bei dem Baby keinen einzigen Muskel und spritzten schließlich unter die Haut. Tatsächlich ging das Fieber zurück, und das Kind erholte sich ein wenig. Seit gestern aber trinkt es wieder nicht, atmet ganz unregelmäßig, krampfartig, kämpft um Luft. Die Mutter hat schon dreimal hintereinander ein Neugeborenes verloren und zittert nun um das Leben dieses kleinen Jungen. Noch zwei Tage, bis Dr. Attia kommt. Wird das Baby so lange durchhalten? Erneut wirft Yawalu den Generator an und setzt sich mit dem Arzt in Saint-George in Verbindung. Si'i bekommt die Anweisung, Antibiotika und Cortison zu spritzen.

Seit dem Jahr 1962 werden die Wayapi medizinisch betreut. Der Arzt kommt zwei- bis dreimal jährlich nach Trois-Sauts und betreibt vor allem präventive Gesundheitsfürsorge. Seither und seit ihre isolierte Lage durch ein präfektorales Dekret gesichert ist, steigt die Bevölkerungszahl in Trois-Sauts wieder an (1974 – 171 Personen, 1979 – 203 Personen). Dennoch bleiben die Wayapi eine sehr fragile Bevölkerung.

Die Gefahr der Blutsverwandtschaft, die die geringe Vermehrung erklären könnte, ist in der kleinen, isolierten Wayapigruppe dennoch nicht gegeben. Immer schon haben die Wayapi andere, besiegte Stämme oder Restgruppen von Indianern, die ihnen ähnlich erschienen, in sich aufgenommen und somit für stete genetische Erneuerung gesorgt.

Fischen „auf die besoffene Art"

22. Oktober
Um sechs Uhr früh fahren die ersten Pirogen ab. Alle Männer aus Village Zidoc und Kammala beteiligen sich an dem auf heute festgelegten kollektiven Fischfang. Nicht wie sonst mit Netzen, Ködern oder Ruten und Angelhaken soll gefischt werden, sondern nach einer ganz bestimmten, alten Methode, die nur den Indianern bekannt ist. „A la ivré" nennt man sie an der Küste, „auf die besoffene Art".

Schon Tage zuvor wurden die nötigen Vorbereitungen getroffen. Die Männer haben im Wald nach einer bestimmten Liane, der Art Lonchocarpus, gesucht und große Mengen davon zusammengetragen. Diese haben sie in kleine, aufgespaltene Stücke gehackt, die sie in eigens dafür angefertigte Körbe aus Palmblättern füllten und mit Luftwurzeln fest verschnürten. Wohl an die zwanzig solcher gefüllter Körbe liegen auf einer flachen Felsplatte am Ufer des Oyapock bereit und werden nun an die Pirogen verteilt.

Ich begleite Telesay in seiner Piroge, drei weitere Männer und sein fünfjähriger Sohn sind mit von der Partie. Der Zug der Pirogen bewegt sich flußabwärts. Wir kommen an der frischen Rodung Antoines vorbei, an einem kleinen Jagdcarbet am Ufer, am Crique Euleupoussing. Kurz darauf erreichen wir das Dorf Pina, wo sich uns weitere Pirogen anschließen.

Nach einer guten halben Stunde sind wir am Ziel angelangt. Viele flache Felsen ragen hier aus dem Fluß. Die Boote verteilen

Beim Fischfang „auf die besoffene Art"

sich auf eine Strecke von etwa 150 Metern und legen im ruhigen Wasser hinter den Felsen an. Die Männer heben die schweren Körbe heraus und schlagen nun mit Prügeln auf die verpackten Lianenstücke ein. Jeweils zwei Männer abwechselnd auf einen Korb. Jetzt zerren sie die Körbe ins flache Wasser und treten mit den Füßen darauf herum. Wieder wird darauf eingeschlagen, wieder getreten. Das Wasser nimmt allmählich eine trübe, milchigweiße Farbe an. Fast eine Stunde lang wird auf diese Weise systematisch der Fluß vergiftet. Schon sehen wir hier und da helle Fischkörper bäuchlings an der Oberfläche treiben, Fischleiber zappeln. Schnell springen die Männer in die Pirogen, lassen sich mit der Strömung treiben, jeder mit seinem Bogen und schußbereitem Pfeil gespannt Ausschau haltend. Da ist einer, hier – dort! Schnell ergreift einer unserer Männer das Paddel und bringt die Piroge nahe an die Fische heran, während die anderen den Bogen spannen, zielen, die Sehne loslassen . . .

Eine ungeheure Nervosität hat die Männer in den Pirogen erfaßt. Laute Rufe schallen den Oyapock hinab. Anfeuerungen, schneller zu paddeln, Schreie der Begeisterung. Eile ist geboten. Bald wird die Strömung das Gift verteilt, die betäubten Fische abgetrieben haben und die Wirkung des Gifts nachlassen.

Sechs kleine Piranhas liegen im Sickerwasser unserer Piroge. Telesays kleiner Sohn imitiert seinen Papa, reißt die Augen weit auf, stößt unverständliche Laute hervor und schießt mit seinem kleinen Bogen und dem stumpfen Kinderpfeil die Fische im Boot noch einmal tot.

Über eine Stunde treiben wir, aber mehr als acht kleine Fische haben die Männer im Boot nicht herausgeholt. Auf den anderen Pirogen sieht es nicht viel besser aus. Insgesamt also eine sehr enttäuschende Ausbeute für so viel Vorbereitungsarbeit und den langen Anfahrtsweg. Die Wayapi scheinen sich allerdings nichts daraus zu machen. Gelächter klingt aus den Pirogen, Witze werden von Boot zu Boot gerufen, Hiiii-Laute schallen über das Wasser, Casiri, das sie in einem kleinen Eimer mitgeführt haben, wird herumgereicht, als wären die Pirogen zum Bersten voll mit Fisch. Gute Verlierer in einem Spiel, das auch den Fischen eine Chance läßt, wie man sieht. Frühzeitig wird diese fruchtlose Arbeit abgebrochen und die Rückreise angetreten. Am Bootssteg in Zidoc stehen erwartungsvoll die Frauen. Auch sie lachen, wie sie sehen, daß die Pirogen leer sind, lachen, als gäbe es nichts Lustigeres.

„Normalerweise kommen wir mit vielen hundert Fischen heim", erklärt Yawalu. „Als wir die Lianenkörbe vorbereiteten, war das Wetter gut, ganz wenig Wasser im Fluß. Inzwischen hat es aber viel geregnet. Der Oyapock führt zuviel Wasser, um alle Fische zu betäuben. Sicher ist irgend jemand schuld daran!"

So gibt es auch in meinem Oka statt schmackhaften Fisch wieder nur Reis und Bananen zum Abendbrot. Und damit es nicht gar so eintönig ist, Wurmtabletten als Dessert.

Den Nachmittag verbringe ich in bleierner Müdigkeit in der Hängematte.

Funkverbindung mit Dr. Attia: Er wird morgen *nicht* kommen. Merde!

Am frühen Abend kracht am Fluß unten ein Schuß. Die Leute aus dem Dorf laufen zum Bootssteg hinunter. Dort steht der einsame Schütze. In einer Hand hält er das Gewehr, auf dem anderen Arm liegt das Baby. Er weint. Es ist tot. Die Frauen murmeln: „Er hat das falsche Zwillingskind ausgesucht . . ."

Casirifest bis spät in die Nacht. Spannung, Unruhe liegt über dem Dorf. Die Männer im Palaverhaus streiten. Yawalu schreit mit Papa Milli, gibt ihm die Schuld an dem mißglückten Fischfang. Auch Papa Milli ist aufgebracht, beschimpft wiederum Yawalu und Si'i, weil sich die beiden von seiner Stieftochter, die seit einigen Tagen nun auch seine zweite Frau ist, Casiri bringen lassen.

Auch bei den Frauen geht es laut zu, sie lamentieren wegen dieses Mädchens, das erst vierzehn Jahre alt ist. Papa Millis erste Frau war Witwe, als er sich mit ihr verheiratete, viel älter als er selbst. Sie brachte eine halbwüchsige Tochter mit in die Ehe. Als diese vor einem Jahr ihre erste Periode hatte, wurden ihr die Haare abrasiert, wie es der Brauch will. Dann, vor kurzem, waren die Haare schon wieder so lang, daß sie ihr über die Augen hingen, sie war somit heiratsfähig geworden. Da bestimmte Papa Milli, daß seine Stieftochter nun auch seine zweite Ehefrau sein sollte.

Die Mutter klagt. Was für ein Unglück! Wie soll sie ihrer Tochter, die sie liebt, all die schweren Arbeiten zumuten, die sie als zweite Frau im Haus verrichten soll? Wie kann ihre eigene Tochter ihr, der ersten Frau, die gewünschte Stütze sein. Besseres hätte sie sich erhofft für ihr Kind! Soll sie vielleicht jetzt auf einmal mit ihr herumkommandieren? Und hat sie in ihrem Alter nicht auch das Recht, endlich leichter zu leben?

Die Frau ist dem Weinen nahe, die Tochter aber sitzt völlig unberührt daneben, lächelt mit ihrem runden, stark geschminkten Kindergesicht, als würde sie das alles nichts angehen. So ist das eben, wenn man erwachsen wird.

Viel Casiri fließt die Kehlen hinunter. Telesay, Paul und die beiden Söhne von Papa Misa sitzen um mich herum und drücken mit feinen spitzen Stäbchen und schwarzer Yanipäfarbe wunderschöne Ornamente auf meine Arme, auf die Brust, auf Rücken und Schenkel. Exakte geometrische Figuren aus geraden und schrägen Linien, Dreiecke und Trapeze, ausgefüllt mit feinsten parallelen Linien. Das Muster der Anakonda, die Zeichnung des klugen Jaguars . . .

Knochenflöten werden gespielt, spitze Töne, melodisch aneinandergereiht, durchdringende Töne, schrill, dann wieder leise und zart, wie flötende Vogelstimmen. Einige Männer stellen sich nebeneinander auf, legen sich gegenseitig die Arme auf die Schultern, fallen in einen stampfenden Rhythmus, singen dazu in tiefen, brummigen Tönen, steigern das Tempo. Immer schneller stampfen sie, fallen fast in einen tranceähnlichen Zustand. Dann auf einmal halten sie an, lachen laut heraus, freuen sich über sich selbst, brechen in übermütiges Hiiiii aus und umarmen einander voll überquellender Freude. Und wieder wird getrunken. Rauschend fällt plötzlich heftiger Regen herab und vertreibt uns unter das Dach des Palaverhauses. Männer und Frauen und Kinder, alle sitzen wir eng aneinandergedrückt, warm umschlungen in der Dunkelheit. Die Spannungen haben sich gelöst, uns alle verbindet die vergnügte Casirilaune und die wohlige Nähe, die Wärme der Körper. In schwarzen Rinnsalen verlieren sich all die schönen Ornamente auf meinem Körper, die noch nicht lange genug einwirken konnten, um dem Regen standzuhalten. Jaguar und Anakonda haben sich im Feuerschein gepaart, sind eins geworden, tropfen dick und dunkel zurück auf die Erde . . .

Das Baby ist tot! Das Baby? Es ist schon vergessen.

In der Nacht fühle ich mich sehr elend. Schüttelfrost, ich kann mich trotz Pullover und Daunenschlafsack nicht erwärmen. Die Zähne klappern, schlagen unkontrolliert aufeinander. Krampfartig schüttelt es mich. Es dauert lange, bis dieser Zustand vorüber ist und ich erschöpft daliege. Endlich wird mir wieder warm. Füße und Hände brennen, die Hitze steigt in den Kopf, wird glühend, so heiß, daß ich das Gefühl habe, der Kopf müsse zerspringen. Ich bekomme Angst, es ist nicht mehr auszuhalten! Taumelnd klettere ich aus der Hängematte, achte nicht auf den Schwindel und laufe so schnell ich kann zum Fluß hinunter, kühle den Kopf im kalten Wasser. Wie gut das tut, so als wäre ein richtiges Feuer gelöscht. Dann, irgendwann, ist der Spuk endlich vorbei, ich gehe zurück und schlucke Tabletten. Nicht schwer zu erraten, daß das Malaria ist!

Am Morgen fühle ich mich wie erschlagen. Außerdem kann ich kaum gehen. Der linke Fuß schmerzt und pocht, ist ganz dick geschwollen, sieht wie ein Klumpfuß aus. Wenn man mit dem Finger draufdrückt, bleibt eine Delle zurück. Ein einfacher Mükkenstich war der Anfang, jetzt habe ich da ein Ödem. Oder kommt es vom Hunger?

23. Oktober

Ich lasse mich doch nicht für dumm verkaufen! Das Huhn war regelrecht von mir erworben, mehr als angemessen bezahlt. Kalakuli, richtiges Geld, habe ich dafür gegeben, und das, obwohl es keine Eier legt. Natürlich hätte ich die Schnur nicht durchschneiden dürfen. Ist ja klar, daß es nicht bei meinem Oka bleiben, sondern zu seiner Hühnerschar zurücklaufen würde. Aber, daß Papa Misas Frau nun abstreitet, wieder ein Huhn mehr zu haben, das ist nicht fair.

Yawalu hört aufmerksam zu, wie ich ihm mein Leid klage. Ich jammere zum Steinerweichen, zeige ihm meinen Klumpfuß und versichere, daß alles Übel nur daher kommt, daß ich kein Huhn, kein Fleisch zu essen habe.

Die Vorstellung wirkt. Dabei ist sie nicht einmal gespielt, in diesem Augenblick ist es mir bitter ernst damit. Yawalu nimmt Pfeil und Bogen und geht. Nach einer Minute kommt er mit einem schönen, dicken Huhn der Familie Misa zurück, hat einfach irgendeines aus der Schar herausgeschossen.

Der ganze Tag ist dem guten und reichlichen Mahl gewidmet. Palatschinken gibt es, aus den Eiern, die das Huhn noch im Bauch hatte, eine Suppe und ein Ragout. Auch die Kinder bekommen endlich einmal mehr als den üblichen Happen und freuen sich.

Aber selbst das reichhaltige Essen will mir heute nicht helfen, die depressive Stimmung, meine Müdigkeit und Schwäche zu überwinden. Lustlos schlucke ich die Bissen hinunter. Si'i kommt zu mir ins Oka, während ich esse – oder besser gesagt, obwohl ich esse, denn nach Wayapi-Knigge ist es absolut unüblich, beim Essen zu stören.

Si'i setzt sich mir gegenüber und fängt an, über dies und jenes zu plaudern. Ungerührt esse ich weiter, ignoriere den unmißverständlichen Grund seines Besuches. Im Oka Lassouka gab es in letzter Zeit des öfteren Pekari, Nabelschwein – nicht mit Hühnerragout zu vergleichen, aber immerhin. Hat mir auch nur einmal jemand der Familie etwas davon angeboten? Gerade Si'i kann ich seine Ignoranz nicht verzeihen, er hat auch nicht die Ausrede, meine Bitte nicht zu verstehen. Auch ich habe meinen Stolz. Jetzt esse ich allein, gebe ihm nichts davon ab.

Wie hart ich werde! Meine bisherigen ethischen und moralischen Normen haben keine Gültigkeit mehr. Ich bin allein, muß mich wehren. Ich passe mich an.

Mein Gott, wie müde und schwach ich mich fühle, von der Haarspitze bis zur Zehe, Körper und Geist sind krank. Mensch und Natur, das ganze Biotop richtet sich gegen mich, den weißen Eindringling, der hier nichts zu suchen hat. Der Amazonasurwald war dem Weißen noch nie zugetan, der kam, um seine Macht zu demonstrieren, zu beherrschen, sich Natur und Mensch untertan zu machen. Amazonien ist viel mehr als nur der größte Urwald der Welt; es ist ein verschlossener, verbotener Staat, straff organisiert, nicht von Menschen, sondern von der Herrschergewalt der Natur. Der weiße Geist wird nicht toleriert und seit Menschengedenken erfolgreich bekämpft. Kein Mensch, der nicht hier im Urwald gelebt hat, kann dieses Gesetz verstehen. Weder Vernunft noch Wahn ließen mich die Zusammenhänge erkennen. Ich lebe hier in diesem Staat, nun werde ich bedrängt. Aber meine

Absichten sind friedlich, voll Bewunderung und Liebe für diese naturgegebene Lebensart, die mit der Evolution Schritt hält. Läßt Amazonien mir eine Chance?

24. Oktober

Die Nacht war ruhelos. Fieber und Schüttelfrost raubten mir den Schlaf, und jetzt, wo ich schlafen könnte, geht im Dorf der Krach los. Wieder ein Casirifest! Wieder all die fröhlichen Menschen voll lachender Lebensfreude. Ich vergrabe meinen Kopf im Schlafsack, finde aber keinen Schlaf mehr. Was werde ich heute anfangen können? Wie wird der Tag vorübergehen, mit dem geschwollenen, heißen Knöchel, mit den Schmerzen! Viel lieber würde ich mich in die Farbenwelt der Träume flüchten, wo ich stark und gesund bin, schnell wie der Hirsch durch den Wald laufe, beweglich wie Moyu, die Anakonda, wo ich mit den Männern den Yakalé jage und ein buntes Farbenkleid vom Regenbogen bekomme . . .

„Ayo, Elfie, Helico ayo!" ruft mich Tea K't wach. Warum sollte der Hubschrauber kommen? Das Baby ist tot. Soll wohl ein Casirischerz sein! Aber als alles, was Beine hat, aus dem Dorf hinaus und zum Fußballplatz strebt, humple ich ihnen nach.

Jetzt höre auch ich das Brummen, und dann erscheint es, das ungewohnt große Insekt, am Himmel, eine laute Libelle, deren Ankunft von den Wayapi enthusiastisch, rufend und winkend begrüßt wird. Wirbelnd und knatternd senkt es sich langsam herab. Wirbelnde Luftmassen lassen die langen Festkalimbés der Männer aufflattern. Je näher der Hubschrauber dem Boden kommt, desto weiter weichen wir zurück.

Ich fasse es noch gar nicht. Besuch von draußen! Meine Post, meine Kabel sind da! Aufregung auch unter den Wayapi, die nun, wie aus dem Hinterhalt, ringsum aus den Büschen hervorkommen und den gelandeten Hubschrauber umringen.

Ich begrüße einen der Piloten, dann eile ich hinüber zu Yawalu und Si'i, die bereits den Postsack öffnen. Da, ein kleines Päckchen! Ich nehme es in die Hand, spüre durchs Papier ein Kabel, sehe auf die Anschrift. „Monsieur Robèrt" steht da. Das Kabel ist für Yawalus Funkgerät. Auch unter den Briefen ist nichts für mich dabei. Es sind nur einige Schreiben der Präfektur, für Si'i und Yawalu bestimmt. Keine Post für mich, nichts! Meine Enttäuschung ist unbeschreiblich. Ich verstehe das nicht. Vor Tagen, als Yawalu per Funk mit den Gendarmen Camopis sprach, haben sie doch eindeutig den Erhalt von Post für mich bestätigt.

Ich begrüße Dr. Attia. Er ist in Eile. Alle sind in Eile, auch die beiden Piloten. Die Frau Capitaine Kammalas soll ausgeflogen werden, die Piloten wollen so bald wie möglich weiter. „Piloten wollen immer gleich schnell weiter", sagt Si'i lächelnd und weiß wahrscheinlich gar nicht, wie recht er mit diesen Worten hat.

Ich laufe Dr. Attia nach, der sich auf den Weg ins Nachbardorf macht, um die Frau zu holen. „Daniel, hast *du* vielleicht meine Post mitgebracht, ja?" frage ich und passe mich hinkend seinem schnellen Schritt an.

„Ja, Elfie, einen Brief. Der ist im Koffer, ich gebe ihn dir später, ich bleibe ja einige Tage hier."

„Daniel?"

„Ja?"

„Ist es ein dicker Brief? Könnte da ein Kabel drin sein?"

„Nein, kaum. Ich glaube, es ist ein Aerogramm. Warte doch bis später, wirst schon sehen!"

Niedergeschlagen, traurig gehe ich zurück ins Dorf. Wenigstens der Frau des Capitaine wird geholfen. Aber warum nur haben sie meine Post nicht aus Camopi mitgebracht? Dachten die Gendarmen von Camopi vielleicht – ist nicht so wichtig? Wissen die denn nicht, wie sehr ich darauf warte, wie sehr ich auf ihre Hilfe angewiesen bin? Was mache ich jetzt?

Urucu liefert den roten Farbstoff für die Körperbemalung

„Na, Mademoiselle, wie lebt's sich denn so in Trois-Sauts?" spricht mich einer der Piloten an. „Sie sind ja wirklich zu beneiden!"

„Ja, ja, Trois-Sauts ist schon etwas Besonderes", sage ich vieldeutig.

„Verkauft hier jemand Pfeile und Bogen, Mademoiselle? Ich möchte auch einige Tonkalebassen mitnehmen und eine Hängematte. Muß ja billig sein, die Sachen hier einzukaufen, oder? Und – ah ja, dieses Getränk! Glauben Sie, Mademoiselle, ich kann das probieren? In Cayenne wird mir zwar ohnehin keiner glauben, daß ich es getrunken habe, wenn ich sage, daß die Indianer das mit Spucke machen. Stimmt doch – oder?"

Das Gerede des Piloten macht mich fertig. Ich führe ihn zum Oka von Tea K't und bitte für ihn um Casiri. Mir ist elend zumute.

„Ach bitte, Mademoiselle, nehmen Sie meinen Apparat und machen Sie eine Aufnahme, wenn ich jetzt trinke, ja? Aber das Mädchen da nicht abschneiden! Ja, so: jetzt!"

Dr. Daniel Attia bleibt eine Woche in Trois-Sauts. Die sechs- und siebenjährigen Kinder werden pauschal untersucht, die schwangeren Frauen, die Alten. Krank ist eigenartigerweise jetzt niemand mehr, der Husten, der zuvor alle quälte, ist plötzlich verschwunden, die Grippe, die zwei Bootsleute aus Camopi eingeschleppt hatten, wie weggeweht.

Daniel quartiert sich bei mir ein. Mit gemischten Gefühlen sehe ich dem entgegen. Daniel ist ein übersprudelnder, allzeit munterer Gesprächspartner, der keine Minute still sein kann. Man könnte ihn auch als anstrengend bezeichnen.

„Ich kann Stille unter Menschen nicht ertragen, das macht mich völlig nervös und unsicher. Mit schweigenden Menschen weiß ich nichts anzufangen. Was geht in ihren Köpfen vor, was denken sie, warum behalten sie es für sich? Deswegen rede ich soviel . . ."

Keine Stimmung der Natur kann ihn zum Schweigen bringen. Kein seltener Vogel, der uns seinen klingenden Ruf schickt, kein schönes Wayapigesicht in all seiner Unergründlichkeit, kein Geschehnis im Dorf kann Daniel zu stillem Beobachten verführen.

Arzt oder nicht – wie werde ich das in meiner derzeitigen Verfassung aushalten?

28. Oktober

Nach den ersten beiden Tagen, die für mich wohl die anstrengendsten waren, habe ich mich an die Wortlawinen und das ungewohnte Informationspensum des Tages gewöhnt und stelle fest, daß es schön ist, nicht allein zu sein. Daniel pflegt unbewußt meine Seele – mehr noch als meinen Klumpfuß. Das Ödem hat ein beängstigendes Ausmaß angenommen. Es wäre nicht das erste Mal, daß aus diesem oder einem ähnlichen Grund einem Weißen ein Fuß amputiert werden müßte, erfahre ich. Trotz der ärztlichen Behandlung dauert es die ganze Woche, bis ich wieder humpeln kann. Und das Fieber ist noch immer da, die bleierne Müdigkeit sogar noch schlimmer geworden. Daniel stopft mich mit Medikamenten voll und verspricht baldige Besserung, aber es hilft nichts.

Auch Daniel hatte angenommen, daß Trois-Sauts ein Bilderbuchdorf sei, romantisch und naiv wie die kitschigen Postkarten von den Wayana, die man in Cayenne kaufen kann.

„Ich bin froh, jetzt einmal für längere Zeit hierzusein", sagt Daniel. „Die paar Weißen, die für einige Stunden hierherkommen – mich mit eingerechnet –, realisieren gar nicht, was für ein Leben das ist. Der erste Eindruck täuscht. Jetzt spüre ich es am eigenen Leib. Wie hältst du das bloß aus? Das geht echt an die Basis!"

Daniel hat herrliche Konserven mitgebracht. Cous-Cous, Stroganoff, Würstchen, einige Stangen Weißbrot, einen Sack Zwiebeln, echte Kartoffeln, Kondensmilch, Kakao. Aber nun, da es genügend gibt, verspüre ich keinen Appetit mehr, mir wird vom Essen übel, und ich erbreche das meiste davon. Der Grund dafür ist auch Daniel unklar.

Abends musizieren wir gemeinsam. Er spielt auf seiner Blockflöte, ich auf der Mundharmonika. Unsere Duoversuche mit kreolischer Folklore klangen anfangs nicht sehr melodisch, sogar die Wayapi, die uns umringten, um zuzuhören, verzogen sich bald wieder in ihre Okas.

„Eigenartig", meint Daniel, „ich dachte, die Indianer mögen Musik, oder?"

„Sicher, es gefällt ihnen. Aber mit der Musik ist das genauso wie mit anderen Dingen, die neu für sie sind. Sie hören oder schauen es sich an, finden es amüsant und geben sich damit auch schon zufrieden."

„Du meinst also, daß sie interesselos sind? Was sagen sie denn zu deiner Ausrüstung, zu den Sportgeräten, zu der Technik überhaupt, das muß sie doch ungeheuer beeindrucken! Finde ich es ja schon überwältigend, was du alles dabei hast. Der Solargenerator zum Beispiel – ist doch Spitze!"

„Daniel, du machst den gleichen Fehler, den auch ich anfangs begangen habe. Du schließt von deinen Interessen auf ihre. Das ist aber ein grundlegender Irrtum."

„Wieso denn? Der Mensch ist doch von Natur aus neugierig. Die Wayapi etwa nicht?"

„Doch. Aber so einfach darfst du das nicht sehen. Vor fünfundzwanzig Jahren hatten sie noch nie einen Weißen gesehen. Für die letzten Wayapi, die aus Brasilien kamen, ist das sogar erst zwei, drei Jahre her. Sie kannten nicht einmal die einfachsten Formen der Technik, Zahnräder, Übertragungen, Kurbeln und Seilwinden. Die physikalischen Grundgesetze, die bei uns jedes Kind in der Schule lernt, waren – und sind – den Wayapi fremd. Mehr oder weniger von einem Tag auf den anderen werden sie jetzt mit hochentwickelter Technik konfrontiert. Nimm zum Beispiel den Helikopter, oder so lebensnahe Dinge wie den Außenborder, Radio und so weiter. Es ist für die Wayapi unmöglich, diese Dinge von der Funktion her zu verstehen. Also nehmen sie sie als unerklärlich hin und begnügen sich damit, zu wissen, welchen Knopf man zu drücken hat, damit die Sache ihren Zweck erfüllt und man sich ihrer bedienen kann. Das geringe Interesse an technischen Vorgängen ist nichts als eine Schutzmaßnahme. Man konzentriert sich auf das, was wichtig ist. Ihr wahres Interesse gilt allein den Dingen, die lebensnotwendig sind."

„Und du glaubst, das wird so bleiben?"

„Nein. Irgendwann werden sie lernen wollen, die Außenborder, die viel öfter kaputt als funktionsfähig sind, selbst zu reparieren. Für die jetzige Generation ist das noch zu früh. Weißt du, was Yawalu kürzlich über Funk zu Monsieur M. von der Familienbeihilfe sagte, als dieser nach dem Zustand der Außenborder fragte? Er sagte: ‚Zwei der drei Motoren funktionieren nicht, Monsieur. Aber das ist nicht so schlimm, es eilt nicht. Wir können warten, bis Sie wieder nach Trois-Sauts kommen und uns neue Maschinen bringen.'"

„Tatsächlich? Sie haben also auch keine Beziehung zu materiellen Werten . . ."

„Es sieht so aus, aber ich glaube nicht daran. Yawalu bekommt für seine kommunalen Dienste ein kleines Gehalt. Für dieses Geld gibt er zweimal jährlich bei Monsieur M. diverse Bestellungen auf. Er weiß also genau, was die Sachen kosten."

„Da soll sich noch einer bei denen auskennen!"

„Tja, das ist Wayapipsychologie. Er gibt sich naiv, stellt sich absichtlich dumm, probiert es eben. Das können die Wayapi gut. O ja, ich weiß, wie sie um den Brei herumreden können, wenn sie etwas möchten. Bin oft genug darauf hereingefallen. Jetzt nicht mehr. Jetzt zeige ich ihnen lachend, daß ich ihr Spiel durchschaue – und sie lachen zurück. Pech gehabt, kann man eben nichts machen. Gute Verlierer waren sie schon immer."

„Und sind sie seither offener dir gegenüber?"

„Nein. Ich gestehe, daß ich jede Auskunft, jede Antwort anzweifeln muß und ein und dieselbe Frage oft an fünf verschiedene Leute richte, um sicher zu sein. Es macht ihnen ungeheuren Spaß, mich an der Nase herumzuführen und mir Märchen zu erzählen. Einmal habe ich zum Beispiel gefragt: ‚Ist das ein Pfeil für kleine

Fische' – Es war ein Pfeil mit einer schmalen, gerippten Holzspitze, zum Unterschied von anderen mir bekannten Fischpfeilen, die einen kleinen Eisenwiderhaken tragen. Der Mann, den ich fragte, antwortete: ‚Ja, genau, der Pfeil da ist für kleine Fische.' Dann erst sah ich, daß dieser Pfeil an seinem Ende Flugfedern trug, die die Fischpfeile niemals haben, und ich fragte weiter: ‚Und warum hat dieser Pfeil Federn?' – ‚Damit jagen wir Vögel!' war die Antwort. Und die stimmte dann auch. Verstehst du jetzt, Daniel?"

Daniel lacht vergnügt. „Hauptsache, du läßt dich nicht beschummeln!"

„Ach, weißt du, ich glaube, meistens doch. Aber es macht mir nichts mehr aus, ich verstehe ihre Beweggründe. Wenn jemand so unwissend und dümmer als ein Kind ist, verdient er nichts anderes. Wenn ich lange genug bleibe, werde ich schon klüger werden. Was sind schon zwei Monate bei den Wayapi? Wenn ich nur durchhalte, gesund werde ..."

14. November

... Von Trois-Sauts führt der Pfad fort in ein bergiges, tiefes Waldland, so weit weg, daß es noch niemals einem Fremden gelungen war, dieses Gebiet zu bereisen. Unendlich lange war ich gezogen, tief zum Herzen Godwanalands, wo die Steine älter sind als sonstwo in Südamerika, Urland, das einmal zu einem anderen Kontinent gehört hatte, dem urzeitlichen Riesenland der südlichen Hemisphäre. Schritt für Schritt war ich zurückgegangen in eine Welt der Vergangenheit, bis ich am Ziel war, bei den Urmenschen.

Es war Nacht. Wir lagen nebeneinander, um die frisch entfachte Feuersglut, die selbst der lange Regen nicht hatte auslöschen können. Hier im Wald war unser Zuhause. In der heißen Nacht, in der alles vor Feuchtigkeit dampfte, die glänzenden Körper der Indianer und meiner, Menschenleiber, ausgestreckt im weichen, warmen Schlamm. Unser einziger Besitz war die Feuersglut, diese Kostbarkeit, die uns am Leben erhielt, weil sie selbst Leben war . . .

Plötzlich ertönen Stimmen, jemand greift zum Lichtschalter an der Wand, Scheinwerfer leuchten auf. Zu Tode erschrocken fahren wir hoch, geblendet, erstarrt, suchen Schutz in den Armen des Nächsten.

„Ach, da bist du ja endlich. Also weißt du, es war wirklich schwer, dich zu finden“, sagt meine Mutter, die plötzlich vor mir steht, mit einigen Herren in ihrer Begleitung, die ich nicht kenne. Strahlend sieht sie aus, elegant gekleidet, festlich geschmückt. Ebenso die Herren, in dunklen, gediegenen Anzügen, wie man sie trägt, um einen besonderen Anlaß zu feiern.

„Mama, du? Du mußt sehr müde sein vom Wandern. Willst du dich nicht setzen?“

Ich blicke an mir hinunter und sehe, daß ich nackt bin, schlammbedeckt, wie auch die Indianer. Da ist plötzlich die Zeit wieder gegenwärtig, ich erinnere mich eines anderen Lebens, sehe mich selbst, werde der angstverzerrten Mienen der Männer gewahr, meiner Brüder, in deren Armen ich liege, deren Existenz auch die meine geworden ist. Ich erschrecke zutiefst, es schmerzt . . .

„. . . Ich erwachte und lag unter der dunklen Plastikplane einer Piroge auf dem Oyapock.“

„So hast du es im Schlaf gesehen?“ sagt Pilolo, der neben mir im Palaverhaus in Zidoc sitzt.

„Eu, eu. Ich war krank. Attia hatte mir zwischen den Benzintonnen ein Lager gemacht und mich mit der Plastikplane ganz zugedeckt. Von der Reise habe ich fast gar nichts gesehen. Habe nur geschlafen, geschlafen und geträumt.“

„Hm.“

„Die Reise war nicht gut. Drei Tage brauchten wir bis Camopi“

erzählt Yawalu den anderen Männern aus dem Nachbardorf, die zum Casiri gekommen sind. Auch K'ju ist dabei, der uns auf der Fahrt begleitet hatte.

„Ich war auch ganz krank, meine Augen und der Kopf. So wenig Wasser war im Oyapock, immer mußte ich aufpassen, auf den Motor schauen, auf die Felsen!" fährt Yawalu fort.

„Eu, eu, immer mußten wir aufpassen. Aber es gab viele Eier in den Sandbänken", fügt K'ju ergänzend hinzu.

„Viele Eier in den Sandbänken", wiederholt Pilolo und nickt beifällig.

„Eu, eu, Eier vom Iguan."

„Hm."

Immer wieder fasziniert es mich, den Gesprächen der Wayapi zu lauschen. Sie reden wirklich *mit*einander, wiederholen einen Teil des Gehörten, nicken beifällig, und dazwischen immer laut und vernehmlich das „Hm" der Zuhörer, als Zeichen, daß sie verstanden haben, als Bekräftigung, Zustimmung oder Empörung, je nachdem.

„Yawalu hat als erster das Feuer gerochen", berichtet K'ju.

„Eu, eu, so war es. Ich habe Feuer gerochen, da, wo niemand sein konnte, weit, weit weg noch von Camopi", sagt Yawalu.

K'ju spricht weiter. „Dort, wo der Fluß Alicoto heißt, da wollten wir übernachten."

„Hm."

„Wie wir näher kommen, ist da ein Kanu, ein Carbet, Feuer. Und auch ein Mann. Wir wollten weiterfahren, wir kannten diesen Mann nicht. Aber Attia meinte, wir sollten fragen, ob wir bleiben könnten."

„Ja, wir wollten weiterfahren", setzt Yawalu fort, „Jóaco hieß der Mann, er stammte aus Brasilien. Er war mit seinem Kanu von Martinique gekommen. Den ganzen weiten Weg von Martinique bis Alicoto! Und er sagte gleich, daß ein Stück weiter auch eine gute Stelle ist, um anzulegen, und daß es bei ihm viele Ameisen gibt!"

„Hm. Viele Ameisen?" sagt einer der Männer. Und Yawalu:

„Attia sagte, wir sollten trotzdem bleiben. Gleich haben wir gesehen, warum der Mann nicht wollte, daß wir bleiben."

„Hm."

„Er hatte an den Pfosten des Carbets die Köpfe vom Jaguar hängen! Und, auf Holzrahmen gespannt, die Felle vom Jaguar, viele Felle! Dieser Mensch jagte ganz allein den Jaguar, um die Felle dann an der Küste zu verkaufen!"

Wortkarg war der alte, stoppelbärtige Brasilianer in den farblosen, ausgebeulten Hosen, und fast verschämt, als er uns die schönen Raubtierfelle zeigte. Einerseits imponierte er mir, anderseits betrachtete ich mit gemischten Gefühlen, jedoch ohne mich darüber zu äußern, die Felle. Die Wayapi sahen beides vollkommen anders. Und diskutierten nun darüber, wie verrückt im Kopf Jóaco doch sein müsse, um so etwas zu tun.

Obwohl mein Gesundheitszustand sehr schlecht war, hatte ich mich entschlossen, mit Daniel nach Camopi zu fahren, um Nachforschungen über den Verbleib des Kamerakabels anzustellen. Das Funkgerät in Zidoc funktionierte wieder einmal nicht, und in Camopi bestand zudem die Möglichkeit, direkt mit der Präfektur in Cayenne Verbindung aufzunehmen.

Erst am Abend des dritten Reisetages erreichten wir die Siedlung. Wir alle, die Indianer, Daniel und ich, waren erschöpft von den Strapazen der schwierigen Flußfahrt und froh, endlich am Ziel zu sein. Niemand war ans Ufer gekommen, um uns zu begrüßen. Wo waren die Gendarmen und ihre Frauen? Bertram und Anouschka, die Kinder des Chefgendarmen, mit denen ich mich befreundet hatte?

Ich lag schon in meiner Hängematte, als die beiden Gendarmen aufkreuzten. Sie begrüßten mich, ohne irgendwelche persönlichen Fragen zu stellen. Post für mich sei keine gekommen. Als sie den Grund meines Besuches in Erfahrung gebracht hatten, gingen sie wieder. Sah man mir die Krankheit so sehr an? Grauste es ihnen vor mir? Daniel kochte Tee und flößte ihn mir löffelweise ein. Ich erbrach sofort, hatte nicht einmal mehr Zeit, aus der Hängematte zu kommen. Auch die Tropfen, die mir Daniel geben wollte, konnte ich nicht behalten. Seit zwei Tagen ging das schon so, alles, selbst Wasser, erbrach ich. Wie lange kann der Mensch aushalten, ohne Flüssigkeit zu sich zu nehmen? Daniel machte sich Sorgen, legte mir nasse Tücher auf und ließ mich schlafen.

Am nächsten Tag konnte ich überhaupt nicht mehr aufstehen. Daniel versprach, von Saint-George aus alles zu tun, damit ich mein Kamerakabel bekäme. Wenigstens diese Sorge sollte mich nicht belasten. Die Wayapi drängten auf die Rückreise. Sie haben zwar Verwandte in Camopi, aber die verwandschaftlichen Beziehungen sind nicht herzlich. Die Wayapi Camopis fühlen sich überlegen, und die Leute Trois-Sauts' sind zu stolz, sie um Nahrung zu bitten. Daniel hatte noch Reis und Sardinen in seinem Gepäck und konnte Yawalu damit vertrösten und dazu bewegen, noch einen Tag zuzuwarten, weil ich noch nicht transportfähig sei. Dennoch war Yawalu ungehalten.

„Und wenn sie dann bei uns stirbt", sagte er, „wird man uns nicht Schwierigkeiten machen? Vielleicht heißt es dann, wir haben sie umgebracht."

Etwas später, als Daniel mir wieder Medizin einflößen wollte, sagte er: „Gott sei Dank, jetzt weiß ich endlich, was du hast. Du bist ja ganz gelb im Gesicht. Und schau dir deine Augen an! Mein liebes Kind, du hast Hepatitis!"

Nach zwei weiteren Tagen in der Hängematte ging es mir besser, ich konnte Zwieback essen, Tee trinken und auch schon für eine Weile aufstehen. Ich suchte den Schuppen auf, wo ich im

August eine Schachtel mit Kleidungsstücken deponiert hatte, die ich in Trois-Sauts nicht gebrauchen konnte. Ich fand die Schachtel. Und ich fand sogar noch mehr: Einer neben dem anderen, standen da noch drei weitere Kartons, auf denen stand: Elfie, Trois-Sauts! Sie enthielten all meine Bestellungen, die ich an meine Freunde in Cayenne geschickt hatte, weiters etliche Briefe aus Europa und das reparierte Kamerakabel! Die Zwiebeln in einem der Pakete waren dick verschimmelt, die Kartoffeln schwammig zersetzt. Mindestens eineinhalb Monate mußten diese Pakete schon hier gelegen haben. Warum hatte man sie mir nicht mit dem Helikopter nach Trois-Sauts geschickt?

Yawalu erzählt den Männern von der Rückreise und der damit verbundenen Jagd.

„K'ju hatte ihn gut getroffen. Er war am Ufer und lag in der Sonne", sagt er und meint den Kaiman, den sie gejagt haben.

„Aber er war noch nicht tot", erläutert K'ju, „und wie ich die nächste Patrone ins Gewehr gebe, da – pschii – ist er ab ins Wasser und hinunter. Schnell bin ich auch hineingesprungen."

„Hm."

„Ich habe den Yakalé erwischt. Am Schwanz habe ich ihn erwischt. Dann habe ich ihn am Kopf gegriffen."

„Am Kopf", sagt einer und nickt beifällig.

„Und dann ins Boot geworfen. Amama hat ihm gleich den Hals durchgeschnitten."

„Hm."

Die Frau von Reymond bietet mir eine Coui mit Casiri an. Wieder lehne ich ab. Ich habe versucht, ihnen zu erklären, daß ich nicht von ihren Couis trinken darf, weil ich sie sonst anstecke und alle Hepatitis bekommen. Aber die Frauen wollen das nicht wahrhaben. Wenn ein Wayapi krank ist, bleibt er in der Hängematte. Weil ich aber im Dorf herumspaziere, gelte ich als gesund.

Ich schäme mich fast dafür, krank zu sein, es zeigt mir nur zu deutlich meine Hilflosigkeit. Da gibt es niemanden, der mich pflegt, der mir freundliche Schonkost ans weiße, saubere Bett bringt. Ich muß selbst den Wassereimer vom Fluß heraufschleppen und danach trachten, nicht zu verhungern. O nein, ich bemitleide mich nicht. Im Gegenteil, jetzt, im Zustand der Genesung, fühle ich mich ausgeglichen und froh, mit der Müdigkeit einer Siegerin. Die großen Prüfungen, die mir Amazonien auferlegte, liegen sicherlich hinter mir. Jetzt bin ich akklimatisiert und aufgenommen, jetzt bin ich auch im Dorf keine Fremde mehr. Hätte sonst Yawalu in Camopi gewartet, um mich hierher zurückzubringen? Ein Wayapi tut immer nur das, was er selbst für richtig hält. Von Tag zu Tag spüre ich, wie meine Kräfte wiederkehren. Erst wenn man Schwäche und Krankheit erlebt hat, lernt man Stärke und Gesundheit richtig schätzen.

Fünfundzwanzig Dosen Sardinen sind in meiner Vorratskiste. Wie hätte ich mich vor Wochen darüber gefreut. Jetzt ekelt es mich, wenn ich sie sehe. Das einzige, was ich für die angegriffene Leber tun kann, ist Diät und Ruhe. Beides fällt in Trois-Sauts nicht schwer. Besonders fette Speisen gibt es ohnehin nicht, auch keinen Alkohol, und unnötige Kraftakte stehen eben nicht auf meinem Programm.

Die Wayapi essen sehr gern Sardinen, vor allem wegen des Öls, das sie mit Meyu bis auf den letzten Rest austunken. Für fünf Sardinendosen habe ich mir von Telesay einen Freund gekauft: einen winzig kleinen Kapuziner, ein pelziges Affenbaby. Es ist noch so klein, daß es in meiner hohlen Hand Platz findet. Ich dachte zuerst, Telesay hält einen Vogel unter dem umgedrehten Eimer gefangen, als eine piepsende, zwitschernde Stimme hervorklang, und war sehr überrascht, dieses seidige, warme Etwas vorzufinden. Telesay hatte die Affenmutter aus den Bäumen geschossen. Das Kleine, das an der Mutter festgekrallt war, blieb beim Sturz unverletzt. Telesay nahm es mit nach Hause, eigentlich um es seinem Sohn zu schenken, wie sie es immer mit verwaisten Jungtieren tun. In Zidoc gibt es ein kleines Paka, ein meerschweinchenähnliches Nagetier, etliche junge Totenkopfäffchen, Aras und Papageien. Die Wayapi lieben diese Tiere sehr. Sie domestizieren sie und lassen sie frei herumlaufen. Tierbabys von Säugetieren, die noch zu jung sind, um allein zu fressen, werden von den Wayapifrauen gesäugt wie ihre eigenen Babys, und überleben. Ganz natürlich geschieht das, und nichts ist daran unpassend.

„Dela'i, dela'i!" – Warte, warte! – schreien die Kinder und laufen hinter dem kleinen Mädchen her, das die Coui mit süßem Milchreis in Sicherheit bringen will, die ich ihr gab. Wie ein Wiesel huscht sie unter den Pfählen des Okas hindurch, aber die anderen erreichen sie doch, und dann hocken sie alle eng beisammen und greifen mit gierigen Fingerchen in die Coui, die schnell leer ist.

Wann immer ich Feuer anfache, sind die Kinder da. Jetzt, wo es für die nächsten zwei, drei Wochen reichlich Vorräte gibt, koche ich mehr, als ich essen kann, um den kleinen ein wenig davon abzugeben. Es ist nicht, daß sie Hunger haben, meistens ist es nur pure Neugier, die sie dazu treibt, mir zuzusehen, zu warten, daß vielleicht ein Spaghetti von der Gabel fällt. Woanders schmeckt es eben immer besser als zu Hause! Essen hat bereits für die Kinder einen so hohen Stellenwert, daß sie ihm mehr Interesse widmen als den Spielsachen, die ich ihnen mitgebracht habe.

Spielzeug in unserem Sinne gibt es bei den Wayapi nicht. Hin und wieder sehe ich ein Kind, das mit einer Tierfigur spielt, die der Vater aus Harz geformt hat, oder mit Geflechten, die ebenfalls der Tierwelt nachempfunden sind. Eine geflochtene Spirale, die sie Koata Lawa'ie – die Därme des Koata-Affen – nennen, Yakami

Letümangé – das Bein des Agamihuhns –, eine geflochtene Flußschwalbe, ein stilisiertes Vogelnest, grüne Blätterdiademe. Das Spielzeug der Kinder ist dem Leben der Erwachsenen entnommen und dient bereits als Lehrutensil. Auch die meisten Spiele, mit denen sie sich die Zeit vertreiben, sind vorbereitende Übungen, weil die Kinder im Spiel fast ausschließlich die Tätigkeiten der Erwachsenen imitieren.

Kleine Mädchen, kaum vier, fünf Jahre alt, hocken schon neben den Frauen in den Küchenhütten und versuchen mit riesigen Messern Maniok zu schälen. Sechs- bis achtjährige Mädchen kann man beobachten, wie sie sich auf Blättern Glut aus der Küche holen, um irgendwo in einer versteckten Ecke ein Feuerchen anzufachen. Die kleinen Jungen suchen indessen Frösche und bringen sie den Mädchen als Beute – notfalls auch nur aus Lehm geformte „Jagdbeute". Dann wird „gekocht", wird „gegessen", wird Familie gespielt.

Die kleinen Jungen schießen mit Schleudern, und zwar mit Fruchtkernen, auf aufgehängte tote Vögel, die hinterher von den größeren als Fischköder verwendet werden. Und mit Pfeil und Bogen wird von den Knirpsen auf alles geschossen, was sich bewegt, auf Ameisen, Käfer, auf eine Limone, die über den harten Lehmboden rollt, und manchmal auch auf die zeternden Hühner.

Gibt es Casiri, schöpfen die kleinen Mädchen ein wenig davon aus dem Latuluá und bieten es den Jungen an. Niemals würde ein Junge das für ein Mädchen tun! Genausowenig, wie ein Mädchen jemals mit Pfeil und Bogen spielt. Die Rollen sind schon bei den Kindern scharf und klar getrennt, zwanglos und ohne Zutun der Erwachsenen. Die Kinder sind im Dorf König, sie dürfen tun, was ihnen beliebt, werden sehr selten gerügt oder geschimpft und niemals geschlagen. Im Spiel hat einmal ein Kind ein Oka in Brand gesetzt und wurde nicht dafür bestraft. Es wurde sich selbst der Folgen seiner Handlung bewußt und war hinterher so unglücklich

Die Kinder dürfen tun, was ihnen beliebt

darüber, daß es getröstet werden mußte. „Das Kind hat nur gespielt, es hat nicht mit Absicht Feuer gelegt!"

Nur selten höre ich ein Baby weinen. Die Kleinkinder bleiben bis zum Alter von etwa zweieinhalb Jahren im ständigen Körperkontakt mit der Mutter, auch während der meisten Arbeiten. Mit einem schmalen Tuch, einer alten Kamisa, sind sie auf der Hüfte festgebunden, die Frau hat beide Arme frei und kann unbehindert ihre Tätigkeiten verrichten. Etwa ab dem vierten Lebensjahr werden die Kleinen nicht mehr von den Eltern beaufsichtigt.

Größere Geschwister kümmern sich dann um sie, tragen sie manchmal wie die Mutter im Tuch herum und nehmen sie mit zum Spiel. Auch das geschieht nicht aus Zwang, sondern ganz selbstverständlich.

Allein tasten sich die Kinder an die Gefahren der Umwelt heran und lernen diese kennen, lernen das Risiko einschätzen und damit fertig werden. Dabei kommt es nur äußerst selten zu Unfällen oder Verletzungen. Die Selbständigkeit der Kinder führt schon sehr früh zu einem entsprechenden Maß an Eigenverantwortung. Die Knirpse klettern hoch oben im Gestänge der Okas herum, baden im reißenden Fluß und fahren mit den schweren Einbäumen, kaum daß sie schwimmen können.

Von meinem Oka aus kann ich die Kinder bei ihrem phantasievollen Spiel im Wasser beobachten. Bei den ersten Tauchversuchen der Vierjährigen – sie lernen erst tauchen, dann schwimmen – gibt es manchmal Tränen. Sie bekommen Angst, wenn sie im trüben Wasser plötzlich nichts sehen. Aber keiner tröstet sie und holt sie schnell heraus, im Gegenteil! Die älteren Geschwister, selbst mitten im ausgelassenen Spiel noch aufmerksam, nehmen sie an der Hand und ziehen sie nur noch weiter ins Wasser hinein, mitten ins Getümmel der anderen. Den Kleinen bleibt keine andere Wahl, sie müssen sich behaupten. Sie schwimmen erst in dem Stil, den man bildlich als „Hundeln" bezeichnen könnte, und später im Kraul. Brustschwimmen in unserem Sinn ist unbekannt, und auch das hat seinen guten Grund. Im Gewässer des Oyapock, das durch Schwebstoffe undurchsichtig ist, befinden sich vielerorts spitze Äste, Felsen oder sonstige Hindernisse, gegen die man, von der Strömung getrieben, unweigerlich stößt. Schwimmt man im Kraulstil, so sind es die Hände und Arme, die zuerst damit in Berührung kommen und den oft nicht ungefährlichen Anprall abfangen können. Beim Brustschwimmen hingegen bleiben Hals und Brust ungeschützt.

Bis zum zehnten, elften Lebensjahr sieht man die Kinder im allgemeinen unbekleidet herumtollen, wenn dies auch keine feste Regel ist. Manchmal tragen schon die Zweijährigen ein winziges Kalimbé oder eine Kamisa, vor allem bei den Casiris. Für diese Feste werden die Kinder auch geschminkt, sie tragen Ketten aus Fruchtkernen und Affenzähnen oder bunte Perlenketten. Die größeren versuchen schon allein, sich „schön" zu machen, und bemalen sich eitel und kokett vor einem Spiegelscherben. Was macht es schon, wenn solche Kleckereien mit Yanipä und Urucu oft zu recht wüsten Resultaten führen?

Glückliche Kinder, fröhliche, unkomplizierte Jugend! Dennoch ist ihr Leben nicht so einfach, wie es den Anschein hat. Auch sie müssen lernen und eine Ausbildung durchmachen. Die spielerische Leichtigkeit des Lernprozesses täuscht nur scheinbar über die ernsthafte Notwendigkeit jedes einzelnen Lernschrittes hinweg. Eine lange Lehrzeit – wenn auch nicht als solche empfunden – ist nötig, um das „Klassenziel" zu erreichen: sich in dieser Umwelt zu behaupten, um zu überleben.

Systematisch und unermüdlich wird die Fauna und Flora des amazonischen Raumes beobachtet, wird jedes Sein bestimmt. Findet ein Wayapi etwas ihm Unbekanntes und Fremdes, eine Frucht etwa oder eine Pflanze, so nimmt er sie mit ins Dorf und legt sie den anderen vor. Auf diese Weise werden die Kenntnisse und Erfahrungen auch späterhin ständig erweitert, wird erworbenes Wissen wiederholt und weitergegeben.

Die Kinder lernen die Tiere nach ihrer Form und Gestalt zu identifizieren, nach Größe, Farbe und Geruch. Darüber hinaus lernen sie die wesentlichen Kriterien des Spurenlesens sowie der akustischen Wahrnehmungen kennen: die Spuren, die Säugetiere hinterlassen, ihre Exkremente, Schlafplätze, Nahrungsreste; ihre Schreie und Laute, das Geräusch der Fortbewegung. Mit gleicher Genauigkeit werden ihnen auch die Vögel, Reptilien und Insekten nahegebracht. Die Lehre der Flora beschränkt sich für die Kinder vorerst auf jene Pflanzen, die von direktem Nutzen für den Menschen sind: die ihm Früchte liefern; die Tiere anlocken, die sie erbeuten wollen, die dem Menschen verschiedene Materialien liefern, die er verwenden kann. Erst im Laufe des Lebens lernt der Wayapi alle übrigen Pflanzen kennen. Solche universelle Kenntnisse des Biotops erwirbt sich aber nicht jeder gleichermaßen. Dieses Wissen verteilt sich rollengemäß zwischen männlicher und weiblicher Domäne. Im „wahren Wald" ist die Frau daher fremd und vom Schutz des Mannes abhängig.

Zur Lehre des Sichtbaren in der Umwelt kommt für die Kinder noch die Lehre des Unsichtbaren hinzu, das Wissen um die gefährlichen dämonischen Kräfte, die das Leben der Wayapi beeinflussen. Eine schwierige Aufgabe für die Väter! Selbst dem erfahrenen Jäger ist es nicht immer möglich, diese Zusammenhänge zu deuten.

Systematisch. Schritt für Schritt, erobern sich die Wayapikinder ihre Umwelt. Sie schärfen ihre Beobachtungsgabe und ihre Sinne und gewinnen allmählich die Ausdauer und Kraft, die sie als Erwachsene benötigen, um eine Familie zu ernähren und zu erhalten. Durch Übung und Beobachtung entwickeln sie auch ihre handwerklichen Fähigkeiten, die, zuerst linkisch und unbeholfen, mit den Jahren zu der perfekten Geschicklichkeit reifen, mit der die Wayapi ihre Gebrauchsgegenstände herstellen.

Übersiedlung nach Kammala

20. November

Weit hinter den letzten Okas von Zidoc führt ein Weg in den Wald, meterbreit, ausgetreten, viel begangen. Andere, kleinere Pfade zweigen von ihm ab und führen zu Pflanzungen. Schon bald, nur einige hundert Meter weit im Wald, gelangt man zum ersten Crique, der den Weg unterbricht. Tief eingeschnitten in den lehmigen Boden fließt dieses kleine Gewässer dem Oyapock zu, glasklar, kühl, und da, wo die Sonnenbündel sich in ihm brechen, leuchtet goldgelb der sandige Boden herauf, das Wasser funkelt und zieht oft die prächtigsten Schmetterlinge an. Hierher kommen die Leute aus den letzten Okas von Zidoc. Um Wasser zu holen, um sich zu reinigen und um zu baden. Es sind die „Amazonier", jene Wayapi, die als letzte nach Zidoc gezogen sind.

Klar und deutlich erkennbar führt ein Weg dann weiter, man braucht nicht nach der Sonne zu sehen, nicht auf die Richtung zu achten. Automatisch bin ich auf diesem Weg weniger aufmerksam und widme mich ganz dem Schauen und Lauschen. Ich liebe diesen Weg, der mich unbeschwert und mit Muße an all der fremden Vielfalt der Natur vorüberführt, die selbst hier unten am Boden, in der Dunkelheit, noch gedeiht. Der Weg hält ständig neue Attraktionen bereit, die den Wanderer staunend verweilen lassen, ihn auffordern, im Ganzen das einzelne zu erkennen, vom einzelnen auf ein Ganzes zu schließen.

Leicht vergesse ich hier, wie trügerisch diese Scheinsicherheit ist. Denn gerade da, wo aufgelassene Pflanzungen in der Nähe sind, trifft man öfter als sonst auf Schlangen. Sie liegen eingeringelt auf Musaceablättern oder versteckt hinter einem Baum-

Das Dorf Kammala – meine neue Heimat

stamm, der quer auf den Weg gestürzt ist. Harmloser Art sind dagegen die Blattschneiderameisen, die an diesem Weg in einem riesigen Erdhügel wohnen und in ihrer Umgebung alles Grün ratzekahl wegfressen. Minifregatten gleich, mit grünem, gebauschten Segel laufen sie mit den abgesäbelten großen Blattstücken ihre Regatta auf dem bequemen Menschenpfad, viele hundert Meter weit.

Allmählich verengt sich der Weg, wird zum gewundenen Trampelpfad, der zu zwei weiteren Criques führt und schließlich durch dichtes Musaceagestrüpp, aus dem die Kronen von Melonenbäumen, Papayas, ragen. Dann ist man am Ende des Weges angelangt, ist im Dorf Kammala, ist da, wo ich jetzt wohne.

Spontan und für alle überraschend, entschloß ich mich zur Übersiedlung, als Mika mich wieder einmal in Zidoc besuchte und erneut die schon oft erfolgte Einladung aussprach. Ich sah nun darin einen Wink des Schicksals, den ich nicht unbeachtet lassen durfte, und nahm an. War es eine glückliche Entscheidung?

Lange schon übte das Dorf Capitaine Kammalas große Anziehung auf mich aus. Unmittelbar an den Felsen der Katarakte, wo der Oyapock frisch und sauber über das glatte Granitgestein springt, liegen die ersten Pfahlbauten des kleinen Dorfes, in dem nur neun Familien ihr Zuhause haben. Die Menschen hier sind anders als in Zidoc. Sie wirken ruhiger, fast schüchtern und sind von leiser Fröhlichkeit. Das mag daran liegen, daß sie weniger an den Umgang mit Weißen gewohnt sind; denn kommt Besuch von der Küste, wird fast ausschließlich in Zidoc, dem wichtigsten der drei Dörfer, haltgemacht. Es gibt in Kammala auch kein Transistorradio, keinen Fußballplatz, kein Funkgerät und nicht mehr als nur zwei Petroleumlampen . . .

Das Oka, das mir zugewiesen wurde, ist auch hier der erste Pfahlbau am Weg zum Fluß. Ein weiter Sandstrand breitet sich an den sanften Ufern unterhalb der Fälle aus, und dieser sandige Boden zieht sich weit herauf, unter mein Oka, bis zur Mitte des Dorfes. Lage und Aussicht meiner neuen Wohnung sind faszinierend. Auf der einen Seite fällt der Blick auf das tosende Wasser, auf der anderen auf das Palaverhaus, keine zehn Meter weit entfernt, und dahinter auf die Okas meiner Nachbarn, Pilolo und Ajouta – die „Schildkröte".

Der Pfahlbau selbst ist im Vergleich zu dem, den ich in Zidoc bewohnte, sehr einfach. Es ist eigentlich nicht viel mehr als ein Sonnen- und Regendach, mit einer erhöhten Wohnebene auf Pfählen, ohne eine einzige Begrenzung, ohne Regale, völlig leer und offen. Die zentrale Lage dieses Okas in der Mitte des Dorfes und die Exponiertheit im offenen Raum ist mir als „Höhlenmensch“ ein wenig unangenehm. Ich vermisse „Rückendekkung“, und sei es auch nur ein halbhoher Lattenzaun, wie ihn die anderen Bauten hier haben. Not macht erfinderisch. Kurz entschlossen baue ich mein kleines silbernes Zelt im Oka auf. Das gibt nicht nur mir selbst gegebenenfalls ein wenig Privatsphäre, sondern schützt auch die Geräte, Bücher und Papiere vor den Windböen, die den Regen weit ins Haus hereintreiben. Es ist phantastisch, mein Haus im Haus! Natürlich sieht es komisch aus, und die Leute lachen darüber, aber sie finden diese Lösung genauso gut wie ich.

Vom ersten Tag an fühlte ich mich in diesem Dorf sehr wohl. Es ist eben ein großer Unterschied, ob man als Gast ausdrücklich willkommen geheißen wurde oder ob man sich seinen Gastgebern aufgedrängt hat und nur geduldet wird. Schon als ich dabei war, mich im Pfahlbau hier einzurichten, kamen die einzelnen Familien und brachten mir kleine Geschenke, Zeichen ihrer Sympathie. Die Frauen legten mir die Arme um die Schultern, suchten körperlichen Kontakt, und zeigten mir so ihre Zuneigung. Wenn ich an ihren Okas vorübergehe, rufen sie mich zu sich ins Haus hinauf, bieten mir einen Schluck Bananensuppe an oder einen Bissen Fleisch auf einem Stückchen Meyu.

Auch ich verhalte mich den Wayapi gegenüber jetzt anders als am Anfang, in Zidoc. Ich zeige nicht mehr soviel offene Neugierde, stelle selten Fragen, bin ruhiger, weniger expressiv und lasse ihnen Zeit, Interesse zu entwickeln und ihrerseits Fragen zu stellen, wenn es sich ergibt. Mein Verhalten ist wohl unaufdringlicher geworden, trotzdem merke ich, daß ich mehr als zuvor an ihrem Leben teilnehme. Sicher liegt das mit daran, daß ich nun die Alltagssprache schon halbwegs verstehe und mich auch an einfachen Diskussionen beteiligen kann. Wir reden über die Nahrung, hier und in Europa, über die Tiere im Wald, über die bevorstehende Regenzeit und die Probleme, die sie mit sich bringt – Dinge, die ihnen nahestehen, die sie selbst beschäftigen, die nun auch für mich wichtig geworden sind. Sa'i Tarupi werde ich jetzt genannt, nach einem fischreichen, kleinen Crique gleichen Namens. Warum nur wählte man diese Bezeichnung? Weil die Kinder Schwierigkeiten hatten, meinen richtigen Namen auszusprechen? Weil ich mich wie ein Fisch in der Stromschnelle aale?

23. November

Wieder eine Nacht der Spezialisten! Ich sitze an einer der niederen Alukisten, um im Schein der Laterne zu schreiben, aber es vergehen keine fünf Sekunden, ohne daß mir nicht eine der großen, eigenartigen Maulwurfsgrillen mit ihren kurzen, scherenartigen Vorderbeinen irgendwo an den Körper knallt. Ich ziehe ein dünnes Hemd an, doch das ist zu heiß, ich ziehe das Hemd wieder aus, doch das stete Gekitzel macht mich rasend. Es hat keinen Sinn, den vielen Insekten, die schon die nahe Regenzeit ankündigen, trotzen zu wollen. Triumphierend ziehe ich mich ins Zelthaus zurück und setze die Arbeit fort. Aber ach, wie heiß wird es erst hier drinnen – von der Petroleumlampe! Und aus den Augenwinkeln nehme ich eine Bewegung wahr. Es ist eine Ama-Tudu, die am Rande der ausgebreiteten Decke mit ihren langen, struppigen Beinen entlangsteigt und sich dann in der Ecke versteckt. Eine Spinne, die ich sehe – und wie viele gibt es noch?

Am liebsten würde ich schon wieder hinauslaufen, hinunter zu den Katarakten, um die Schwüle, die Klebrigkeit und das Gekrabbel der Insekten loszuwerden. Wie liebe ich diese Wasserfälle! Mehrmals am Tag suche ich sie auf, mit dem kleinen Affen, festgeklammert auf meiner Schulter. Ich habe dort eine kleine Badestelle, die nur mir allein gehört. Sie liegt versteckt hinter großen Granitblöcken, im oberen Teil der Fälle. Tosend prallen dort an den Steinbrocken die Wassermassen ab, bilden stürmische Wirbel in dem ausgewaschenen Becken und drängen sich seitwärts wieder hinaus. Bis in den nahen Wald, der sich weit über das Wasser vorbeugt, beregnet stets zerstäubendes Naß das Grün und läßt es glänzen. Paradiesische Schönheit, die mich immer wieder zu dieser Stelle zieht.

Genau kenne ich die Felsvorsprünge unter Wasser, wo meine Zehen Halt finden, wenn ich mich flach gegen die Strömung lehne. Ich bäume mich auf gegen die drückende Wucht, breite die Arme aus und fordere das Wasser zum Wettkampf heraus, das zieht und zerrt und mich mitreißen will. Herrliche, erquickende Frische nach den trägen, schlammtrüben Wassermassen in Village Zidoc!

Die Wasserfälle am Dorfrand

Trotz der reißenden Gewalt an dieser Stromschnelle ist noch Leben im Wasser. Viele Fische tummeln sich in den Strömungen, und Panzerwelse heften sich mit ihren Saugplatten an die Unterseite der Felsen und an den Grund. Über und über sind diese Steine mit Podostemonazeen (Stielfadengewächse) bewachsen, die jetzt, bei noch niederem Wasserstand, hoch aufragende, rosa und lila Blüten tragen. Es ist verwunderlich, daß sich in dieser starken Strömung noch eine Pflanze behaupten kann. Eindrucksvolles Beispiel für die ausgeprägten Formen biologischer Selektion, wie sie im Raum Amazoniens häufig zu beobachten sind. Diese Podostemonacea ist eine sehr seltene Pflanze, die nur in dem so schwierigen Lebensraum der Stromschnellen und Wasserfälle zu finden ist, den sie sich erobert und dem sie sich angepaßt hat. Sie gehört zu den höchstspezialisierten Pflanzen der Welt und ist so ungewöhnlich wie etwa ein Mensch, der nur in bestimmten Bergen, auf bestimmter Höhe, in gewisser Temperatur, bei bestimmter Feuchtigkeit und unter gewisser Bestrahlung leben könnte.

Ama – die langen Regen – werden uns bald heimsuchen! Die Wayapi beeilen sich, die letzten Feuer auf den Rodungen zu legen, und ich bin emsig bemüht, möglichst viele meiner theoretisch aufgezeichneten Filmvorhaben zu realisieren, bevor die Regensaison beginnt. Schon ziehen immer öfter dicke, geballte Wolken am Himmel auf, die Regen fallen häufiger, beschränken sich aber noch immer auf einige Minuten. Es beginnt schwierig zu werden, den Akku regelmäßig aufzuladen. Kaum ist der Solargenerator im prallen Sonnenlicht aufgebaut, werden auch die Wolken neugierig und eilen herbei. Dann verstummen ganz plötzlich alle Geräusche, weichen einer unheilverkündenden Stille. Man steht und lauscht befremdet. Auf einmal nimmt man ein Vibrieren, ein leises Sausen in der Ferne wahr. Es nähert sich, wird stärker, die

Bäume beugen sich mit einemmal rauschend in einer einzigen, heftigen Windbö, Laub wirbelt durch die Luft, und die graue Regenwand schiebt sich . . . nein braust heran wie ein Schnellzug.

Pilolo hat seine Rodung bereits fertig abgebrannt und ist am Pflanzen. Heute habe ich seiner Frau Pala'isi dabei geholfen, und er konnte andere Arbeiten verrichten, schaffte die Reste verkohlter Bäume an den Rand und schlug Brennholz. Wir setzten Maniok, verwendeten dazu Stecklinge, Teile der alten Stauden, die über keimfähige Augen verfügten. Jeweils fünf solcher Stöckchen wurden in den zuvor aufgelockerten Erdhaufen gesteckt. Dann haben wir hier und da noch junge Bananenschößlinge gesetzt, die Pala'isi ebenfalls von der alten Staude getrennt hatte. Nur einmal trägt eine Bananenpflanze Frucht, dann stirbt sie. Aber der Schößling wird nach einem Jahr ausgewachsen sein und ebenfalls Frucht tragen.

Während all dieser Arbeiten, bei denen Pala'isi sich laufend bücken mußte, hing der jüngste Sohn Pilolos in seiner Tragschlinge am Körper der Mutter. Ganz schief hing er da, oft sogar mit dem Köpfchen nach unten, gab aber keinen einzigen Laut der Empörung von sich.

24. November

Pilolo hat fünf Kinder. Die beiden ältesten Söhne, Awé und Pira, hat ihm seine erste Frau geschenkt, die schon früh gestorben ist. Erst Jahre später haben sich Pilolo und Pala'isi – eine Amazonierin – gefunden und geheiratet. Deswegen besteht zwischen den beiden ersten Söhnen und den anderen Kindern ein beträchtlicher Altersunterschied. Awé ist bereits verheiratet. Er wohnt noch bei den Eltern seiner Frau, wie es sich für einen jungvermählten Ehemann im ersten Jahr gehört. Es ist das Oka Kammalas. Auch Pira soll eine Kammalatochter heiraten, so haben es die Eltern der beiden beschlossen.

Piras Zukünftige heißt Kanaju und ist vierzehn Jahre alt. Sie hat nur spannenlanges Haar und ein spitzbübisches Kindergesicht, das mit ihrer vollen, fraulichen Gestalt nicht recht harmonieren will.

Kanaju ist mit den anderen Frauen des Dorfes zu mir gekommen. Ich habe Zuckerrohrsaft eingekocht, bis er braun und dick war, und mit den Limetten, die es an einem Baum gibt, eine erfrischende Limonade vorbereitet. Wie beim Kaffeeklatsch sitzen wir Frauen beisammen und plaudern. Wiri-Wiri hat sich ihr Baby zwischen die Beine gesetzt, weil es Durchfall hat. Problemlos läuft es vom Baby durch die Bodenplatten hinunter ins Freie. Sie gießt ein bißchen Wasser mit der Coui nach, schon ist die Sache erledigt. Wayapibabys haben es gut, sie kennen keine nassen, vollen Windeln.

Die Gespräche der Frauen kreisen um Pira und Kanaju, denn der Junge zeigt keinerlei Anzeichen, sich bald mit dem Mädchen zu vereinigen.

„Er ist ein dummer Junge, der Sohn meiner Schwägerin, keine im Dorf arbeitet so schnell wie Kanaju“, sagt Njälä.

„Hm“, nicken die anderen.

„Das finde ich auch“, pflichtet Tapelao bei, „vielleicht aber hat er ein anderes Mädchen, das er haben will! Ja, er will dich nicht, du bist ihm zu häßlich!“ neckt sie das Mädchen, und deren jüngere Schwester, die kleine freche Yakami, sagt vorlaut:

„Ich weiß, warum! Das Takaka, das sie ihm bringt, schmeckt nicht gut. Und – pah – ihr Casiri ist bitter, ja, bitter ist es!“

Täglich am Morgen sehe ich das Mädchen, das ihrem Verlobten die Frühstückssuppe bringt. So will es der Brauch. Kanaju lacht über die Neckereien, nimmt sie nicht ernst. Da sagt Njälä:

„Pira ist noch ein Kind, meine ich. Er spielt mit Olep und Sinua in den Sträuchern und fängt nur kleine Vögel und Fische. Er kann gar nicht jagen, er will auch noch keine Frau haben. Das ist kein Mann!“

„Willst du denn schon verheiratet sein?“ frage ich das Mädchen.

Sie windet sich verschämt und schaut hinauf ins Okadach, und alle Frauen lachen, als sie leise „Eu, eu!“ sagt.

„Du mußt auch bald heiraten, Sa'i Tarupi!“ sagt Tapelao verschmitzt und lächelt, daß man die Zahnlücke vorne sieht, die ihr hübsches Gesicht entstellt.

„Wir werden sie mit Amama verheiraten!“ sagt daraufhin Kapua, die im Oka mir gegenüber wohnt. Sie ist es, der vor kurzem die Zwillinge gestorben sind. Ihr Vorschlag findet bei allen Gefallen. Sie lachen begeistert, klatschen in die Hände und rufen: „Ja, ja! Sa'i Tarupi heiratet Amama!“

„Ist er nicht ständig in ihrem Oka, ha? Habt ihr das auch gesehen?“ sagt eine der Frauen, und die anderen stimmen ihr zu – „Hm“ – und nicken heftig.

„Na und? Mika ist auch immer bei mir!“ erwidere ich.

„Ha, ha, ha, Mika! Zum Badengehen hast du aber Amama gerufen. Warum tust du das, wenn du ihn nicht heiraten willst, he? Sag schon, warum!“ fragt mich Wiri-Wiri hintergründig und fährt fort: „Warum hast du zu ihm gesagt ‚Komm, mein lieber, schöner Amama, komm nur, komm her zu mir zum Fluß, wir baden zusammen, weit weg, wo niemand es sieht!‘?“ Und alle lachen schallend über ihre Parodie.

„Das ist gar nicht wahr, Wiri-Wiri, so habe ich es nicht gesagt. Und wenn, was ist schon dabei, wenn ich mit Amama bade?“

„Hiiii! Sie sagt, es ist nichts dabei, hört ihr? Weißt du denn nicht, daß man das sagt, wenn man den Mann haben will?“ klärt mich Mikas übermütige Ehefrau auf.

„Nein ... so was ... und ich habe durchs ganze Dorf auch Sini schon öfter gerufen, damit er mich zum Schwimmen begleitet!“

„Eu, eu, immer rufst du die Männer!“ bringt Wiri-Wiri gerade noch, prustend vor Lachen, hervor. Die Frauen lachen über meine Einfältigkeit!

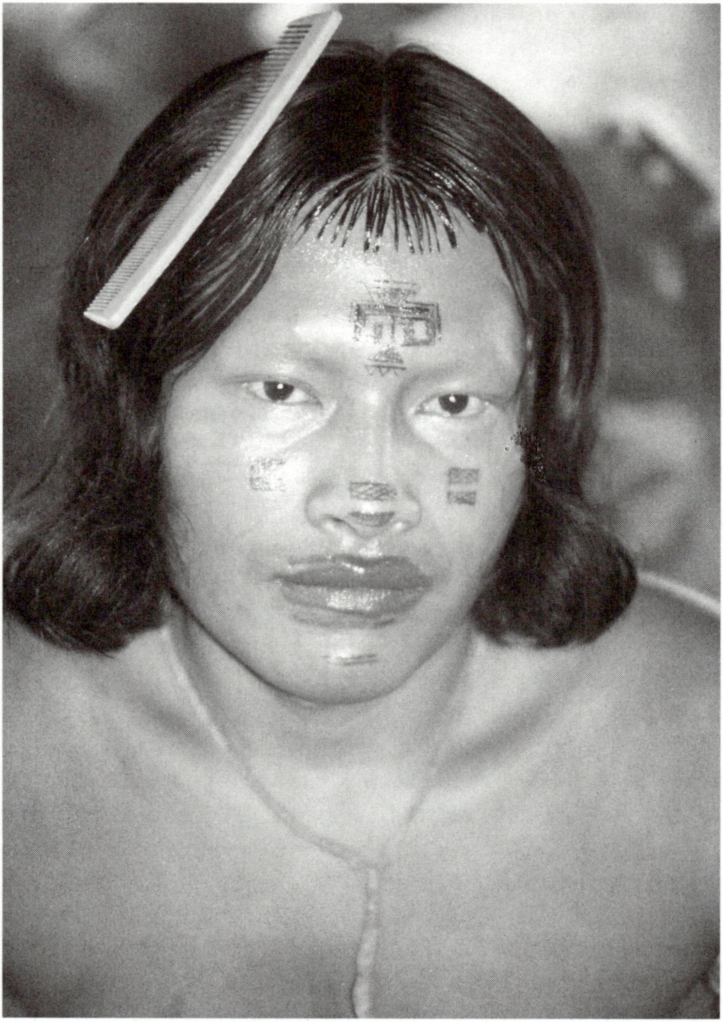

Sini

„Und wann wirst du also Amama heiraten?" fragt Kapua, die sich beruhigt hat.

„Amama? Niemals! Der ist doch wie Pira, der kann doch gar nicht jagen, obwohl er bald so alt ist wie ich. Nichts, gar nichts bringt er zum Essen nach Hause! Darum habt ihr ihm keine Frau gegeben, Pilolo hat es mir selbst gesagt!"

„Ani – nein –, jagen, das kann er nicht – aber baden gehen, mit Sa'i Tarupi, ha, ha, das kann er!" fängt Wiri-Wiri schon wieder an.

Wie gern die Wayapi über andere reden und lachen! Sie mokieren sich, jedoch ohne verletzend zu werden. Wie mögen sie sich erst untereinander darüber äußern, daß ich ständig mit den Burschen allein im Wald bin, um dort zu filmen?

Am Nachmittag kann sich die Sonne zwischen den Wolkengebirgen behaupten und sticht brennend herab. Ich bringe die Solarzellen in Position, daß die Strahlen vertikal einfallen, verbinde das Kabel mit dem Akku und schalte auf Ladung. Ipä Sissiwoa, Mika und Pilolo sehen mir aufmerksam dabei zu. Die Wayapi verstehen jetzt schon, wozu dieses Gerät dient. Manche von ihnen besitzen Taschenlampen und wissen, daß die Batterie, die sich darin befindet, jene Kraft ist, die die Lampe erst leuchten läßt. Eine Kraft, die bald ermüdet und nutzlos wird. Sie sagen, daß meine Batterie deswegen stark bleibt, weil die Sonne die glänzenden Zellen, die sie einfangen, gern hat.

„Ipä, sag mir, was ist die Sonne?"

„Ich weiß nicht, was die Wayapi sagen. Meine Mutter war eine Wayapi, aber mein Vater war ein Kaikusian."

„Und was sagen die Kaikusian?"

„Die Sonne wohnt unter der Erde, so sagen sie. Einmal sind viele Kaikusian dahin gegangen", er zeigt gegen Osten, „sie waren sehr neugierig und wollten sehen, wie das Oka aussieht, wo die Sonne schläft. Es war ein weiter Weg. Sie gingen lange durch den Wald und mußten viele Male schlafen. Immer mehr Leute wurden müde und blieben zurück. Sie hatten nichts mehr zu essen. Aber ein Kaikusian, er war stark genug. Er sah es. Die Erde ist ganz glatt dort, es gibt keine Bäume, keine Sträucher, keine Pflanzen, nichts gibt es dort. Denn es ist so heiß da, am Rande, wo die Sonne herauf auf die Erde steigt, daß sie alles verbrennt. Dort ist die Welt zu Ende. Der Kaikusian hatte große Angst zu verbrennen, wenn die Sonne ihn sah. Er lief schnell wieder zurück in den Wald. Zu Hause erzählte er es den anderen."

„Ja, die Sonne ist sehr heiß", sagt Pilolo, dessen Vater – Alessan Sassa – ein Wayapi ist, dessen Mutter eine Wayana war. „Kwolail, die Sonne, ist so heiß, weil sie aus Feuer ist. Sie ist rund wie eine Maniokplatte. Kwolail trägt eine schöne Federkrone. Sie ist aus vielen bunten Federn, und manchmal sieht man die Strahlen der Krone bis zur Erde leuchten. Das ist, wenn sie Casiri trinkt und fröhlich ist. Jeden Tag arbeitet die Sonne. Sie fängt morgens an, da drüben über dem Fluß, und arbeitet, bis sie ganz auf der anderen Seite ist. Am Abend ist sie müde und steigt unter die Erde, dort, hinter den Wäldern. Die Erde ist eine Scheibe. Sie hat keinen Fuß und hält von ganz allein. Wenn die Sonne unten ist, muß sie essen. Fleisch, Fisch, alles, und dann schläft sie."

„Ist die Sonne etwas Gutes, Pilolo?"

„Eu, eu, ohne Sonne gibt es nichts, gar nichts zu essen. Der Regen läßt alles wachsen, aber nur die Sonne macht die Blumen und Früchte. So sagen die Wayapi. Kwolail arbeitet, damit die Rodung abbrennt und die Frauen die Hängematten waschen können. Wenn es lange regnet, sind wir böse. Wir mögen den vielen Regen nicht. Auch die Tiere sind dann böse und verstecken sich. Die Sonne ist gut. Wenn sie wiederkommt, legen sich die Tiere in ihre Wärme, und auch wir wärmen uns an ihr. Zu den Weißen ist Kwolail manchmal wild. Sie verbrennt sie, daß sie schon ganz rot werden. Zu uns aber ist Kwolail nie böse!"

Später dann, wie ich ihnen im Oka die neuesten Tonbänder vorspielen will, muß ich mit Entsetzen feststellen, daß alle Aufnahmen, die ich hier im Dorf gemacht habe, unbrauchbar sind. Nur ganz leise sind die Lieder zu hören, das Lachen, die Gespräche, alles wird übertönt von einem gleichmäßigen Brummen und Rauschen. Wie ist das möglich? Das Gerät hat immer tadellos funktioniert, war richtig ausgesteuert, und ich hatte ständige Kontrolle mit dem Kopfhörer. In stundenlanger Kleinarbeit zerlege ich den Mikrophonstecker, der einen Wackelkontakt hat. Ich messe die Ströme, markiere die verschiedenen Pole und löte die einzelnen Drähte wieder zusammen.

„Es ist kaputt?" fragt Mika, der bei mir geblieben ist, gleichmütig.

„Weiß nicht. Wenn es kaputt ist, ist das sehr, sehr schlecht für mich!" sage ich, lege eine neue Kassette ins Fach und mache eine Probe. Der gleiche Effekt! Deprimiert nehme ich das Gerät auseinander, hole einige Käfer und Larven heraus und brüte über dem Schaltplan. Der Fehler ist nicht zu finden! Am Abend stelle ich schließlich fest, daß überhaupt kein Defekt vorhanden ist! Das stete Rauschen kommt von den Katarakten, ein Geräusch, monoton und beständig, das hier im Dorf so allgegenwärtig ist, daß ich es gar nicht mehr als solches wahrnehme. Aber das hochempfindliche Gerät hatte diese Frequenz überdeutlich aufgezeichnet.

Als es dunkel wird, ist das Dorf menschenleer. In Zidoc gibt es ein Casiri, zu dem das ganze Dorf eingeladen ist. Nur ich bin daheim geblieben. Ich spüre noch die Folgen der Hepatitis, auch wenn ich es nicht wahrhaben will und die Symptome meistens übergehe. Früh ziehe ich mich ins Zelt zurück, das ich dicht verschließen muß. Es gibt heute so viele winzige Puis, Fliegen, die quälend beißen – so viele, daß ich sie sogar einatme.

Bei Händels Wassermusik in F-Dur muß ich eingeschlafen sein.

Ich erwache plötzlich, die Kopfhörer noch an den Ohren, weil ich ein leichtes Zittern und Vibrieren wahrnehme, das die Bodenlatten ganz deutlich übertragen. Da ist doch jemand in meinem Oka! Ich greife nach der Taschenlampe, krieche hinaus aus meiner Höhle und leuchte nach hinten, zur Yula. Nichts ist zu sehen. Auf einmal steht neben mir ein Mensch. Ich sehe nur den roten Körper, rieche den typischen, säuerlichen Geruch nach Casiri. Die Gestalt greift nach mir und zieht mich ins Zelt hinein, so schnell, daß ich den Mann nicht erkennen kann. An den Schultern hält er mich fest, ist aufgeregt, stammelt irgend etwas Unverständliches. An seinem Stottern merke ich, daß es Mikas Sohn Palaka sein muß, der immer Sprachschwierigkeiten bekommt, wenn er sich aufregt. Die Situation ist mir unheimlich. Noch dazu bin ich wegen der Hitze völlig nackt, aber das ist im schwachen Schein der Kontrollampen des Tonbandgerätes kaum zu bemerken. Palaka hält mich eisern fest, er ist ganz verstört und zittert.

„Was ist los, Palaka? Warum erschreckst du mich so?"

Wieder stammelt und stottert er Unverständliches.

„So beruhige dich doch, komm, ist schon gut." Hat er Geister gesehen? Ist ein Unglück geschehen? Da drückt er mich zu Boden, lehnt sich gegen mich und sagt:

„A apota ene! Jetzt, jetzt mmöchte ich ddich! Ja, ja, kkomm, ein bißchen nur, wwillst du?"

Ich bin so überrascht, gleichzeitig sitzt mir noch der Schreck in den Gliedern, den sein geisterhaftes Erscheinen ausgelöst hat. Ich bin wie gelähmt, starre ihn nur an, im gespenstisch fahlen Licht der Kontrollampen. Endlich wehre ich mich, drücke ihn weg.

„Was fällt dir ein, mich so zu überfallen? Bin ich etwa ein Yakalé, den du jagst?"

„Wwillst du mmich nicht? Ani Ssa'i Tarupi? Nicht ein bbißchen, nnein?" jammert Palaka mit weinerlicher Stimme, aber er läßt mich los.

„Ani, napotay ene, nigatui, e kwoa!"

„Nein, ich will dich nicht, mir gefällt nicht, was du tust, geh schon!" erwidere ich, schon gefaßter. Und huschend leise, leichtfüßig, ohne sich in den gespannten Zeltschnüren zu verheddern, löst sich Palaka in der Finsternis auf.

Warum dieser Überfall? Ein Angebot in dieser Form ist nicht üblich. Ob er betrunken war? Die Burschen sind doch sonst nicht so aufgeregt, wenn sie schelmisch fragen, ob man mit ihnen schlafen will. Ist man einverstanden, vereinbart man einen Treffpunkt im Wald, bei einer Pflanzung oder am Fluß. Man trifft sich im geheimen, bereitet sich ein Bett aus Musaceablättern und liebt sich. Im Grünen, in der Höhle, zwischen den Wurzeln eines Baumriesen, Papageien schreien ihr Ra-ra-ra-ra herab, Affen sehen vielleicht zu ...

Auch bei den Wayapi wird die Sexualität zu einem Mysterium gemacht. Aus der Öffentlichkeit ist sie als Tabu völlig verbannt, so als würde sie gar nicht existieren. Es ist falsch zu glauben, daß nur wir, in unserer zivilisierten Gesellschaft, die körperliche Liebe in der geheimen Intimität der Zweisamkeit verstecken, daß aber Naturvölker sich frei, zwanglos und triebhaft geben oder gaben, ehe die missionarischen Einflüsse für Tabuisierung sorgten. Ein junger Wayapi hat es nicht leicht, zarte Bande zu einem Mädchen zu knüpfen. Nachts schlagen die Hunde an, wenn er sich dem Oka und der Hängematte seiner Auserwählten nähern will, das Dorf ist in Sekundenschnelle alarmiert und stellt mit schadenfrohem Gelächter den verhinderten Liebhaber bloß. Und tagsüber hat er nur sehr selten Gelegenheit, ihr allein zu begegnen, um Kontakt zu knüpfen und ein Stelldichein zu vereinbaren. Wie Wachhunde sind ständig andere Frauen und neugierige Kinder in der Nähe, die nur darauf erpicht sind, den neuesten Klatsch im Dorf zu verbreiten.

Wayapi haben ein ausgeprägtes Bedürfnis nach Berührung und

Zärtlichkeit. Von klein auf, nicht anders als bei uns, suchen die Kinder die körperliche Nähe und Wärme des anderen. Ab der Pubertät, sobald das sexuelle Tabu einsetzt, beschränken sich die Bezeugungen der Zuneigung und Zärtlichkeit in der Öffentlichkeit auf das eigene Geschlecht. Ganz selbstverständlich ist es hier, daß zwei junge Frauen zärtlich umschlungen nebeneinander sitzen, daß zum Beispiel Kammalas Sohn Toma am Wasserfall eng neben seinem Freund Sinua auf den heißen Steinen liegt und seinen Arm um ihn legt. Auch die Erwachsenen suchen noch die körperliche Berührung des Nächsten, im engen Palaverhaus, beim Tanz. Mit Selbstverständlichkeit werde auch ich in dieses direkte, körpernahe Wechselspiel der Zuneigung mit einbezogen, und das tut gut.

Die Wayapi neigen nicht zu Aggression. Alle Gefühle werden ausgelebt, es kommt zu keiner Verdrängung, keinem Stau, es kommt zu keiner Gewalt. Friedfertig, sanft und sensibel ist der Wayapi.

Hellwach bin ich nun nach Palakas Besuch. An Schlaf ist nicht zu denken. Undurchdringlich und konturlos ist die Nacht. Mondlose Schwärze, ohne das freundliche Licht der Himmelsfeuer, die sich verborgen halten. Wie fremd die gewohnte Umgebung im Schein der wandernden Lichtinsel der Laterne wirkt! Ich gehe an den flachen Felsplatten entlang. Wo noch am Nachmittag meine Wäsche zum Trocknen lag, fließt jetzt Wasser. Der Fluß muß innerhalb weniger Stunden um Meter gestiegen sein. Dicke, braune Kröten, groß wie Katzen, hocken in den Tümpeln. Sie unken laut und verstummen, wenn sie der Lichtschein trifft, bewegen sich aber nicht von der Stelle. Das Licht lockt Insekten an. Ruckartig hebt die Kröte den Kopf mit den linsenförmigen, kupfergoldenen Pupillen, öffnet das breite Maul und verschluckt die Mücken. In der Sandbucht, wo das Wasser nach der übermütigen Reise über die Felsen schon still und ruhig ist, lockt das Licht kleine Fische an. Im grüngelb schimmernden Wasser tummeln sie sich um meine Füße und schnappen nach aufleuchtenden Schwebstoffen. Plötzlich ist da zwischen meinen Knöcheln auch eine Schlange, gelb mit roten Streifen, windet sich träge, vertreibt die Fische und wandert mit dem Lichtschein. Wahrlich, eine Nacht der Spezialisten!

25. November

In aller Früh treibt es mich aus der Hängematte, noch bevor das Tageslicht die Welt erhellt. Nicht etwa, daß ich plötzlich zum Morgenmenschen geworden wäre, der freudig schon im Morgengrauen den Tag begrüßt – aber nein, Durchfall ist es, ganz prosaisch, der mich stündlich an den Fluß führt. Wie ist das möglich, bei all dem trockenen Reis und den Haferflocken, die ich seit Tagen zu mir nehme, weil es schon wieder nichts anderes gibt?

Nicht nur ich fühle mich nicht ganz wohl, im Dorf sind auch andere krank in den Hängematten geblieben. Sie haben leichtes Fieber, Durchfall und quälenden Husten, der sie nachts nicht schlafen läßt. Pilolos jüngster Sohn, der noch keinen Namen trägt, bekommt ein Fieberzäpfchen in den Po. Allgemeine Müdigkeit hat vom Dorf Besitz ergriffen. Nur zwei Frauen hocken in der Küche und schälen Maniok, aber ohne die gewohnte fröhliche Schwatzhaftigkeit. Ziellos schleichen auch die jungen Burschen zwischen den Okas herum, scheinen zu nichts Lust zu verspüren. Mika sitzt am Okarand und starrt in die Ferne, Pilolo hackt mit seinem Messer an einem halbfertigen Schemel herum. Was ist mit einem solchen Tag anzufangen?

Ich hole den großen Bildkalender mit Landschaften Österreichs und einige alte Illustrierte hervor. Als hätten die Leute nur darauf gewartet, kommen sie aus allen Richtungen herbei und lassen sich bei mir nieder.

„Seht ihr, das ist mein Heimatland!“

„Gehört das zu Frankreich?“ fragt Pilolo.

„Nein, es liegt noch ein Stück weiter entfernt, es ist ein eigenes, selbständiges Land.“

„Hm. Haben die Leute dort Angst vor den französischen Gendarmen?“

„Nein, Pilolo. Warum?“

„Die Brasilianer müssen sicher Angst vor den Gendarmen haben. Die machen Krieg, wenn die Brasilianer uns das Land hier wegnehmen wollen.“

Fasziniert blättern die Leute in dem Kalender. Die Schneelandschaften wirken befremdend auf sie. Sie haben schon davon gehört und sehen es nun real als Bild vor sich, dennoch bleibt dieses fremde Naturereignis für sie unvorstellbar, abstrakt. Ich erkläre, spreche von weißen, festen Regentropfen, die wie Blütenblätter vom Himmel fallen, spreche vom langen Winterschlaf der Bäume und Tiere, vom Wechsel der Jahreszeiten, und merke, daß ich dabei immer mehr ins Schwärmen gerate ... Ganz besonderes Interesse finden jene Dinge, die den Wayapi – wenn auch in anderer Form – bekannt sind. Lange diskutieren sie über das Bild des Ackers, fragen, ob die großen Heuschober auf einer Wiese Hütten seien, lachen über die Funktion eines Ruderbootes. Sie fragen, warum die Spaziergänger an einem Parkteich die vielen Enten, die dort schwimmen, nicht abschießen; und als ein Stadtbild kommt, mit mehrstöckigen Wohnhäusern, wollen sie wissen, ob jeweils ein Familienclan so ein großes Haus bewohnt.

„Gibt es viel zu fischen bei euch in den Flüssen und viel Wild in den Wäldern?“ fragt Pilolo.

„Ja, aber nicht jeder darf fischen und jagen. Man braucht dafür eine Bewilligung, und die kostet viel Geld.

„??“

Warum dafür bezahlen? Das verstehen sie nicht. Ich versuche ihnen klarzumachen, wie es wäre, wenn am Oyapock ein Dorf neben dem anderen läge, von den Quellen bis zur Mündung. Wenn all die vielen Menschen, die dort wohnten, jagen und fischen würden, um zu essen zu haben. Wieviel Leben bliebe dann noch übrig im Fluß und im Wald? Wie viele Bäume gäbe es noch, wenn auch dann noch, bei so vielen Menschen, jede Familie jährlich eine einen halben Hektar große Rodung anlegen würde?

Mit einfachen Beispielen, auf hiesige Verhältnisse übertragen, versuche ich, ihnen unsere Art zu leben, unser System der Jagd- und Forstwirtschaft, Tierzucht und Ackerbau, Export und Import verständlich zu machen. Und plötzlich ist der Tag nicht mehr langweilig, aufgeregt wird diskutiert, werden Fragen über Fragen gestellt.

Später gesellen Pilolo und ich uns zu den Burschen, die sich mit den Illustrierten in eine Ecke zurückgezogen haben und fasziniert darin blättern.

„Woaso!" Wunderschön! schwärmt Amama. „A apota!" Die möchte ich haben! Sie stecken die Köpfe zusammen, bestaunen die Modemädchen und „teilen" sie untereinander auf.

„Was ist das, Sa'i, Tarupi?" fragte Olep unds deutet auf eine Zigarettenreklame.

„Ein Mann und eine Frau, die rauchen, das siehst du doch!"

„Sind sie verheiratet?"

„Nein, die stellen sich nur für das Foto so zusammen."

„Haben sie das Foto dafür bekommen?" will er wissen und verbindet damit die eigene Erfahrung, denkt an die Polaroidaufnahmen, die ich für sie gemacht habe.

„Nein, Olep. Es ist ihre Arbeit, sich immer, jeden Tag, fotografieren zu lassen. Dafür bekommen sie Geld."

„Nur fürs Fotografieren? Sonst müssen sie nichts tun?"

Auf der nächsten Seite des Journals sind ein Mann und eine Frau hüllenlos, in inniger Umarmung, sehr eindeutig, abgebildet. Alle lachen darüber.

„Warum – die sind auch nicht verheiratet?" fragt Olep grinsend.

„Ani, mon fils."

„Das ist ihre Arbeit? Dafür bekommen sie Geld?" fragt Sinua.

Pilolo deutet auf die Überschrift und sagt: „Was steht da, Sa'i, erzähle es uns!"

„Wie liebe ich zärtlicher", übersetze ich gestenreich und schließe mich dem Gelächter an.

„Wissen die Leute bei euch nicht, wie das gemacht wird?" bringt Pilolo lachend hervor.

„Das ist keine gute Zeitung, Pilolo. Sicher wissen wir das alles. Die Leute, die die Zeitung machen, sind dumm, denk dir nichts dabei."

„Hm", meint er und sieht mich skeptisch an.

Ich blättere um, weiß schon im voraus, was jetzt kommen wird. Der Titel der nächsten Seite lautet: Abnehmen – leicht und schmackhaft!

„Die Leute essen, um dünn zu werden? Wie ist das möglich? Was haben sie davon . . .?"

Am Abend besucht mich Capitaine Kammala. Jeden Abend besucht er mich, immer zur gleichen Stunde. Wenn er seine Arbeit beendet hat, wenn auch die Sonne ihre Arbeit beendet hat und hinabsteigt in ihr Oka. Der Capitaine leidet an einer chronischen Mykose. Auf beiden Füßen ist seine Haut bis über die Knöchel hinauf grau und ledrig, voll entzündeter Sprünge und Risse. Ich habe ein geeignetes Medikament, aber wird diese eine Flasche ausreichen, die jahrelang verschleppte Krankheit auszuheilen?

Ich reinige seine Füße, trage die scharfe, aggressive Flüssigkeit auf und lasse sie auf die Haut einwirken. Still sitzen wir am Rande des Okas, rauchen zusammen die Zigarren, die er mitgebracht hat, schauen auf die Silhouette der fransigen Bananenstauden und Hütten, die zunehmend schärfere, dunklere Umrisse annehmen

Capitaine Kammala

und sich schließlich im schwarzen Himmel verlieren. Kammala strahlt mit seiner ganzen Persönlichkeit, seinem schweigenden In-sich-Ruhen, Muße und Zufriedenheit aus. Ich fühle mich wohl in seiner Gegenwart und spüre, wieviel Wahrheit in dem indianischen Sprichwort liegt: „Wer viel redet, verliert seine Seele!" Mit Kammala kann ich wortlose Gespräche führen, und keiner von uns kommt auf den Gedanken, der andere halte mit etwas zurück.

Sorgfältig wasche ich nach einiger Zeit die Lotion wieder ab, hole Wasser vom Fluß, wasche und spüle, bis auch der letzte Rest verschwunden ist. Ich erweise ihm gerne diesen Dienst. Es bedeutet mehr als nur medizinische Hilfe, ist eine Geste der Nächstenliebe, die auch Verehrung und Unterordnung ausdrükken soll. Kammala ist der Capitaine, mit jener angeborenen Autorität, der er nichts hinzuzufügen braucht, um seine Führungsrolle zu unterstreichen. Er hat mich als seinen Gast aufgenommen, und ich bin ihm dankbar dafür. Er ist hier der „Vater", in ihm habe auch ich „ein wenig Familie".

Einmal sagte ich lachend, es sei noch nicht so oft vorgekommen, daß ich einem Mann die Füße gewaschen habe. Er meinte darauf, das käme daher, daß ich nicht verheiratet sei. Die Frau sorgt sich eben um den Körper ihres Mannes, reibt ihn mit Urucu ein, vom Haarschopf bis zur Zehe, und sucht seine Haut nach Parasiten ab. Sie läßt dem Körper des Mannes die gleiche Sorgfalt angedeihen, die sie ihrem eigenen widmet.

26. November

Im Dorf gibt es Casiri-Bubu – kleines Casiri. Die Burschen kommen immer wieder in mein Oka und verlangen Sardinen, Zigaretten, Batterien für den Plattenspieler aus Zidoc und gehen mir bald auf die Nerven mit der ewigen Bettelei. Ich fühle mich wieder einmal elend und zerschlagen und bin froh, ein Zelt zu haben, in das ich mich zurückziehen kann.

Der Schimmel legt sich bis auf die Seele

27. November
Wie gut, daß der Körper aus eigenem Interferon produziert, so daß man zu gleicher Zeit nicht mehr als eine Infektion haben kann! Das ist immerhin ein Trost. Ziemlich erbärmlich hocke ich da auf dem seicht umspülten Stamm, der in den Fluß ragt . . . Schon seit Tagen hat sich diese neue Infektion in mir aufgebaut. Jetzt bin ich sicher, daß es Amöbenruhr ist. Befinden und „Himbeergelee" sind allzu eindeutig. Knieweich schleiche ich zum Oka zurück. Es wird regnen, viel regnen heute. Wäschewaschen ist sinnlos. Mich ekelt. Ekelt vor mir selbst. Ekel vor dem modrig riechenden Bettzeug und der mit Stockflecken bedeckten Kleidung.

Der kleine Affe schreit. Sieht mich an wie eine Rabenmutter, weil ich mich nicht genügend um ihn kümmern kann, selbst am liebsten nach jemandem schreien würde, der mich betreut. Zusammen essen wir Porridge aus Haferflocken und Zucker. Das mag er gern. Und dann schreit er schon wieder, weil ich ihn allein lasse und im dunklen Zelt verschwinde.

Ist es noch Tag? Schon wieder Nacht? Im Zelt ist es dunkel. Die Beine kleben schweißnaß aneinander, die Luft, diese schwere, feuchte Masse, ist kaum zu atmen. Es ist fatal, schon wieder krank zu sein, aber nicht zu ändern. Es wird vorübergehen, Zeit zählt nicht mehr. „Debrouillez-vous!" sagte man zu den ersten französischen Siedlern, als man sie vor Kourou an Land setzte – seht zu, daß ihr zurechtkommt. Ich komme zurecht, ich habe mich schon lange damit abgefunden, nicht gegen dreiköpfige Drachen kämpfen zu können.

Ich wehre mich nicht einmal gegen das Ungeheuer, das brüllende, knatternde, das mich bedrängt, was immer es mit mir vorhat . . .

„So komm doch, Sa'i, Helico ayo!"

Das Zelt bläht sich flatternd auf, wie ein getroffener Vogel, Sand wird durch die Luft gewirbelt, das Dröhnen wird ohrenbetäubend, der Hubschrauber setzt am Boden auf – nur wenige Meter von meinem Oka entfernt. Kopflos, verwirrt suche ich planlos nach den Briefen, die seit Wochen auf die Beförderung warten.

Die Piloten steigen aus, zwei Militärs, ein älterer, kräftiger Mann in Khakiuniform, braungebrannt, graumeliert. Es ist der Kommandeur der Legion! Er schüttelt die Hände der Wayapi, die sie ihm schüchtern anbieten, kommt auf mich zu und begrüßt mich mit meinem Namen und mit einer Umarmung wie eine alte Bekannte. „Ich freue mich, Sie endlich persönlich zu treffen", sagt er. „Warum haben Sie mich nach Ihrer Ankunft in Cayenne nicht besucht? Das französische Konsulat in Wien hat Sie angekündigt."

Da kommt Sosso, die zweite Frau von Kammala, und bietet ihm eine Coui Casiri an. Entschuldigend lächelnd lehnt er ab, merkt, daß die Leute enttäuscht sind, geht zum Hubschrauber zurück und holt einige Stangen Zigaretten heraus, die er Kammala überreicht. Auch ich werde beschenkt, bekomme einen Brief meiner Freundin Ingrid aus Wien ausgehändigt, bekomme zwei Stangen Gauloise, einige Flaschen Bier und den restlichen Proviant, den sie nicht mehr benötigen.

Ein besonderer Grund für diesen hohen Besuch liegt nicht vor, es ist nur eine routinemäßige Grenzpatrouille. Außerdem müssen Hubschrauber monatlich 25 Stunden geflogen werden, das ist technische Vorschrift. Keine Stunde ist vergangen, da ist der Besuch auch schon wieder abgeflogen. Zurück bleibt der Eindruck spukhafter Unwirklichkeit. In der Aufregung habe ich sogar vergessen, etwas zu trinken anzubieten, den Besuch in mein Oka zu führen. Und wie sehe ich bloß aus! Ungebadet, verschwitzt, die Zöpfe unfrisiert, noch von gestern.

Die größte Gefahr eines Urwaldlebens ist nicht das Getier oder die Krankheit, sondern ist diese unbeschreibliche Atmosphäre systematischer Demoralisierung. Sie versucht, deinen Willen zu brechen, dich zu lähmen und einzulullen in Ergebenheit und Apathie. Der plötzliche Besuch und der Brief meiner Freundin sind greifbare Realität von „draußen", haben mich wachgerüttelt. Ich bemerke nun erstaunt eine gewisse Unordnung in meinem Haushalt und, ja, auch eine Vernachlässigung meiner selbst. Erschreckendes schaut mir aus dem Spiegel entgegen! Schmutziges Haar, das ich wegen des eingeriebenen Läusemittels noch nicht waschen konnte; dunkle Wolken unter den Augen, Niederschlag der vergangenen Nacht, Werk der Amöben und Wurmtabletten; mückenumschwirrte Bläschen am Hals, deren Ursache zweifelhaft ist. Die Modrigkeit beschränkt sich nicht allein auf Stoffe. Ja, ja, es regnet schon viel, der Schimmel legt sich bis auf die Seele!

Ich frage mich in diesem wachen Moment inmitten nebelschwerer Stimmung, warum ich es auf mich nehme, so zu leben, Kräfte und Gesundheit abzubauen und wohl auch mein Aussehen. Obwohl mir das bewußt ist, gebe ich nicht auf, kehre nicht um. Weswegen? Was ist es, was mich festhält? Der Wunsch, die abenteuerliche Palette der Lebensart um Nuancen zu bereichern, mit dem Couleur der Indianerhaut, in die ich hineinschlüpfe? Ich will selbst meine Antworten finden für das Fragezeichen Leben, in Trois-Sauts, wo es so anders ist und doch wieder gleich.

Ich muß so leben und nicht anders, weil ich zur Gruppe der Außenseiter zähle, zu der alle Süchtigen gehören. Meine Droge, ohne die ich nicht mehr sein kann, ist der Trip der Wahrnehmung, das berauschende Erlebnis neugeschauter Dinge. Die Welt ist riesig, und überall erwarten mich neue Formen, Farben, Harmonien, in immer anderen Kombinationen, in Steinen und Tieren, Pflanzen und Menschen, Himmeln und Wassern. Alles, alles will ich sehen und leben! Die Augen zu weit geöffneten Toren machen, die Bilder hereinströmen lassen, ohne zu sortieren und auszuwählen, bis sie das Herz erreichen und die Sinne betäuben. In den schönsten Abschnitten meiner Regenbogenzeit frage ich nicht nach Fakten, nüchternen Realitäten. Gebe mich einfach bedenkenlos hin an das, was uns vom Paradies noch geblieben ist ... Der Brief meiner Freundin beschäftigt mich noch den Rest des Tages. Durch ihre Zeilen sehe ich mich nach Wien versetzt, durch die paar Nachrichten vom Weltgeschehen bildet sich eine gewisse Distanz zu Trois-Sauts.

„... wie Du lebst, denkst, fühlst? Im Grunde genommen kann ich mir gar nichts davon vorstellen, jedenfalls nicht Deine augenblickliche Wirklichkeit, die schon ein Teil von Dir selbst ist, beziehungsweise umgekehrt. Aber vergiß bitte nicht, daß es noch eine andere Wirklichkeit gibt als Deine jetzige ..."

Das sagt sie mir und meint damit auch meinen Alltag, der mir schon ein wenig zu selbstverständlich geworden ist. Ich hatte ihren Brief, diese kurze, erholsame Abreise, dringend nötig. Aufmerksamer, begieriger und voll Zuversicht bin ich wieder zurückgekehrt und kann nun die Wasserfälle neu betrachten. Die vermeintliche „Stille", die durch Gewöhnung und Monotonie bereits über dem Fluß lag, wird wieder das, was es wirklich ist: ohrenbetäubendes Gischten eines kraftvollen Wassers, das allein seinen Weg geht, obwohl es nicht weiß, wohin er führt.

29. November

Meine arme Mutter! Da hat sie mich doch blitzsauber geputzt und gepflegt durch die Krabbel- und Flederwischjahre gezogen, aufs peinlichste rein durch die restliche Kinderzeit und hat auch danach, in Teenagerjahren, noch stets wachsam ihr kritisches Auge auf mich gerichtet. Und jetzt, wo ich das sogenannte Etablieralter erreicht haben sollte, tue ich ihr das an.

... dieser ausschließlich im Kopfhaar lebende Parasit ist etwa 2 mm lang. Die Laus legt mehrere Eier pro Tag (!), die sie als Nissen nahe dem Haarboden an den Haarschaft klebt, birnenförmige Gebilde, aus denen nach acht Tagen Larven schlüpfen ... Juckreiz ... Blutungen ... Krustenbildung ... unentwirrbare Verfilzung ... Und das bei meiner Haarlänge! Mein einziger Stolz, ich sehe ihn schon schwinden. Ich darf gar nicht daran denken, was nach acht Tagen Wachstum passiert, nein, was jeden Tag auf meinem Kopf passiert! Drei Frauen machen gleichzeitig Jagd auf diese Quälgeister. Sie haben so scharfe Augen, daß sie sogar die Eier und Larven finden. Wir sitzen am Hauptplatz, vor dem Palaverhaus. Nur selten kommt die Sonne hervor, die Hitze ist sogar im Freien gut auszuhalten. Heute gibt es wieder einmal Casiri-Bubu. Es wurde für Awé, Toma und Aprouka auf den heutigen Tag festgelegt. Zehn Tage lang waren sie im Quellgebiet unterwegs, um jene seltenen Palmblätter zu sammeln, die für das Dach des neuen Okas gebraucht werden. Mika sagt, daß das Haus für mich gemacht wird. Kammala will, daß ich hierbleibe, und meine jetzige Behausung ist schon brüchig. An vielen Stellen fällt der Regen durch das schüttere Dach, und bei jedem Schauer kommt eine neue, undichte Stelle hinzu, so daß ich kaum mehr weiß, wie ich meine Sachen trockenhalten soll.

Es ist heute nur ein kleines Fest, zu dem niemand aus den anderen Dörfern eingeladen wurde. So sind wir ganz unter uns, „en famille", und das ist schön. Etliche Männer haben eine handwerkliche Arbeit mitgebracht, sie flechten und schnitzen, der Vater Pilolos, Alessan Sassa, spaltet Adlerfedern für neue Pfeile; Kammala bearbeitet einen Jagdbogen aus schönem roten Edelholz und verwendet als Hobel den scharfen Zahn eines Wildschweins.

v.l.n.r.: Mika, Kammala, Alessan Sassa, K'ju, Apronka

Auch wir Frauen setzen uns nach der beendeten „Kopfjagd" wieder unter das Palaverdach, am Rande, bei den Casiritrögen. Es ist der Platz, der uns zusteht, den ich jetzt auch als den meinen empfinde. Nur dann geselle ich mich noch zu den Männern, wenn sie mich rufen und mit mir sprechen wollen. Sosso, die zweite Frau Kammalas, bringt einen Korb voll Baumwolldolden. Sie hat sie schon einige Zeit lang getrocknet, jetzt helfen wir ihr, die Samenkapseln daraus zu entfernen, die sie wieder zum Anbau benötigt. Wir sprechen über Poline, die erste Frau des Capitaine, die vor langer Zeit mit dem Helikopter ausgeflogen wurde. Wie es ihr wohl geht im Spital, so weit weg vom Wayapiland? Niemand hier kann sich vorstellen, unter welchen Bedingungen sie dort lebt. Aber ihre Fragen und Ängste betreffen nicht die fremden Lebensumstände an sich, sondern den Tod. Nichts Schlimmeres ist vorstellbar, als fern von zu Hause zu sterben, in fremder Erde beerdigt zu werden, von unbekannten Menschen, ohne Familie, die trauert. Das wäre so, als wenn man ein verendetes Tier begräbt, meinen sie.

„Ayo Sa'i, ayo ta'e ene!" – Komm her, Sa'i, komm und schau! – ruft Pilolo und holt mich von den anderen weg. Verwundert löse ich mich aus den Armen von Piriri und Aprouka.

„Ich komme gleich, tanzt allein weiter!" sage ich und folge Pilolo. Unwillig, weil die Stimmung selten so intim ist wie heute, die Verbundenheit so stark, daß die Männer ihre alten Tänze tanzen. Als wir hinter dem Palaverhaus angelangt sind, deutet Pilolo mit einem Stecken auf den Boden und sagt: „Da schau. Schau dir das an! Er ist schon tot gewesen, als er rauskam."

Der Stecken deutet auf einen Wurm, den er erbrochen hat, einen fünfundzwanzig Zentimeter langen Spulwurm der Gattung Ascaridae. Unbeschreiblich eklig ist dieses Tier und erst recht die Vorstellung, womöglich so ein Monster im Magen zu haben.

„Deine Medizin ist gut, Sa'i Tarupi, sehr gut. Du mußt auch meiner Frau und den Kindern geben!"

Mühsam quäle ich mir ein freundliches Lächeln ab. Hält dieser Tag noch mehr solcher Überraschungen für mich bereit?

Wieder im Palaverhaus, setze ich mich neben Sini, der mir Platz gemacht hat. Sini ist der Bruder von Ayouta, der Schildkröte, ein stiller, schmächtiger, sensibler junger Mann. Oft, wenn die anderen Burschen zum Fischen gehen oder Vögel jagen, bleibt er in seiner Hängematte im Haus und spielt auf seiner Flöte leise, verträumte Melodien. Oder er knüpft kleine bunte Glasperlen zu einem Kalimbégürtel, in einem Muster, das die Wayapiornamente wiedergibt. Sini ist vielseitig künstlerisch begabt. Auch heute wieder, bei diesem Casirifest, kommt das deutlich zum Ausdruck. Sein Körper ist über und über mit schwarzen Yanipäornamenten bedeckt, so exakt und fein mit dem Stäbchen aufgedrückt, daß es mit dem präzisesten Reißzeug nicht besser zu machen wäre.

Es ist schwierig, mit Yanipäfarbe richtig umzugehen, mir will es trotz vieler Versuche nicht gelingen. Der frische Saft der Genipapofrucht ist wasserhell und praktisch unsichtbar, wenn er auf die Haut aufgetragen wird. Erst nach Stunden wird die Zeichnung durch die Lufteinwirkung blau, schließlich schwarz und bleibt dann für zwei Wochen haften.

Auch ich habe das Bedürfnis, mich durch Körperbemalung für die Feste zu schmücken und sie dadurch aus dem Alltag herauszuheben. Der eitle Wunsch nach Schönheit, menschlich und angeboren, sucht sich in jedem Kulturkreis der Welt seinen eigenen Ausdruck. Wenn man wie hier in fast völliger Nacktheit lebt, bleibt zum Verschönern nur die bloße Haut. Damit ich nach Stunden nicht wieder schwarz verschmiert herumlaufe, übernimmt es Sini, mich zu schminken. Er tut das gern. „Komm, gehen wir zum Wasser", sagt er, „dort wird es besser sein. Dort gibt es nicht so viele Fliegen, dort kannst du ruhig sitzen."

Auf einer flachen Steintafel am Ufer sitzt Pala'isi mit ihren beiden Jüngsten. Wir wechseln ein paar Worte, während sie die Füße der Babys nach Sandflöhen absucht. Ich setze mich neben sie und deute auf Sini, hier mit der Bemalung fortzufahren.

„Ani, nigatui, nigatui Sa'i!" schreit Pala'isi auf, daß ich wie elektrisiert wieder aufspringe. Sie deutet auf das Gestein, wo ich eben saß. Es wimmelt von Kopfläusen, die sie von den Köpfen ihrer Kinder entfernt hat! In panischem Schrecken stürze ich mich samt Kamisa ins Wasser.

„Hiiii", lacht Sini schallend und deutet mit dem Finger auf mich, wie ich prustend wieder auftauche und ans Ufer klettere. „Laß sehen", sagt er kichernd, aber besorgt, und untersucht meine triefende Kamisa an der Hinterseite.

„Na? Ist was, Sini?"

„Nein, Sa'i, nichts ... ganz voll Läuse ... und Würmer auch!"

Blitzartig bin ich wieder im Fluß und reiße mir die Kamisa

herunter. Tatsächlich! Die Läuse haben sich im Stoff festgesetzt. Doch woher kommen die kleinen, weißen Fadenwürmer? Sini deutet auf ein Algenbüschel, das ausgerechnet an jenem Felsen, wo ich mich vorhin festgehalten habe, wächst!

Irgendwie gibt mir das den Rest. Ich habe nur noch einen Wunsch – so schnell wie möglich in mein Oka, in die Hängematte, meine sensiblen Eingeweide, mein angegriffenes vegetatives und sonstiges Nervensystem in Ruhelage bringen.

Da steht auf einmal Amama vor mir, geräuschlos, geisterhaft ist er aufgetaucht. Ganz Wayapi.

„Du bist krank, Sa'i Tarupi. Stirbst du bald?" fragte er, so als ob er sich nach dem Wetter erkundigte. Die Frage überrascht mich nicht mehr, ist durchaus üblich, wenn einer ernsthaft krank ist. Auch Pilolo, Mika und Kammala besuchen mich und fragen nach meinem Ableben.

6. Dezember

Heute steht ein Waschtag auf dem Programm. Ich frage mich, wie Mika so sicher sein konnte, daß ich heute risikolos meine Hängematte waschen und trocknen könne. Die letzten Tage waren völlig zugeregnet, ohne Unterlaß trommelten die schweren Tropfen auf die Okadächer herab. Aber Mika sagte mit Überzeugung, daß für den heutigen Tag keine einzige Wolke am Himmel zu befürchten sein werde. Es macht Spaß, hier am Wasserfall zu waschen, auf den leicht überspülten Steinplatten, wo die Ausläufer des Hochwassers besitzergreifend vorgekrochen sind. Seit zwei, drei Tagen fühle ich mich besser. Das Schlimmste dürfte wieder einmal überstanden sein. Es scheint, als hätte der Regen auch in mir seine reinigende Wirkung getan.

„Hast du Foto?"

Ich erschrecke immer wieder über ihr plötzliches Auftauchen. Diesmal ist es Mika.

„Was meinst du damit, Mika?"

„Wenn du willst, komm. Capitaine hat für heute Maraké bestimmt."

Maraké, die gefürchtete, berüchtigte Ameisenmarter! Ich lasse die Wäsche Wäsche sein. Aber nur die Männer sind anwesend, treffen die nötigen Vorbereitungen für das Ritual. Die jungen Burschen hocken auf den niederen Ap'k und fertigen aus bestimmten Gräsern Geflechte an, engmaschige Matten, die mythologische Tiere darstellen. Ich erkenne einen Hirsch, eine Schildkröte, das hier könnte ein Jaguar sein, das eine Schlange. Aprouka kommt, legt mir den Arm um die Schulter und hält mir eine Bierflasche knapp vor die Augen. Alle lachen über mein Erschrecken. In der Flasche wimmelt es von Ameisen, die aufgeregt versuchen, den Stöpsel aus nassen Tabakblättern zu durchbeißen. Ameisen, groß wie Maikäfer!

„Auch du wirst Maraké machen. Sa'i, willst du?" fragt Aprouka lachend.

„Um Gottes willen, nein. Soll ich das denn? Wollt ihr das?"

„Wie du willst", sagt Pilolo, der vor Aprouka getreten ist. „Rede doch nicht so zu Sa'i, Bruder!" rügt er Aprouka, der schon glänzende Augen vom Casiri hat.

Ich gehe zu meinem Oka und richte die Geräte her. Daß ich das miterleben darf, ein Maraké! Und die Kamera funktioniert, die Sonne scheint – so viel Glück auf einmal! Nur ruhig bleiben, nicht hektisch und nervös arbeiten . . .

Währenddessen haben sich die Frauen mit den Kindern ebenfalls im Palaverhaus versammelt. Die Männer haben die etwa 35 Zentimeter langen Flechtsymbole, Tapia'i genannt, fertiggestellt. Jetzt werden die Ameisen eingesetzt. Es sind Feuerameisen, eine der größten Ameisenarten des amazonischen Raumes. Am Kopf tragen die mehr als zwei Zentimeter langen Insekten zwei kräftige Beißscheren, an ihrem Hinterteil einen wespenähnlichen Stachel.

Die Burschen haben sie heute morgen aus dem Wald geholt, aus ihren Nestern, die sie an Baumstämmen anlegen. Es ist nicht einfach, diese Ameisen einzufangen. Einige der Ameisenjäger wurden bei dieser Gelegenheit schon ordentlich zerstochen, wie die aufgeschwollenen, geröteten Stellen an ihren Armen und auf der Brust beweisen.

Der Tabakblätterpfropfen wird ein wenig gelockert. Mit den Fingern holen sie jetzt die rebellischen Ameisen nacheinander heraus und stecken deren stachelbewehrtes, giftiges Hinterteil in einen Federkiel, mit dem die Insekten bis zur „Taille" durch die engen Maschen des Geflechtes gezogen werden. Eine nach der anderen, werden in jedem Tapia'i etwa 25 Ameisen auf diese Weise befestigt. Die Ameisen wehren sich, schwenken wütend die Zangen umher, beißen sich gegenseitig, versuchen ihr Hinterteil freizubekommen, aber Flucht ist unmöglich, sie sitzen fest.

Kammala überwacht die Vorbereitungen, sieht sich jedes der quirligen Ameisengeflechte kritisch an und meint: „Nicht wild genug!", nimmt ein Stück Tabak in den Mund, kaut und bespuckt die Insekten mit dem braunen Saft. Im Palaverhaus verbreitet sich aufgeregte Stimmung. Ein kleiner Junge versucht sich zu verstekken, weint. Die Kinder haben Angst. Für die Sechsjährigen wird es das erste Mal sein, daß sie diese Tortur über sich ergehen lassen müssen. Die Eltern versuchen sie zu beruhigen, nehmen sie in die Arme. Die Männer lachen, trinken Casiri. Olep protzt, wie oft er es machen wird, ohne einen Laut von sich zu geben. Kammala ist wie immer ruhig, gelassen, trinkt noch eine Coui voll, dann beginnt er.

Ein kleines Mädchen, die Tochter von K'ju und Njälä, wird zu ihm geführt, sie ist die erste. Leise weint sie vor sich hin, reibt sich die Augen, während ihr Vater auf sie einredet und sie sanft an den Schultern hält. Kammala prüft noch einmal das Geflecht und drückt es dann mit der stachelbestückten Seite auf die Brust des

Kindes. Die Kleine schreit auf, windet sich, aber Mutter und Vater halten sie an Armen und Beinen fest, alles Zappeln hilft nichts. Nach einigen Sekunden nimmt Kammala das Geflecht wieder weg. Pilolo steht neben ihm. Er nennt den nächsten Körperteil, auf den das Tapia'i in gleicher Weise gedrückt wird. Das Mädchen brüllt wie am Spieß, rundum sind alle still und sehen zu. Nacheinander wird das Geflecht auf die Schenkel, in die Kniekehlen, auf die Innenseite der Arme, auf den Rücken, auf die Pobacken, auf die Fesseln und schließlich auch noch auf die Stirn gedrückt, überall dort, wo die Haut dünn und empfindlich ist, der Schmerz am größten. Der Körper des Mädchens ist mit weißen, linsengroßen Flecken bedeckt, die sich allmählich rot färben und anschwellen. Das Kind stöhnt erschöpft, wimmert, flüchtet mit angsterfüllten Augen in die Arme der Mutter. Kammala bespuckt die Ameisen mit Tabaksaft, das nächste Kind wird zu ihm gebracht, die gleiche Prozedur beginnt. Bis nacheinander alle Novizen an der Reihe waren. Alle weinen, schreien schon, wenn sie die rachsüchtigen Leiber der aufgeputschten Insekten nur sehen.

Warum quält man die Kinder so? Was ist der Sinn dieser Marter? Pilolo klärt mich auf. Der Körper eines Wayapi müsse schon von klein auf gestärkt werden. Es ist auch ein Abhärtungstraining, die Kinder lernen Schmerz zu ertragen, werden allmählich unempfindlicher.

Jetzt sind die Männer an der Reihe, das Maraké zu empfangen. Ipä Sissiwoa setzt sich auf das Ap'k vor dem Capitaine. Gerade und aufrecht wie eine Kerze hält er sich, stumm und ausdruckslos, mit verriegeltem Blick, während Kammala ihm das Tapia'i aufdrückt und sogar hin und her reibt. Leichtes Zittern läuft durch den Körper Ipäs, er bäumt sich ein wenig auf. Dann erst entfernt Kammala das Geflecht und drückt die Stacheln auf die nächste Körperstelle.

Pilolo empfängt das Maraké

Einige der Männer lassen diese Tortur nach einer Pause noch einmal über sich ergehen, K'ju und Piriri sogar mehrmals. Kein Laut kommt über ihre Lippen. Dann sind die Burschen dran, Sini, Aprouka, Sinua, Awé und all die anderen. Auch sie ertragen es tapfer, aber das überhebliche Lachen, das sie am Anfang zur Schau trugen, vergeht ihnen sehr schnell, einer nach dem anderen wird plötzlich todernst und still. Olep, der so geprahlt hat, verzieht das Gesicht zur Grimasse, kann ein Stöhnen nicht unterdrücken und reibt sich, verlegen grinsend, die betreffenden Stellen. Natürlich lachen die anderen Burschen ihn aus! Da kommt Kanaju, die Tochter Kammalas, das liebe Lausebubenmädchen. Genau wie bei den anderen vollzieht ihr Vater an ihr das Maraké. Sie zeigt überhaupt keine Reaktion, obwohl Kammala sich viel Zeit für jede Stelle nimmt und die Ameisen sich austoben können.

„Komm schon, Sa'i Tarupi, jetzt du! Hast du Angst?" bedrängen mich die Burschen. Aber ich lehne ab. Es ist nicht nur die Angst vor dem ungewohnten Gift, ich will mich nicht produzieren. Außerdem bin ich so sehr mit der Filmarbeit beschäftigt, daß ich noch gar nicht nachgedacht habe, ob ich das nun will oder nicht.

Währenddessen haben sich die Frauen, die an ihrem gewohnten Platz neben den Latuluá sitzen, ebenfalls Ameisengeflechte geholt. Tepelao, als die älteste unter ihnen, vollzieht die Prozedur. Es ist bezeichnend, wie das bei den Frauen vor sich geht: lautlos und selbstverständlich, fast schüchtern, unpathetisch und ohne großes Publikum empfängt jede ihr Maraké.

Endlich ist meine Arbeit beendet, das Material sicher in den Alukisten verstaut. Ich bin erschöpft von der Anspannung und Konzentration. Neben Kammala ist ein Ap'k frei. Ich setze mich, und er bietet mir freundlich seine Coui mit Casiri an, die ich in einem Zug leere. Am Boden neben dem Ap'k des Capitaine liegen die Tapia'i. Die Zeremonie ist beendet. Die Beteiligten trinken Casiri, lachen und tanzen. Wieder sehe ich die Tapia'i an. Da spüre ich den Blick Kammalas auf mir ruhen. Offen und fragend schaut er mich an, und wieder vollzieht sich eines jener wortlosen Zwiegespräche zwischen uns. Wir gelangen zum Einverständnis, und seine Augen lächeln, als hätte er nichts anderes erwartet. Er nimmt eines der Geflechte auf. Niemand beobachtet uns, wie Kammala meine Hand nimmt, sie umdreht und das Tapia'i auf die Innenseite des Handgelenks drückt. Unverwandt sehen wir uns in die Augen. Ich spüre nichts. Da fängt er an, die Matte auf der Haut leicht zu reiben. Der erste Stich dringt ein, der nächste, noch einer, immer mehr werden es, die sich wie Lanzen hineinbohren. Ein Brennen, das immer stärker wird, anschwillt zur Welle des Schmerzes, der durch den Körper fährt. Der Körper übernimmt den Befehl, bäumt sich auf, signalisiert die Spitze des Erträglichen, und Kammala nimmt das Tapia'i ab.

„Dela'i" – warte –, sagt er und bespuckt die Ameisen mit Tabaksaft. Mir läuft ein Schauer über den Rücken, und Gänsehaut zieht sich über Arme und Beine, als er fortfährt. Ich sehe nur seine Augen vor mir, dunkle, sprühende Augen, die größer und größer werden, bis alles ringsum aus meinem Blickfeld verschwunden ist. Oberarme, Schenkel, Brust und Fesseln brennen wie Feuer. Die Atmosphäre hat mich völlig gefangengenommen. Wie in Trance lasse ich die Prozedur über mich ergehen, oder richtiger: in äußerster Konzentration. Da sagt Kammala, daß es genug sei, obwohl noch einige Stellen für ein vollständiges Maraké fehlen. Jetzt erst bemerke ich, daß Kammala nicht zu mir spricht, sondern zu Aprouka. Mit fester, bestimmter Stimme erklärt er, daß nun Schluß sei.

Pilolo sammelt die Tapia'i ein. Er lockert die Maschen ein wenig, und eine nach der anderen zieht er die noch lebenden Ameisen wieder aus der Zwangsjacke heraus, setzt sie vorsichtig auf den Boden und sieht ihnen zu, wie sie in die Freiheit laufen . . .

12. Dezember
Ohne Unterlaß fällt seit vier Tagen der Regen, monoton und einschläfernd trommelt er auf das Dach. Tiefe Rinnen und Gräben durchfurchen den glitschigen Lehmboden im Dorf, in denen sich das Wasser sammelt und seinen Weg zum Fluß hinunter nimmt. Die Kinder spielen in diesen Bächen, lassen kleine Couis wie Schiffchen hinabfahren. Der Regen verschluckt die Dorfgeräusche, das Krähen der Hähne, das Lachen der Kinder, die Gespräche der Männer im Palaverhaus. Es sind Männer aus Zidoc, die dort nur mit Mika und dem alten Alessan Sassa sitzen und Casiri trinken. All die anderen Männer des Dorfes sind zur Jagd gegangen, um Fleisch für die leeren Räucherroste zu beschaffen.

Ich bin im Oka und schreibe, als Alfred, aus Zidoc, lässig angeschlendert kommt. „Sa'i? Oykoy sardines?" fragt er beiläufig, während er in dem Bücherstapel wühlt. „Naykoy, mon fils", sage ich lächelnd.

„C'est pas vrai!" empört er sich mit einer jener wenigen französischen Phrasen, die die Burschen gern hochtrabend verwenden.

„Oykoy cigarettes?" fragt er dann.

„Naykoy."

„Une pour moi!" bettelt er weiter.

„Na gut, da hast du."

Manche Leute aus Zidoc haben ihre Einstellung mir gegenüber noch immer nicht geändert. Sie sehen mich nicht als Mensch, nicht als ihresgleichen, sondern allein als unversiegbare Quelle für allerlei Gaben, wenn sie mich hier im Oka aufsuchen. Genau wie damals, als ich noch bei ihnen wohnte. Aber jetzt ist meine Antwort meistens „naykoy", und das gibt ihnen vielleicht zu denken. Ihr Verhalten mir gegenüber grenzt schon an Unverschämtheit, das kann ich erst jetzt, seit ich im Dorfe Kammalas lebe, richtig beurteilen. Paul Zidoc argumentierte kürzlich sogar:

„Du mußt uns Geschenke geben, weil du uns beim Tanz gefilmt hast! Wenn die Helikopterpiloten kommen und Fotos machen, geben sie auch immer.“

Ich unterbreche die Schreibarbeit und lausche hinaus in den Regen. Ja, tatsächlich, die Kröten! Wenn sie unken, ist der Regen bald vorüber. Schon wird das Trommeln der Tropfen leiser, geht in ein sanftes, monotones Rauschen über. Deutlich tritt das Geräusch des Wasserfalles hervor, die Hähne sind wieder zu hören, die Yapukalamulevögel schreien wieder ihr „Kikiwiii“. Die graue Wolkendecke reißt auf, und schon stiehlt sich hier und da ein langer, schräger Sonnenstrahl herab zur Erde, um am Casirifest teilzuhaben. Eine fröhliche, reingewaschene Sonne, die das Dorf aufleuchten läßt, während sie sich noch einmal kindisch austobt und Verstecken spielt mit den Wolken, um die richtige Abendmüdigkeit zu erlangen. Sonne, sag, hast du denn noch keinen Hunger um diese Zeit? Oder verdrängst du ihn wie ich?

Die letzte Post ist erledigt. In drei Tagen wird Yawalu mit einer Piroge Village Zidoc verlassen und sich in die Welt der Verbindungen begeben. Postverbindung, Radio- und Fernsehverbindung. Telefonverbindung, Straßenverbindung, Flug- und Schiffsverbindung. Ich könnte mitfahren, Yawalu hat es mir angeboten.

Es wäre gewiß sehr schön, eine Woche in Saint-George zu verbringen, vielleicht sogar kurz nach Cayenne zu fliegen. Dort könnte ich meine Freunde besuchen, könnte wieder einmal in einem Bett, einem richtigen, weißüberzogenen Bett schlafen, an einem Tisch sitzen. Ich könnte in ein Restaurant gehen ... Ich könnte sogar mit meiner Mutter in Wien telefonieren. Und einkaufen, für die nächsten Monate Vorräte anlegen, Geschenke für meine Freunde erstehen. Es ist schön, sich das alles vorzustellen und auszumalen. Dennoch erscheint mir nichts davon so wichtig, als daß ich mich entschließen könnte, mich aus meiner organischen Verklammerung mit dem kleinen Dorf am Wasserfall zu lösen, und sei es auch nur für kurze Zeit. Mir wird bewußt, daß mein Denken und Fühlen dem der Wayapi immer ähnlicher wird, die in Jahrtausenden gelernt haben, wie der Fluß den einfachsten Weg zu nehmen, bewährt und sicher, ohne Umwege. Was sollte ich also an der Küste?

„Was nehme ich als Köder, Mika? Fressen die kleinen Pira'i auch Meyu?"

„Nein, gib mir Ulababo", nuschelt er, nimmt drei Patronen Kaliber 16 aus der Schachtel und ruft nach Sini, Pira und Awé.

Ich begleite die Burschen ins dichte Gestrüpp hinters Dorf. Sie haben eine alte Schrotflinte mitgenommen, die keinen sehr vertrauenerweckenden Eindruck macht. Der mit Pech verklebte Holzschaft wackelt, der Lauf ist rostig und hat sicher noch nie Öl gesehen. Minuten später funktioniert sie aber tadellos. Awé legt an, zielt, es kracht, raucht, und ein Vogel stürzt getroffen zu Boden. Warm, weich, tot ist der taubengroße, rostbraun und graphitgraue Körper, den ich in der Hand halte, während Sini sein Herz herausschneidet. Vogelherzen sind die besten Fischköder für die Angel. Der Fang: ein kleiner Wels, nicht viel größer als der Vogel. Ein Tod für einen anderen.

„Mein Rundöhrchen, mein Greisenköpflein, mein Klammerfloh, komm her, mein Kleiner! Armer Junge, so lange war ich weg, und keiner hat dir Wasser gegeben! Schau, Mika, wie gierig er aus der Coui trinkt, er ersäuft sich beinahe!"

„Weißt du, daß der Ka'i ein Sohn Gottes ist?" sagt Mika, während ich für mein Äffchen Porridge koche. „So sagen wir: Yaneya, der alles macht, hatte zwei Söhne, die Zwillinge waren. Eines Tages, als der eine schon wieder eimal soviel Unfug machte, sagte Yaneya zu ihm: ‚Du bist nicht mein Sohn, nein, du bist nur ein Ka'i!' Seit jenem Tag gibt es diese nichtsnutzigen Affen. Es war das erste Kind, das Yaneya gemacht hatte, deswegen ist es ihm noch nicht ganz gelungen!"

Nachdem mein kleiner Nichtsnutz seine Haferflocken mit Zucker gegessen hat, krallt er sich an meinem Arm fest, schüttelt den Kopf, grunzt und schläft zufrieden ein. Agü nenne ich ihn, und auf diesen Namen hört er auch. Er hat so eine Art, mir oder den Kindern plötzlich übermütig ins Gesicht zu springen, daß man unwillkürlich „au weh" sagt, und das heißt hier eben „agü".

Ich liebe Agü zärtlich, mit wahrer Affenliebe. Als ich ihn bekam, war er etwa drei Wochen alt und füllte gerade meine hohle Hand. Jetzt ist er bereits doppelt so groß und benimmt sich nicht mehr wie ein Baby, das nur ißt und schläft, sondern wie ein neugieriges Krabbelkind, das die Umwelt erforscht. Er macht Fortschritte und begreift ziemlich schnell, was ich ihm beibringe. Er weiß schon, wie er die Milchampulle halten muß, um daraus zu trinken, hat herausgefunden, wie er sich am besten an seiner Schnur bewegt, damit er sich nicht dauernd verheddert, und wie er sich am besten an mir festhält, wenn er mich begleitet. Ganz gegen die Gewohnheit eines Affen hat er sich nun auch noch daran gewöhnt, eingeringelt in einer Schachtel zu schlafen und sich mit dem T-Shirt zuzudecken, das ihm die Körperwärme der Mutter ersetzen soll.

Agüs Arme und Beine sind schwarz behaart, der Körper selbst vereinigt viele Farbschattierungen zwischen Braun und Blond. Sein dichtes, seidiges Fell läßt ihn kugelig, fast dick erscheinen. Aber wenn ich ihn bade, sehe ich, wie dünn seine langen Beine sind, wie zart die Glieder, zu denen der kugelrunde Kopf zu groß wirkt. Ein schwarzbehaarter Kopf mit großen, runden Mickymausohren, die vom rosigen Gesicht abstehen, das er in tausend Greisenfalten legt, wenn er den Mund spitzt, die braunen Kugelaugen aufreißt und mit seiner flötenden Vogelstimme herzerbärmlich schreit. Dabei kauert er sich ganz klein zusammen, zieht

Agü und ich beim Baden

den Kopf zwischen die Schultern und hält sich an seinem um sich geschlungenen Schwänzchen fest. Ein Häufchen Elend, das um nichts in der Welt allein gelassen werden will. Man muß Agü einfach liebhaben!

Seine Ernährung ist unproblematisch, denn er ißt von allem, was ich selbst zu mir nehme, Bananen allerdings findet er als „zivilisierter" Affe vulgär und mag sie nur als Frappé. Alles Feste, wie Reis, Fisch, Jamswurzel, Meyubrot, muß ich ihm vorkauen, daß er es annimmt. Er hat bis jetzt erst die vorderen Schneidezähne bekommen, die höchstens mit kleinen Stücken Zuckerrohr fertig werden und sich ständig an meinen Fingernägeln erproben.

So ein Affentag ist nicht eintönig. Morgens, zwischen sieben und acht, höre ich ihn leise unter dem Waschbecken quieken, das als Schutz über seinen Karton gestülpt ist. Kaum hebe ich dieses Dach etwas an, kriecht Agü wie eine Maus hervor, klettert auf meinen Arm, zieht die Stirn kraus, grunzt und schüttelt zufrieden den Kopf. Dann kommt er herunter, denn es gibt warme Frühstücksmilch in der Coui, aus der er erst richtig trinken lernen muß. Bis zu den Augenbrauen steckt er sein Gesicht hinein und schnieft und niest und verspritzt so mehr Milch, als er trinken kann. Ist der Bauch voll, lautet seine Devise: festklammern! So gehen wir beide zu unserem morgendlichen Bad. Wenn das Wetter gut ist und die Sonne scheint, muß auch er ins Wasser, ohne Pardon. Er haßt diese unangenehm kühle Prozedur, bei der manchmal sogar Seife verwendet wird. Und er verachtet mich und schreit verärgert, wenn ich ihn am Rande des brüllenden Ungetüms allein lasse, um selbst zu baden. Jetzt weiß er immerhin schon, daß mir der Wasserfall nichts Böses antut und daß ich nach kurzem Verschwinden darin immer wieder zurück an Land komme. Anfangs aber ist mir Agü, blind vor Angst, ins reißende Wasser nachgesprungen, daß ich ihn oft nur mit knapper Not noch an der Schwanzspitze erwischen konnte. Im Oka binde ich Agü mit einer Schnur um den Bauch fest. Oft genug habe ich in Zidoc gesehen, wohin es führt, wenn man seinen Affen frei herumspringen läßt. Entweder erwischt ihn ein Hund und beißt ihn tot, oder er trinkt von der giftigen Maniokflüssigkeit, die allerorts herumsteht, oder aber die Kinder spielen zu ausgelassen und grob mit ihm und verletzen ihn ungewollt. Agü hat sich daran gewöhnt, Bewegungsfreiheit von nur zwei Metern im Umkreis zu haben. Vergnügt flötet er vor sich hin, kugelt sich, fängt sein Schwänzchen, zappelt mit allen vieren und spielt mit allem, was ihm unter die Hände kommt. Wenn er mit dem Spielzeug, das ich ihm gebe, zufrieden ist – am liebsten Papier zum Zerreißen –, schneidet er Grimassen, legt den Kopf schief und blinzelt mir mit den Augen zu. Wer imitiert wen?

„Yakelai, Amama, yakelai, Sini und Olep, gute Nacht, Sikania, koi te – bis morgen!"

„Yakelai, Sa'i Tarupi, oaté ke!" – Schlaf gut.

Es ist spät. Der Rücken schmerzt. Viel haben wir diesen Abend gezeichnet, trotz der unzähligen fliegenden Termiten, die unterwegs sind. Es zischt, wenn sie den Kerzen und dem Zylinder der Lampe zu nahe kommen, sie leuchten auf und verbrennen. Olep zeichnet wirklich gut. Naturgetreu und sorgfältig beobachtet, stellt er Menschen und Tiere dar. Amama wiederum zeichnet abstrakte, stilisierte Menschen, die geometrischen Figuren gleichen. Die anderen Burschen warten immer erst ab, wie Olep eine Zeichnung beginnt, greifen seine Idee auf und lösen das Thema dann in ähnlicher Weise. Ganze Geschichten werden hier bildlich erzählt. Da auf dem Papier finden blutige Kämpfe mit den Wayana statt, die schwächlich, klein anzusehen sind neben den prächtig geschmückten Wayapikriegern. Da wird mit Kapali, Keulen, gekämpft, weil die Wayana ihre Dörfer überfallen und die Frauen wegtragen. Darunter ist eine Küchenhütte abgebildet, eine Feuerstelle mit einem großen Topf und eine Wayapifrau, die Körperteile des besiegten, getöteten Feindes in den Topf steckt. So stellt sich heute die Wayapijugend ihre Geschichte vor!

Auf anderen Blättern sind Figuren aus der Mythologie zu sehen. Da ist zum Beispiel Taleümiawangé, ein Wesen, halb Fisch, halb Mensch, Kind einer Frau, „die Liebe macht mit dem Aimará", und Muluiawangé, halb Frosch, halb Mensch. Jeder der vier Burschen hat eine andere Vorstellung dieser Figuren, was nicht verwunderlich ist, weil die Wayapi als bildliche Darstellungsform nur die symbolisch-geometrische Körperbemalung kennen. Um so mehr überraschte es mich anfänglich, zu sehen, wie gut sie gegenständlich zeichnen. Die ausgeprägte Beobachtungsgabe, an der Natur geschult, schlägt sich auch in der bildlichen Wiedergabe nieder.

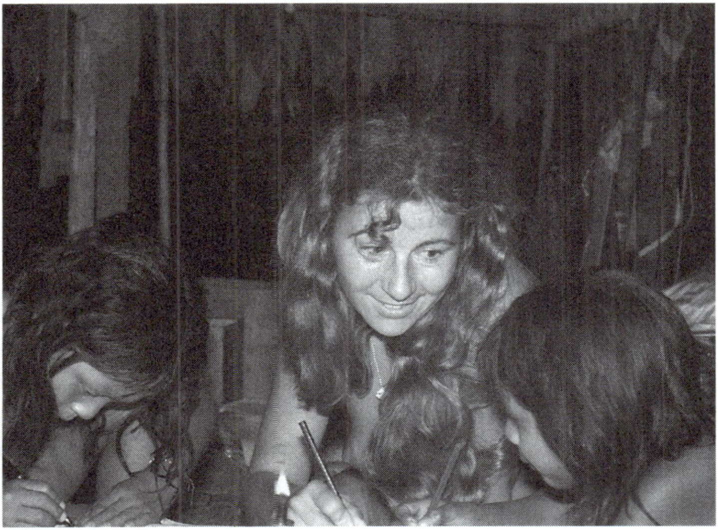

Zeichenstunde

Ich räume die Buntstifte, Bleistifte und Zeichnungen weg, die sie immer sehr sorgfältig zusammenlegen, bevor sie gehen. Ich lösche die letzte Kerze und auch die Laterne, setze mich an den Okarand und lausche hinaus in die Nacht. Vom Oka Pilolos zieht Weihrauchgeruch herüber. Mani nennt er das Harz, das nasses Holz besser brennen läßt und so würzig gut riecht. Weihrauch ... die Adventszeit hat schon begonnen, bald wird Weihnachten sein. Der Himmel ist überraschend klar, von den Himmelsfeuern so hell erleuchtet, daß die Waldkontur – hinter dem Oyapock, drüben in Brasilien – deutlich zu erkennen ist. Auch mein Lieblingsbaum, der Fromagier, der alle anderen Bäume überragt. Wie die Speichen eines aufgespannten Regenschirmes ragen die starken Äste mit ihren Lianen vom Stamm zur Krone. Genau neben dem Fromagier sagt mir mein Sternbild, daß es jetzt halb acht ist. An jedem klaren Abend, zu dieser Stunde erscheint das große M, eingerahmt von vier Lichtern, und tritt seine Reise über das Dorf hinweg an. Das Bild des Orion ist ein treuer Begleiter meiner Reisen. Hier in Trois-Sauts bleibt es mir oft verborgen. Nachts dampfen die noch sonnenwarmen Wälder, Dunst steigt auf, und Schleier legen sich über die vielen Himmelsfeuer, die Ja'i tata, lassen sie glanzlos und müde erscheinen, sehr, sehr fern.

Ein Stück flußabwärts löst sich eine Sternschnuppe, flimmert, extra für mich, daß ich mir etwas wünsche, fällt und verfängt sich dabei, wohl etwas zu sehr in Eile, irgendwo in den Ästen, klammert sich ängstlich fest, wie mein Affenkind Agü. Plötzlich verstärkt sich der Glanz, spiegelt sich wider wie ein Halo, spaltet sich zu zwei brillantenen Lichtern, noch eines kommt hinzu und noch eins. Immer mehr Sternenlichter sammeln sich um das erste, verschmelzen zu einem Ganzen, zu einer sich plusternden, sich dehnenden Kugel, die nun Kraft genug hat, sich vom Geäst loszureißen, und langsam wieder himmelwärts zieht.

Ich würde, hätte ich was zu bestimmen, jede Vollmondnacht zur

Feiernacht erklären. Damit die Menschen sie wachend, Feste feiernd oder still sinnend begehen. Der Mond ist ein besonderes Geschenk für die Menschen, die in der Natur leben. Alle Völker haben darum ihre Mondmythen, die nichts entzaubern kann ...

Es war einmal ein kleines Dorf im Walde. Nur wenige Wayapi lebten dort. In einem der Okas wohnte ein junges Mädchen. Es hatte keine Eltern mehr und konnte in dem kleinen Dorf auch keinen Ehemann finden. Nur ihr Bruder war noch da und lebte mit ihr in dem Haus. Das Mädchen war traurig, weil es die Nächte immer so allein in seiner Hängematte verbringen mußte. Eines Nachts, zu später Stunde, wachte sie auf. Jemand berührte sie, ganz leicht nur, um sie nicht zu erschrecken. Es war ein junger Mann. Er schlüpfte zu ihr in die Hängematte und liebte sie. Dann aber verschwand er wieder in der Dunkelheit der Nacht. Ein paar Tage vergingen, und das Mädchen dachte immer an diesen Mann. Dann, eines Nachts, war er wieder bei ihr, liebte sie und ging. Kein einziges Wort hatte er zu ihr gesprochen, nicht einmal seinen Namen hatte er genannt. Da wurde das Mädchen sehr neugierig, denn noch immer wußte es nicht, wer er war. Sie sann nach einer List und wartete. Als der junge Mann wieder einmal in ihre Hängematte kam und sie liebte, streichelte sie ihn überaus zärtlich, bevor er wieder ging. Am nächsten Morgen stand sie aufgeregt auf, ging ins Dorf und sah sich jeden Mann genau an. Sie fand nicht, was sie suchte! Enttäuscht ging sie zu ihrem Oka zurück, um das Takaka zu kochen. Als ihr Bruder erwachte und seine Suppe essen wollte, schrie sie auf: „Du, mein Bruder, du also warst es, der so oft in meine Hängematte kam und mich liebte wie seine Frau?“, denn der Bruder war ganz schwarz von dem Yanipä, das in einer Coui unter ihrer Hängematte stand. Als er selbst sah, was sie ihm angetan hatte, wurde er weiß vor Scham, wurde zornig und so böse, daß er starb. Und seine Seele fuhr in den Himmel hinauf und wurde zum Mond. Jetzt leuchtet er dort am Himmel in jenen Nächten, in denen er seine Schwester liebte. Genau sieht man noch die dunklen Flecken des Yanipä in seinem Gesicht . . .

Der ewige Regen

17. Dezember

Regen, Regen, Regen, seit Tagen Regen . . .
Ich kann nicht schlafen. Rastlose Gedanken, und ein Käfer im Bettzeug. Ich zünde die Lampe wieder an. Spinnweben an der Hängematte? Eine Spinne also, kein Käfer. Ich kann sie nicht finden. Ich lösche die Lampe wieder. Eine eigenartige Stimmung hat der Regen gebracht. Irgendwie habe ich das Gefühl, daß etwas passieren wird. Wäre es möglich, daß eine Flut kommt und das Dorf überschwemmt?

Die Hängematte vibriert, als ob jemand leicht, mit vorsichtigem Schritt, über die Latten geht. Oder ist es nur der Herzschlag? Vor wenigen Tagen erst ist eine gewaltige Anakonda in Village Zidoc gewesen und hat Yawalus Gans – die letzte Gans im Dorf – gefressen! Eine ausgewachsene Gans! Die Männer haben gehört, wie sie schrie, und kamen noch rechtzeitig zum Fluß. Sie haben die Anakonda erschossen und in den Fluß geworfen. Viele Meter lang und schenkeldick soll sie gewesen sein. Das ist nicht gut, sagen die Männer jetzt, das wird ein großes Unglück bringen. Eine Anakonda tötet man nicht. Und dann die Geschichte mit dem Jaguar. Nächtelang hatte er sich ums Dorf geschlichen, bis die Männer von Zidoc ihm beim Fußballplatz oben auflauerten und ihn töteten. Wenn diese Tiere in Ausnahmefällen bis zu den Behausungen der Menschen kommen, können sie auch mir gefährlich werden – wenn ich allein im Wald bin, zum Beispiel. Das ist nicht von der Hand zu weisen. In einer Woche ist Weihnachten! Schade, Mond wird es keinen geben. Post von zu Hause ist natürlich auch nicht zu erwarten. Wer sollte sie bringen? Aber den Brief an das Christkind habe ich schon geschrieben. Bitte, sei so lieb und schicke mir einen großen Agutis- oder noch besser einen Alligatorbraten! Ein Stück Sulu'i tut's zur Not auch . . .

19. Dezember
Schon früh sind die Dorfbewohner zum Casiri nach Zidoc gepilgert. Es stört sie nicht, daß es regnet. Aber Sini ist noch da. Er hockt vor dem Feuer und schminkt sich.

„Wo ist deine Schwester?"

„Sie ist weg. Was willst du von ihr?"

„Ich brauche Tukupi. K'yu hat mir viel Fleisch gegeben."

„Es gibt Tukupi. Da – nimm!" sagt er und deutet auf einen Eimer, in dem die trübe, gelbe Maniokflüssigkeit ist. Ich nehme, was ich brauche, und gehe wieder.

Das kleingeschnittene Rehfleisch ist in der Tukupisauce schnell gar. Sie schmeckt bitter, aber ich habe mich an diesen eigenartigen Geschmack gewöhnt und finde ihn jetzt gut. Plötzlich bleibt mir der Bissen im Halse stecken . . . War dieses Tukupi überhaupt schon entgiftet? Hat Sini vielleicht angenommen, daß ich das selbstverständlich erkennen würde und wüßte, daß es erst lange Zeit kochen muß, während ständig der Schaum entfernt wird, bevor ich das Fleisch hineingeben kann? Es ist zu spät, ich habe schon zuviel davon gegessen. Konzentrierte Blausäure! Ich werde sterben, wenn das Tukupi ungekocht war!

In panischer Angst laufe ich zum Oka von Ayouta und finde Gott sei Dank Sini noch vor. Er lacht mich aus.

„Es ist gut, Sa'i Tarupi! Vielleicht wirst du nicht sterben!" meint er gelassen, während ich zitternd, mit trockener Kehle, auf eine klare Auskunft warte.

„Es ist also nicht mehr giftig, Sini?"

„Ich weiß nicht, Sa'i", sagt er lakonisch.

„So schau doch nach, schnell, Sini, schau nach!" dränge ich ihn und stelle energisch den Eimer vor ihn hin, daß es aufspritzt. Er riecht daran, prüft den Geschmack mit der Zungenspitze.

„Ich glaube nicht, daß es noch giftig ist. Meine Schwester weiß es, es ist ihr Tukupi!" Der hat eine Ruhe! Ich muß mich beherrschen, ihm das Zeug nicht ins Gesicht zu schütten. Da sehe ich, daß auch Wiri-Wiri noch in ihrem Oka ist. Ich nehme den Eimer und zeige ihr die Flüssigkeit. Endlich Gewißheit! Sa'i Tarupi wird nicht sterben, Sa'i Tarupi hat gutes Tukupi gegessen!

Am Nachmittag läßt der Regen nach und hört schließlich ganz auf. Schön frisiert und geschminkt mache ich mich mit Agü auf den Weg nach Zidoc, um am Fest teilzunehmen. Am Dorfrand angelangt, erweist sich der Waldweg als nahezu unpassierbar. Ein großer Baum knapp hinter Piriris Oka ist während des gestrigen heftigen Regens umgestürzt und hat mit seiner dichten Krone den Pfad nach beiden Seiten bis ins Gestrüpp hinein blockiert. Mühevoll klettere ich durch das Wirrwar von Ästen und Laub, vorsichtig nach Schlangen Ausschau haltend.

Als ich den letzten Crique vor Zidoc überquere und den Weg zum Dorf einschlage, stoße ich wieder auf einen umgestürzten Baumriesen, der den Weg versperrt, und ein Stück weiter hat ein Baum das Carbet zertrümmert, in dem Yawalus Kompressor untergebracht ist!

Im Palaverhaus herrscht Aufregung. Alles spricht über diese Bäume. Das war die Rache der Anakonda! Die Wayapi haben keinen Zweifel daran und sind froh, daß nichts Schlimmeres geschehen ist. Die Bäume hätten auch auf die Wohnhütten fallen können, hätten Menschen verletzen oder gar töten können.

Neben mir sitzt Si'i. Ich frage ihn, wie es möglich sei, daß eine tote Schlange Bäume zu Fall bringen könne.

„Das sagst du nur, weil du eine Weiße bist, Sa'i. Was weißt denn du über Moyu? Hast du sie überhaupt schon gesehen? Frage Papa Misa, wenn du's nicht glaubst!"

. . . Moyu, die gewaltige Riesenschlange, war sehr schön. Sie trug ein buntes Kleid, in dem alle Farben dieser Welt vereinigt waren. Da wurden die Vögel neidisch, denn sie waren damals alle braun und grau und unscheinbar. Gemeinsam überfielen sie die Anakonda, töteten sie, und die Wald- und Meeresvögel teilten sich die Farben untereinander auf. Kwala, der Ibis, nahm sich die schönste Farbe, rot, und flog schnell damit zur Küste. Nie wieder sieht man deswegen den roten Ibis in den Wäldern. Moyus Körper war tot, aber ihrer Seele konnten die Vögel nichts anhaben. Sie stieg hinauf in den Himmel und wurde dort zum Regenbogen. Noch heute kann man Moyus Seele manchmal sehen.

Einmal, vor sehr langer Zeit, nahm Moyu menschliche Gestalt an. Die Riesenschlange verwandelte sich in einen starken Mann, der mit der Tochter eines Häuptlings verheiratet wurde. In der Hochzeitsnacht aber nahm der Mann wieder seine wahre Gestalt an. Die Frau schrie, die Männer hatten Angst. Trotzdem griffen sie Moyu an, massakrierten sie und warfen sie in den Fluß. Seit jener Zeit lebt Moyu im Wasser und leidet unter ewiger Begierde nach der Vereinigung mit einer Frau. Deswegen müssen sich die Frauen auch heute noch sehr vor ihm in acht nehmen. Sie dürfen nicht zum Fluß gehen, wenn sie ihre monatliche Regel haben, weil Moyu sie sonst entführen könnte. Wann und wo hörte ich diese Sagen?

Niemals würde ein Wayapi eine Anakonda jagen. Nur in äußerster Not, wenn Moyu selbst ihn angreift, darf er sie vernichten. Jede andere Schlange, die ihm über den Weg läuft, tötet er, aber Moyu nicht. Die Rache Moyus bringt immer große Gefahr . . .

Viele Geschichten werden an diesem Abend erzählt, beim Casiri in Zidoc. Lange schon sind meine Nachbarn und Freunde gegangen, nur ich bin noch da, als einzige aus dem Dorf Kammala. Ich fürchte mich nicht, in der Dunkelheit allein durch den Wald zu gehen, Agü ist bei mir, und ich habe eine Taschenlampe. Es ist außerdem nicht das erste Mal.

21. Dezember
„Vielleicht wirst du bald abreisen? Vielleicht wirst du nicht mehr lange bei uns bleiben?" sagt Pilolo zu mir. Er ist einfühlsam, er spürt, daß ich erschöpft bin.

„Ach, Pilolo, es ist der Regen. Ich habe so etwas noch nie erlebt. Wie könnt ihr diesen ewigen Regen bloß aushalten? Der Regen macht mich krank und traurig!"

22. Dezember
Ich bin auf dem Weg zu Kammala, um ihm seine Medizin zu bringen. Der Hund im Haus wird nervös, zögert, läuft im Kreis, entschließt sich doch und kommt die Yula herab, die ich gerade hochklettere. Ich mache einen Satz rückwärts, stolpere, falle, der Hund ist über mir. Ich springe auf, er weicht einen Meter zurück und greift an. Gleichzeitig springen wir aufeinander zu, ich schreie ihn an, er fletscht die Zähne und hat sich auch schon in meinem Schenkel verbissen, reißt mich nach vorn. Läßt los, um nach meinen Armen zu schnappen, die auf ihn einschlagen. Erwischt noch den kleinen Finger der linken Hand und ergreift jetzt winselnd die Flucht.

„Nigatui, nigatui", stammle ich fassungslos, als mir Pilolo entgegenkommt. Die Bißwunde blutet stark. Ich zittere. Es tut nicht weh, aber mir ist zum Heulen zumute. Pilolo, die Leute im Palaverhaus, haben die Szene regungslos, wie gebannt, verfolgt. Es ging so schnell, daß niemand imstande war, etwas zu unternehmen. Kammala steigt die Yula herab. Ich öffne die linke Hand, zähle aus der blutigen Innenfläche die Nivakin- und Aspirintabletten heraus, bemüht, das Zittern zu unterdrücken. Nicht aufschauen, Kammala soll nicht sehen, was die Augen sprechen. Die übrigen Tabletten sind für den alten Samani im Oka Mikas bestimmt. Stocksteif gehe ich darauf zu. Das Blut rinnt warm an meinem Bein hinab, mir ist schwindlig. Da fängt Mikas Hund zu kläffen an, böse, angriffslustig. Wiri-Wiri kommt auf mich zu. Wortlos drücke ich ihr die Tabletten in die Hand, drehe mich um und gehe zu meinem Oka. Das Grün und Braun und Gelb verschwimmt vor meinen Augen . . .

Es war mehr der Schreck. Die Schenkelwunde ist nicht sehr tief, aber flächenmäßig so groß wie das vordere Gebiß des Hundes, das Zahn für Zahn eingedrungen ist. Gott sei Dank ist die Arterie nicht verletzt. Sorgfältig wasche ich die Wunde aus. Nach dem ersten Druckverband, der die Blutung stillt, lege ich einen lockeren Mullverband an, denn Hundebisse müssen auseitern können.

Mika kommt zu mir herauf, will ein Stück von meinem Bootstau für seine Hängematte.

„Wie geht es deinem Vater, wie geht es Samani? Hat Wiri-Wiri ihm die Medizin gegeben?"

„Ah – er wird sterben", sagt Mika langsam und gleichmütig.

„Wieso meinst du das, Mika? Die Grippe ist doch vorüber, er hat kein Fieber mehr, keinen Durchfall!"

„Er stirbt. Er ißt nicht, er hat keine Kraft mehr."

Mein Gott, so alt und gebrechlich ist Mikas Vater doch noch nicht. Senil, ja, aber sterben? Ich hole eine Dose aus dem Medikamentenkoffer und rühre aus dem hellbraunen Pulver und Wasser einen Brei. Das wird ihn vielleicht kräftigen! Es ist eine Art Astronautennahrung, ein kleines Quantum davon enthält bereits alle Nährstoffe, die der menschliche Organismus benötigt. Mika nimmt sein Seil, und ich nehme noch ein Kreislaufmittel mit auf den Weg. Mika geht voran und bindet in weiser Voraussicht seinen keifenden Hund im Oka fest.

Der alte Mann schläft in seiner urucuroten Hängematte. Grau sieht er aus, eingefallen und furchtbar verkommen. Es riecht nach Casiri, nach saurem Schweiß und nach Exkrementen. Die Luft ist stickig, scheint zu kleben. Mika weckt Samani, redet ihm zu wie einem Kind, den Mund zu öffnen und meine Medizin zu schlukken. Ich setze mich auf einen Schemel vor die Hängematte und füttere den Kranken, schiebe den kleinen Löffel zwischen die verkrusteten, spröden Lippen, durch seine Zahnlücken. Es ist das elendste Bild eines Menschen, das man sich vorstellen kann, vollkommene Hilflosigkeit, Resignation, Trauer, widergespiegelt in Mikas Blick.

Und der Regen fällt und fällt und hört nie wieder auf.

Abends sitzen die Männer im Palaverhaus um ein großes Feuer. Stille herrscht, keiner spricht, keiner sieht zur Mitte, zum Feuer hin. Sie sitzen so, daß jeder in eine andere Richtung blickt, als wären sie böse aufeinander. Es ist kühl, die Feuchtigkeit läßt frösteln. Der Feuerschein reflektiert auf ihren breiten Rücken und wärmt sie.

23. Dezember

Ängstlich kontrolliere ich im Kalender das Datum. Wenn ich mich nicht geirrt habe, ist morgen Weihnachten. Ich fürchtete schon, diesen Tag zu verpassen, einfach zu vergessen. Was erwarte ich eigentlich? Den Kometen zu sehen? Nichts in diesem Kalender hat auf Trois-Sauts Bezug, mit Ausnahme der Mondphasen. Seltsame Ironie. Ein Wayapi mißt die Zeit nicht; was für ihn zählt, sind die Jahreszeiten, das Wetter, Sonne, Mond. Sie teilen das Jahr großzügig auf und bestimmen mit ihrem Rhythmus alle Aktivitäten der Menschen.

Samanis Zustand ist gleichbleibend schlecht. Es scheint, daß Mika recht behalten soll. Die ganze Familie Kammalas liegt mit

Grippe, ebenso die Piriris und Ipäs. Meine Bißwunde beginnt zu heilen.

24. Dezember

Die Sonne steht im Zenit, funkelt auf dem Fluß, Mittagsstunde in Trois-Sauts. In Wien glänzen jetzt andere Lichter. Ich denke an meine Mutter, die denkt: ... so weit weg, bei ganz fremden Menschen, wer weiß, wie es ihr geht ... Die an mich denkt, wie ich jetzt an sie denke. Jetzt.

Ich sitze am Ufer des Wasserfalls, auf dem alten glatten Quarzgranitgestein, meine Füße stehen in den ovalen, langen Kerben, wo Wayapi ihre Steinäxte schärften, als sie noch ein mächtiger Stamm waren. Ein strauchartiges Rankengewächs spendet mir seinen spärlichen Schatten. Agü, der Affenjunge, hat sich um meine Knie geringelt, möchte spielen und beißt sich aus Langeweile in den eigenen Schweif.

Sentimental wandern meine Gedanken zum letzten, vergangenen Weihnachtsfest, zu meinem Freund Pepe, mit dem ich es verbrachte, und dem kleinen Blockhaus in Lappland, weit nördlich des Polarkreises. Wälder hier wie dort. Weiten unberührter Wildnis, ohne menschliche Spuren. Doch dort herrschten Schnee und Eis und Finsternis, die nur für eine knappe Mittagsstunde schwach erhellt wurde. Dort lernte ich, was das Schweigen im Walde bedeutet, was wahre Stille ist, als mich die völlige Lautlosigkeit der Schneewelt schwindlig machte und ich schon das Pochen des Herzens als störenden Lärm empfand. Und hier der tropfende, glänzende Regenwald in seiner Schwüle, so voll von Geräuschen des Lebens, daß ich vermeine, selbst die sprießenden, schnellwachsenden Pflanzen in ihrem steten Streben himmelwärts zur Sonne hören zu können.

Die Moskitos haben mich ganz schön zugerichtet, als ich auf dem Baumstamm im Wald saß, um aus Farnen, Stöcken und dünnen Lianen einen Christbaum zu fabrizieren. Pilolo, Mika und die Burschen sehen mir zu, wie ich die kleinen roten Arafedern mit Kupferdraht aus Kabelmasse zu Blüten zusammenbinde und ins Grün stecke, Kerzen an allen Enden anbringe und rote Perlenketten.

„Weißt du, was ich da mache?" frage ich Mika, der neben mir sitzt und Federn bindet. Er schüttelt den Kopf in lächelnder Verständnislosigkeit.

„Jeden Tag sehe ich, wie ihr lebt. Jetzt zeige ich euch einen unserer Gebräuche!"

„Hm. Wenn du willst?"

Als die Finsternis das Dorf erreicht hat, kommen meine Gäste. Die Kinder sind vollzählig da, aber von den Erwachsenen liegen etliche krank in den Hängematten. Ich zünde die Kerzen an, schalte die Musik ein, und dann setzen sich auch meine Freunde um den abstrakten Baum und schauen verwundert in die brennenden Kerzen und auf mein Gesicht. Alpenländische Weihnachtslieder klingen aus dem Tonbandgerät. Intuitiv, wie sie sind, spüren die Wayapi, daß das eine Zeremonie sein muß, die mir Besonderes bedeutet. Schweigend, reglos sitzen sie da und sehen ungemein fremd, sehr indianisch aus in der Begegnung mit den alten, nur mir vertrauten Volksliedern.

Ich spreche über den Sinn und die Bedeutung dieses Festes, wie es bei uns gefeiert wird, und ihr Blick wird rege, als sie hören, wieviel es während der Festtage zu essen und zu trinken gibt.

Fröhliche Weihnachten. Wir trinken Zitronenlimonade, lachen und plaudern und freuen uns, so spät noch beisammen zu sitzen. Zum Abschluß zünde ich die Sternchenwerfer an. Die Kinder weichen erst ängstlich zurück, aber wie sie sehen, daß die zischenden, gleißenden Stäbe, von denen grelle weiße Sternchen spritzen, ganz ungefährlich sind, klatschen sie in die Hände und wollen, daß ich immer wieder neue anzünde. Der Erfolg des

Abends ist gesichert!

„Meine Mama schläft jetzt", sage ich und schaue auf die Armbanduhr, die ich heute ausnahmsweise trage. „Bei uns ist es jetzt zwei Uhr früh, das Fest ist vorüber."

27. Dezember

Das grafische Bild der Tage gleicht einer sanft verlaufenden Welle, gleichmäßig, ohne Ausschlag, ganz im Rhythmus des fortdauernden Regens. Ich fange an, Ama mit Muße und Gleichgültigkeit zu begegnen und diese Zeit als unabänderlich hinzunehmen.

In beiden Dörfern finden jetzt große Casirifeste statt. Die Männer haben wieder reichlich Jagdbeute nach Hause gebracht, und die Räucherroste biegen sich unter den Pekarischweinen und Koata-Affen. Heute, während des Festes, das gefeiert wurde, passierte in meinem Oka die Geschichte mit der Schlange.

Immer wieder konnte ich feststellen, daß bestimmte Tierarten jeweils zu bestimmten Zeiten im Jahresverlauf konzentriert, in großer Häufigkeit auftreten. Seit Beginn der Regenzeit sind das die Schlangen. Es vergeht kein Tag, an dem ich nicht mindestens eine Schlange sehe. Zwei Menschen sind bereits von Giftschlangen gebissen worden, obwohl die Wayapi doch Instinkt und einen sehr geübten Blick für Schlangen haben.

Ich bemalte mich für das heutige Fest, setzte die Federnkrone auf und wollte mir gerade Agü auf die Schulter setzen und zum Palaverhaus hinübergehen, wo schon am frühen Morgen viele Leute aus Pina und Zidoc eingetroffen waren und lautstark feierten. Da hörte ich plötzlich ein lautes Quaken, das aus unmittelbarer Nähe zu kommen schien. Ein Frosch im Oka? dachte ich befremdet und ließ den Blick suchend wandern. Der handlange Quaker befand sich über meiner Hängematte, zwischen den Blätterbüscheln des Daches. Einen Moment später sah ich die Schlange, blattgrün, mit gelbem Bauch, die sich von oben herab-

Ipä mit Jagdbeute

ließ. Sie hatte den Frosch am Bein geschnappt und wollte mit ihm durchs Dach verschwinden. Aber der Frosch war zu groß, zu sperrig, er wehrte sich, streckte das andere Bein weit von sich, und die Schlange blieb mit der Beute im Maul zwischen den Blättern stecken. Da griff sie zur Selbsthilfe, ihre Kiefer machten ruckartige Bewegungen, und Stück für Stück, wie durch ein weitergreifendes Zahnrad transportiert, wurde der zappelige, schreiende Frosch in ihr Maul gezogen. Als beide Froschbeine im Rachen der Lianenschlange verschwunden waren, tat der Frosch keinen Mucks mehr. Nach einiger Zeit hatte sie es geschafft, ihn ganz zu verschlucken, und glitt nun ungehindert, mit einem dicken Wulst im Bauch, aufs Dach hinauf. Ich hatte Pilolo zu Hilfe gerufen. Er wartete, bis die Schlange ihr Mahl beendet hatte, erst dann holte er sie mit einer langen Stange herunter, trug sie zum Fluß und warf sie ins dichte Ufergestrüpp.

Da kam Wiri-Wiri gelaufen, mit ihrem Baby auf der Hüfte, nahm mich an der Hand und zerrte mich mit sich.

„Was ist passiert? Ist was mit Samani?“

Sie gab keine Antwort und schleppte mich ins Palaverhaus. Nichts war geschehen, Wiri-Wiri wollte mit mir tanzen! Vier Latuluá waren für diesen Tag vorbereitet, etwa acht- bis neunhundert Liter Casiri! Der saure, gärige Geruch stand wie eine Wolke zwischen den vielen Menschen.

28. Dezember

Ein Stück oberhalb der Fälle lag schon immer ein Baumstamm am Ufer. Es war ein ganz besonderer Stamm, der etliche Meter weit ins Wasser ragte, ein „Bois Violet“, ein schönes, seltenes Edelholz von dunkelvioletter Farbe. Oft saß ich mit Panna'l und Sipä auf diesem säulenartigen Stamm, um kleine Fische zu angeln. Ich hatte ihn gern und strich oft über die glatte Bruchstelle, die das rotlila Harz des Baumes sehen ließ.

Heute morgen hat uns der Oyapock, der jetzt mit unvorstellbarer Kraft herabstürzt, diesen Stamm weggenommen, hat ihn mitgerissen. Mit einem Getöse, als begehrte der Stamm schreiend auf.

Wenig später geschieht etwas Erfreuliches. Der alte Samani steigt ganz allein, ungeachtet des Regens, aus seinem Oka herab, geht durchs Dorf und langsam zum Fluß hinunter, um ein Bad zu nehmen!

Und dann noch etwas: Telesay bringt uns in der Piroge Poline zurück, die damals mit dem Helikopter evakuiert wurde und ins Krankenhaus kam. Zusammen mit Yawalu ist sie nach Trois-Sauts heimgekehrt.

Die Ankunft der Frau vollzieht sich sehr indianisch. Alle Dorfbewohner sind zum Fluß gelaufen und begrüßen sie, nur ihr Mann Kammala ist im Oka geblieben und läßt sich nicht blicken. Poline selbst, in einem alten, verblichenen Kattunkleidchen, das man ihr angezogen hat, mit einem Bündel unterm Arm, zeigt sich völlig emotionslos, während sie langsam, fast träge, auf ihr Haus zugeht. Natürlich ist sie überglücklich, wieder daheim zu sein, natürlich freut sie sich, ihr kleines Mädchen, das immer weinte, seit die Mutter weg ist, wieder in die Arme schließen zu können. Und Kammala ist selbstverständlich auch froh darüber, seine Gattin wohlbehalten wiederzuhaben. Aber so will es der Wayapibrauch; je tiefer die Gefühlsregung, desto verschlossener, maskenhafter das Gesicht.

29. Dezember

Mein neues Oka ist fertig! Schon längst hatte man damit gerechnet, daß mein Pfahlbau bei starkem Wind, einer heftigen Bö, die den Regenfällen manchmal vorangeht, zusammenbrechen würde. Die Tragpfeiler waren in dem Sandboden ungleich tief eingesunken, und zusätzlich wurde mit jedem neuen Regentag mehr und

Bau des neuen Gästehauses

mehr Sand weggeschwemmt, der den Pfosten den letzten Halt gegeben hatte.

Mit Agü auf der Schulter und dem Coup-Coup in der Hand gehe ich hinaus in den Nieselregen, der auf der Haut kitzelt. Der Waldpfad nach Zidoc ist ein einziger riesiger Morast. Stellenweise, besonders an den überschwemmten Criques, ist es fast unmöglich, durch das verschlammte Wasser zu gelangen, das mir bis zum Bauch reicht.

Leer die Hütten am Waldrand, leer die Küchen. Kein Wunder, daß Yawalu nach seiner Rückkehr noch nicht zu uns gekommen ist, es gibt für ihn ein Casiri im Palaverhaus.

Im Oka Yawalus drängen sich die Leute. Bunte Spielzeugautos kugeln am Boden herum, eine Plastiktrompete. Kartons stehen da, und ein neuer, silbern glänzender Aluminiumkoffer, der bereits die ersten Beulen aufweist. Yawalu ist dabei, Schrotpatronen an die Männer zu verteilen, die Frauen wühlen in etlichen langen Stoffbahnen und bestaunen das bunte, geblümte Muster. Bald werden sie daraus ihre Kamisas herstellen, und die Zeit der schönen roten Gleichheit wird Vergangenheit sein. Ich begrüße Yawalu und erkundige mich, wie es ihm auf der Reise ergangen ist. Er gibt allgemeine, ausweichende Antworten. Das läßt darauf schließen, daß der Aufenthalt in Camopi und Saint-George kein besonderer Erfolg war. Hier in Zidoc ist Yawalu ein großer Jäger. Er hat eine weitverzweigte Familie, große Pflanzungen, ist anerkannt und geachtet. „Draußen" ist der stolze Yawalu ein Niemand, das spürt er, und das trifft ihn hart.

„Kommst du morgen zu uns?" frage ich ihn, weiß ich doch, wie sehr man in Kammala schon auf seinen Besuch und die Geschenke wartet, die er mitgebracht hat.

„Eu, eu, sicher. Hier, das ist für dich. Aber die Kartons sind nicht da", sagt er verlegen und drückt mir zwei verschieden große Pakete in die Hand.

„Welche Kartons, Yawalu?"

„Verlorengegangen, stehengeblieben – sie sind weg. Vielleicht habe ich sie in Camopi vergessen, auch das Petroleum."

„Welche Pakete, Yawalu?"

„Von Ho-Chuc".

„Meine Einkäufe? Meine Vorräte? Das ist doch nicht wahr!"

„Eu, eu, die Sachen vom Chinesen", sagt er und wendet sich den anderen zu.

Papa Misas Frauen geben mir Bananen mit auf den Weg. Yawalus Frau reicht mir im Vorübergehen eine Coui voll Casiri, Si'i fragt nach den Kranken, die Jungen wollen mit mir tanzen. Denise und die hochschwangere Munu'i lachen übermütig herüber und zeigen stolz auf ihre grellgrün-gelb-rosa Plastikhaarspangen.

Dann bin ich wieder im Regenwald und überquere den ersten Crique, auf dem glitschigen, schwimmenden, schwankenden Baumstamm. Tief im Wald drinnen, an einem umgestürzten, bemoosten Baumstamm, mache ich halt, um die Pakete zu öffnen. Ein idyllischer Platz, um Weihnachtsgeschenke auszupacken, eingewickelt in Weihnachtspapier, mit Schleifen und Strohsternen geschmückt! Mir scheint, selbst die Bäume beugen sich neugierig herab, um zu sehen, was da zum Vorschein kommt. Eine Bonbonniere ohne Worte, von Daniel Attia, und ein Stapel Bücher von meiner Freundin in Wien! Ich juble vor Freude. Gerade jetzt in der Regenzeit könnte mir nichts willkommener sein als diese Bücher. Mit dem Finger schreibe ich die Seitenzahlen Castanedas, Henry Millers, Hemingways, Augustinus' untereinander in den weichen, schwarzen Boden und addiere: 1852 Seiten!

Wie ich die Bücher durchblättere, fällt ein Zettelchen heraus, ein altes, vergilbtes Kalenderblatt, mit einem Gedanken zum Tage. Laut lese ich:

„Der durch die heutigen Nachrichtenmittel hochinformierte Zeitgenosse deformiert in gleichem Maße sein eigenes Denken und würde weit mehr von der Welt wissen, wenn er weniger wüßte. Eine einzige innere Überlegung hält die Welt eher in Ordnung als das tägliche Aufnehmen von Hunderten von Nachrichten, die morgen schon belanglos sind. Ein Verzicht auf die pausenlose Information bedeutet weder Isolation noch Weltfremdheit, denn wer sich selbst kennt, ist nie weltfremd . . ."

31. Dezember

Wenn du Charakter hast, stehst du auf, änderst den Schlendrian, der dir an dir selbst aufgefallen ist, und schleppst ihn nicht nach Morgen. Schließlich ist morgen kein alltäglicher Tag . . .

Ich schwinge mich aus dem „Bett", und der Lichtschein von der Petroleumlampe tanzt auf den aufgeschlagenen Seiten des Buches, das in der Hängematte zurückbleibt. Auf dem Weg zur Zahnbürste verirre ich mich scheinbar im eigenen Haus, denn ich lande vor dem geschrumpften Reissack, neben dem die Essensreste vom Nachmittag stehen, und lange kräftig zu. Bakusin, ein kleiner Fisch, ähnlich dem Piranha, gekocht in Tukupi, dazu Meyubrot.

Jetzt ist es elf Uhr vorbei, noch knapp eine Stunde bis Mitternacht. Silvester! Und Sa'i Tarupi liebt die Tradition, liebte sie schon immer.

Halb sieben war es, als Mika zu mir zum Essen kam. Ich weiß das genau, weil ich die Uhr hervorgekramt hatte und mit kauendem Mund schnell nachrechnete: halb zwölf in Wien.

„Ein gutes neues Jahr, Mika!" sagte ich, einer plötzlichen Anwandlung folgend, und umarmte ihn spontan. Der arme Mika wußte nicht, wie ihm geschah.

Inzwischen war es dunkel geworden. Die Leute hatten alle brauchbaren Teile meines alten Okas abmontiert und den Rest auf einen Haufen geworfen, der nun – als wäre das extra für diesen Abend geplant gewesen – lodernd und knisternd in riesigen Flammen aufging. Wie von unsichtbarer Hand zog es mich zum Feuer, in dem all der modrige Abfall eines verbrauchten Jahres verbrannte. Kammalas Familie, Pilolo und Ipä saßen auf kleinen Ap'k vor dem Oka und schauten schweigend in den Brand. Als ich näher kam, rückten sie mir auch einen Schemel zurecht, eine außergewöhnliche Geste, und lächelten mich an. Ich war aufgeregt, eigenartig berührt, setzte mich neben sie und sah in die magischen Flammenzungen. Wie verzaubert sahen sie aus, wie glühende Ballerinen, die im schönsten aller Walzer ihre Pirouetten drehten. Leise summte ich die Melodie, sprang auf und tanzte mit Agü auf dem Arm, und die Perlenketten flogen mir um den Hals, während ich mich wirbelnd drehte. Kammala und die anderen lachten mich an, als ich mich atemlos wieder zu ihnen setzte. Sie schienen zu wissen, was in mir vorging.

Dann ein Gedankenblitz: Sind Schrotpatronen nicht mit Blei gefüllt? Vorsichtig schnitt ich zwei Patronen auf, warf das Pulver ins Feuer, daß es laut krachte, und erhitzte die Kügelchen über den Flammen. Und wie sie schmolzen! Was bringt das neue Jahr? Viele kleine runde Blumenkohlrosetten holte ich aus der wassergefüllten Coui heraus. Was mögen sie bedeuten? Was hält das neue Jahr so reichlich für mich bereit?

Auf der Jagd

1. Januar

Geschickt läßt Toma den Außenborder an und lenkt die Piroge aus der Bucht oberhalb der Katarakte. Ich sitze neben Toma am Motor, vor mir sechs Männer, jeder die Flinte schußbereit in der Hand, den Blick ruhig auf die vorbeiziehende Urwaldmauer geheftet.

Vom Anfang an hatte ich den Wunsch, die Männer zur Jagd zu begleiten, aber nie war es dazu gekommen. Allmählich war ich es müde geworden, es erzwingen zu wollen, und es erschien mir auch nicht mehr so wichtig. Wahrscheinlich habe ich mich mit der Zeit unbewußt mehr und mehr der Frauenrolle angepaßt. Aber ganz war der Wunsch, mit zur Jagd zu gehen, nicht verschwunden. Oft stand ich am Ufer und sah den Männern nach, wenn sie mit ihren Waffen das Dorf verließen.

„Wenn du willst, komm, wir fahren weg!" sagte Pilolo vor einer halben Stunde zu mir, als er mit Gewehr und Patronen an meinem Oka vorüberkam und mich weckte. Pilolo spürt oft, was ich denke, seine Einfühlsamkeit ist fast beängstigend.

Ölig liegt der Fluß vor uns, ruhig wie ein See, dessen Ufer der Nebel verdeckt. Baumteile, Äste, ragen aus dem Wasser, spiegeln sich an der Oberfläche, sehen aus wie riesige Zangen oder geöffnete Krokodilmäuler, in die wir geradewegs hineinfahren. Still ist es noch, kaum, daß ein Papagei krächzend aufschreit, eine Taube gurrt. Ich friere im Fahrtwind, erwarte sehnsüchtig die wärmende Sonne. Es fängt an, leicht zu regnen, und gleichzeitig ist sie auch da, die diesige, trübe Sonne, und ein breiter Regenbogen spannt sich brückenschlagend über das Wasser, das noch die Ornamentik der fallenden Tropfen aufweist. Die Seele der Anakonda. Zeige nie mit dem Finger auf sie, sonst fällt er dir ab.

Wir erreichen die letzte große Stromschnelle des Oyapock, Saut Ka'inoua. Anders als in Trois-Sauts sind es hier zwei gewaltige, hohe Felsen, zwischen denen der Fluß wie durch ein Tor hindurchströmt. Danach, als müßte das Wasser sich ausruhen, bevor es nach Trois-Sauts weiterreist, hat es breite, tiefe Becken ausgewaschen, die weit in den Wald hineinreichen. Der Wasserstand ist hoch. Toma gibt Vollgas, und es gelingt uns, diese Stromschnelle zu passieren. In der Trockenzeit ist das nicht möglich. Da muß man in einer der Buchten anlegen und die Piroge durch den Wald auf die andere Seite hinübertragen.

Ruhig geht die Fahrt weiter. Die Sonne kann sich behaupten, schluckt die Feuchtigkeit auf und entlockt der gesamten Vogelwelt ihre Stimme. An vielen Zweigen leuchten rot die noch schlappen, neuen Blätter auf, Blätter der Nacht, die noch nicht ihren Farbstoff bilden konnten.

„O-u-a-au", röhrt, brüllt es von weit drinnen im Wald. Ein Jaguar?

Plötzlich zeigt Ipä aufgeregt mit dem rechten Arm auf einen Baum, schnippt mit den Fingern, wie sie es immer tun, wenn sie auf etwas deuten. „Ai! Oiko Ai!" – Ein Faultier! Toma drosselt den Motor, legt am Ufer an, und schon ist Ipä im Wald verschwunden. So angestrengt ich auch schaue, ich kann nichts Lebendes in den Baumkronen erspähen, die dicht ineinanderwachsen. Wo bleibt der Schuß? Auch die anderen Männer steigen aus und verschwinden im Wald, und jetzt höre ich, wie sie mit der Axt auf einen Baum einschlagen, der dem Geräusch nach ein gutes Stück vom Ufer entfernt sein muß.

„Es ist nicht gut, auf ein Ai zu schießen", sagt Toma, der in der Piroge geblieben ist, „es fällt nicht herunter, so gut hängt es im Baum fest."

Es rauscht im Wald, der Bäum fällt, und gleich darauf kommen die Männer mit dem Tier an, dem sie mit einer Luftwurzel die Füße zusammengebunden haben. Das Faultier lebt, ist unverletzt. Ein eigenartiges Tier! Weil es sich immer so an den Ästen festkrallt, daß der Körper mit dem Rücken zum Boden hängt, wachsen ihm die Haare vom Bauch zum Rücken, damit der Regen daran ablaufen kann. Die graubraunen Haare schimmern grünlich von den Algen, die sich daran festgesetzt haben, und das Gesicht mit den weit nach oben gezogenen Mundwinkeln sieht clownhaft aus, als würde das Ai ständig lachen und sehr glücklich sein.

Die Piroge fährt weiter. Hin und wieder deuten die Männer fingerschnippend auf diesen oder jenen Baum, der bald Früchte tragen wird, und besprechen die Erntezeiten. Plötzlich, vollkommen unerwartet, unvorbereitet gibt Toma Vollgas und lenkt frontal ans Ufer, das bis weit in den Fluß herein meterhoch mit Wasserpflanzen verwachsen ist. Reflexartig ducke ich mich, halte mich fest, da wölbt sich neben der Piroge ein dicker grauer Buckel aus dem Wasser, davor noch einer – eine gewaltige Anakonda –, und schon schießt das Boot in das Dickicht der Wasserpflanzen, der Motor heult auf, ein Ruck, daß ich vornüberfalle, wir stecken fest, und einer der Männer gibt einen Schuß ab. In Sekundenschnelle passiert das alles auf einmal, und bevor ich die Situation überblicken kann, ist Awé schon vom Ufergestrüpp verschluckt und sucht nach dem Iguan, dem Leguan, auf den er geschossen hat. Die Männer lachen, ein Mordsspaß ist das eben gewesen. Sie sprechen über die Anakonda, die wir bei dem Manöver gestört haben, und halten Ausschau nach ihr. Fragmente von Awé werden im Dickicht sichtbar, dann reicht seine Hand die meterlange, giftgrüne Echse heraus. Sie lassen sich immer fallen, die Iguane, auch tödlich verletzt tauchen sie noch im Wasser unter. Awé hatte Glück, ihn zu finden.

Nach einiger Zeit sehe ich Urucustauden am Ufer und die tropfenförmigen Nester der Yapakalamulevögel in den Bäumen, die immer in der Nähe von Menschen nisten. Wir passieren Itusausau, wo sich das große Wayapidorf befand, bevor Zidoc die Leute nach Trois-Sauts geführt hatte. Das Ufer ist hier zwar genauso dicht verwachsen wie überall, aber der Baumbewuchs dahinter zeichnet sich in seiner geringen Höhe doch deutlich von der Umgebung ab.

Immer schmäler ist der Fluß allmählich geworden, immer öfter gibt es kleine Flußinseln, wo nur meterbreite Wasserwege eine Passage ermöglichen. Hokkohühner machen mit ihren lauten, gellenden Schreien auf sich aufmerksam und landen schließlich getroffen in der Piroge. Dann müssen wir aussteigen und zu Fuß ein Stück durch den Wald gehen. Toma führt das Boot allein auf dem seichten, bachbreiten Wasser weiter. Wir kommen an Orchideen vorbei, weißen Orchideen. Es bringt Unglück, eine weiße Orchidee zu pflücken. Nicht nur die Wayapi, auch die Kreolen und wohl auch etliche Europäer Guyanas sind diesem Aberglauben verhaftet. Ich stoße Pilolo an, deute mit dem Kopf auf die Orchideen, er schaut mich mit lachenden Augen an. Es reizt dich wohl, etwas anzustellen, sagt sein Blick.

Wieder in der Piroge. Eine Weile fahren wir noch auf diesem Quellfluß des Oyapock weiter, dann biegt Toma scharf nach Südosten ab und steuert in den Wald hinein. So weit der Blick reicht, stehen die Bäume unter Wasser, das so tief ist, daß es den schweren Einbaum samt seiner Fracht problemlos trägt. Der

Pilolo mit Hokkohühnern

Motor wird abgestellt, die Männer rudern, dann ziehen sie die Piroge von Baum zu Baum weiter. Lange fahren wir auf diese Weise durch den eigenartigen Wasserwald, durch dieses grenzen- und weglose Labyrinth. Hier finden sich keinerlei Anhaltspunkte, keine Markierungen auf den Bäumen, nichts; aber noch immer wissen die Männer genau, wo wir uns befinden, und streben einem bestimmten Ziele zu. Düster ist das Licht hier unten, selten schillern einige Sonnenflecken grün auf dem Wasser. Geräuschlos kommen wir voran, geräuschlos überfallen uns auch die Moskitoschwärme.

Plötzlich kommt Aufregung in die Männer, sie bewegen sich hektisch, tuscheln, und alle ziehen nun, so schnell es geht, die Piroge vorwärts, bis zu einem bestimmten Baum, unter dem fester Boden beginnt. Noch bevor wir angelegt haben, springen sie aus dem Boot, zielen, schießen hinauf in eine Baumkrone, rennen weg, schießen wieder. Immer weiter entfernt sich der Hall der Schüsse von dem Baum, an dem ich allein zurückgeblieben bin. Vor mir am Boden liegt eine etwas größere Ausgabe von Agü. Der Affe ist tot. Auch unter dem nächsten Baum finde ich einen Kapuzineraffen, und dann noch einen und noch einen. Und dieser letzte ist nicht tot. Er sieht mich mit seinen runden hellbraunen Augen an, wie sonst nur Menschenaugen blicken. Er spitzt seinen weichen, samtenen Mund und singt mit heller, zwitschernder Vogelstimme, aufgeregt, als wollte er mir schnell noch etwas erzählen. Ich nehme ihn auf den Arm, und er redet und redet, zieht überrascht die Brauen hoch, begreift gar nicht, daß ich zu seinen Feinden zähle, begreift auch nicht, daß er am Sterben ist. Könnt' ich dich doch verstehen! Könnt' ich doch wissen, was du jetzt fühlst und mir sagen willst! Er schüttelt eifrig das Köpfchen, blickt mich staunend an und zwitschert weiter, bis ihm die Stimme versagt, leiser und leiser wird und er die Augen schließt. Ich habe in Trois-Sauts gelernt, daß Sentimentalität Luxus ist. Ich habe von den Wayapi gelernt, daß man Tiere achten und lieben kann, gleichzeitig aber auch bereit sein muß, menschliche Konsequenzen zu ziehen, die einzig und allein dem Überleben dienen. Trotzdem kann ich jetzt nicht verhindern, daß mir Tränen aufsteigen und ich tiefen Schmerz empfinde, während ich den seidigen Affen an mich drücke ...

Ich sammle fast ein Dutzend toter Affen ein und bringe sie zur Piroge. Da kommt auch Palaka zurück mit zwei metergroßen, schwarz behaarten Klammeraffen. Es sind weibliche Tiere, denen Palaka nun den Geschlechtsteil wegschneidet, weil das Fleisch sonst angeblich einen schlechten Geschmack annimmt.

„Still – horch!“ sagt er auf einmal und erstarrt. „Yawa!“

Jetzt höre auch ich das grollende, unterschwellige Gebrüll. Schnell springen wir in die Piroge, Palaka hält das Gewehr schußbereit vor sich und treibt mich an, das Boot wegzuziehen. Mach das mal schnell, einen sechs, sieben Meter langen Einbaum! Da bewegt sich auch schon was im Gestrüpp, duckt sich zum Sprung, das Untier, das so erschreckende Laute von sich gibt, schnellt hervor! Es ist Aprouka, lachend, voll Übermut wie immer! Nach und nach treffen auch die anderen bei der Piroge ein, auch sie mit reichlicher Beute.

„Fertig für heute, Pilolo?“ frage ich, als er hilft, die Affen zu sortieren. Jeder weiß genau, welches Tier er geschossen hat.

„Nein, nicht fertig. Wir haben in der Nähe eine Wildschweinfährte gesehen.“

„Ich komme mit, ja?“

„Wenn du willst“, sagt er.

Die Wayapi teilen sich in Gruppen und verlassen wieder die Piroge. Ich hefte mich an Pilolo, der allein losgeht. Heften, ja! Er schlägt ein derartiges Tempo ein, daß ich nur auf seine Fersen vor mir achten kann, denn auf keinen Fall darf ich Pilolo in diesem eigenartigen Wald aus Erde und Wasser aus den Augen verlieren. Bergauf, bergab läuft, nein, huscht er, kaum daß seine Füße den Boden berühren. Dann einige hundert Meter weiter durch knietiefes Wasser, in dem Baumstämme schwimmen, schwankende Erdinseln, wo man absolut nicht sehen kann, was das harte Ding ist, auf das man eben getreten ist, wo man plötzlich bis zum Bauch im Wasser versinkt und beim nächsten Schritt strauchelt, weil das

Wasser da wieder nur knöcheltief ist. Hat Pilolo nicht gesagt, daß die Fährte ganz in der Nähe ist? Und wie kann er eine Fährte im Wasser verfolgen?

„Das sind alte Jagdwege hier, die stammen noch aus der Zeit von Itusausau", sagt er und meint wohl, das würde mir alles erklären. Endlich verlassen wir die sumpfigen Niederungen und klettern einen steilen Hügel empor, wo der Wald lichter wird. Ich versuche das Keuchen zu unterdrücken, um Pilolo nicht abzulenken. Plötzlich hält er.

„Da schau!"

„Was, Pilolo?"

„Siehst du nicht?" fragt er flüsternd und deutet auf den Boden. Fruchtkapseln eines Baumes liegen da. „Das ist das Essen von Taitetu – Pekari. Und da ist es gegangen, und da und da!" sagt er und zeigt mir am Boden die Fährte, die er wahrgenommen hat. Vorerst ist für mich da gar nichts erkennbar. Erst bei ganz genauem Hinsehen bemerke ich, daß hier einige Gräser geknickt sind und dort ein schwacher Eindruck auf der Erde zu sehen ist. Der Moment dieser Beobachtung, eine Minute vielleicht, hat genügt, daß Pilolo bereits verschwunden ist.

Ich renne ihm hinterher, wie von Geistern getrieben. Niemals könnte ich von hier wieder zur Piroge zurückfinden! Bewegungslos steht Pilolo hinter einem Baum. Er hält mich fest, deutet mir stillzustehen, keinen Mucks zu machen, und zeigt nach vorn. Da trottet das große Wildschwein! Pilolo ist mit einem Satz hinter dem nächsten Baum, sprintet auf das Tier zu, bleibt stehen, legt an und schießt. Guter Schuß, getroffen, tot.

„Bleib hier, ich komme wieder", sagt er, läuft weiter und ist auch schon verschwunden.

Weit weg höre ich wieder einen Schuß krachen, dann noch einen, und nach einer halben Ewigkeit kommt Pilolo zurück. Er schleppt ein weiteres Pekari an. Hinter ihm taucht sein Sohn Awé mit einem Sumpfreh auf. Pilolo sucht nach Palmwedeln, Awé beginnt das Reh an Ort und Stelle auszunehmen. Aus den Palmblättern flicht Pilolo drei Rückenkörbe, den Rest verwendet er als Unterlage, um darauf das Fleisch zu zerteilen. Der Blutgeruch lockt Unmengen von Insekten an. Pilolo schneidet noch einige dünne Rindenstreifen von einem Baum und befestigt sie an Körben, so daß wir sie nun wie Rucksäcke umhängen können. Bei jedem Schritt ein Schweißtropfen von der Stirn und ein Blutstropfen vom frischen Fleisch aus dem Korb. Das Blut rinnt an meinen Beinen hinab, zur Freude der Insekten, die mit Wonne zubeißen. Auch gehen wir nicht direkt zur Piroge zurück, Pilolo hat noch etwas anderes im Sinn. Auf einem weiten Umweg gelangen wir nun zu einem Kulumá-Baum, dessen Früchte gerade reif sind. Die Kulumá-Früchte, die am Boden liegen, sehen wie runde Kartoffeln aus. Pilolo sammelt sie in meinen Rückenkorb, weil darin noch am meisten Platz ist. Und jetzt geht es wirklich zurück zur Piroge. Die anderen warten schon auf uns und drängen zum Aufbruch. Schnell wird das viele Fleisch verstaut. Es wird schon dunkel im Wald, und ist es erst Nacht, findet man von hier nicht mehr zum Fluß zurück. Nicht einmal nach der Strömungsrichtung des Wassers kann man sich orientieren, denn hier steht es still.

Tief liegt die Piroge im Wasser, als wir ablegen. Auch die anderen haben gute Beute gemacht. Weißlippen-Pekaris wie wir, Hokkohühner, einen Hirsch, ein Agutis. Mühelos gelangen wir wieder an den Oyapock. Tiefschwarze Nacht ist es inzwischen geworden. Toma wirft den Außenborder an, Ipä holt einige Zigarren hervor, bricht sie in der Mitte auseinander und verteilt sie. Wir rauchen, und die Männer erzählen gestenreich und mit vielfältiger Lautuntermalung ihre Jagderlebnisse.

„Du hast uns viele Tiere gebracht, Sa'i Tarupi, morgen kommst du wieder mit uns!" sagt Pilolo, und die anderen bekräftigen es lachend.

Ein plötzlicher, heftiger Regen weckt mich. Ich muß wohl eingeschlafen sein. Es regnet auch noch, als wir nach Stunden zu Hause eintreffen. Einige Frauen erwarten uns trotz der ungewohnten Stunde. Wiri-Wiri steht mit einer Laterne am Ufer. Sie hält sie mir vors Gesicht und sagt kichernd: „Sa'i! Du bist ganz blau!", als ich schlotternd und klamm wie ein steifes Handtuch aus der Piroge steige.

Überall in den Okas brennen große Feuer auf den Feuerstellen. Die Frau von Piriri steckt schon die Arme und Beine eines großen Koata-Affen ins siedende Wasser, danach den Rumpf mitsamt dem Kopf. Dann kratzt sie mit dem Messer die Haare von der Haut, zerschneidet die Teile in kleine Stücke und legt sie zum Räuchern auf den Rost. In allen Okas das gleiche Bild. Nur Njälä hat ihre Hängematte im Küchencarbet aufgehängt, neben der Feuerstelle, die größer ist als die im Oka. Die ganze Nacht wird sie darauf achten, daß das Feuer nicht verlischt und regelmäßig Rauch an die Fleischstücke gelangt.

„Da, Sa'i, das ist für dich!" sagt Pilolo. Er übergibt mir etliche Kilo Fleisch vom Pekari und einen Haufen der Kulumá-Früchte.

„Das ist zuviel, Pilolo!"

„Du hast es getragen, dir gehört es", erwidert er, „frage meine Frau, ob sie es für dich räuchern will!"

Im Oka Pilolos hocke ich mich ans wärmende Feuer, an dem Pala'isi arbeitet. Die Kinder sind wach, sitzen am Lattenboden und essen gekochte Kulumá. Sikania gibt mir eine zum Kosten. Die apfelgroße Frucht hat einen großen, harten Kern. Das wenige weiche Fleisch rundum, das man mit den Zähnen abkratzt, ist nur etwa einen halben Zentimeter dick, schmeckt aber köstlich. Ein wenig nach Nuß, ein wenig nach Speck, ein bißchen scharf. Eine Delikatesse!

„Iß Meyu dazu, sonst wirst du krank. Kulumá ist sehr fett!" sagt Pala'isi und gibt mir ein Stück dünnes hartes Brot.

Sini imitiert einen Tierlaut

Dann liege ich wach, kann trotz der großen Müdigkeit lange keinen Schlaf finden. Das Erlebnis der Jagd wirkt noch in mir nach. Die Faszination, zu sehen, was mit einem Wayapi vor sich geht, wenn er einem Tier auf der Spur ist, die gespannte, konzentrierte Fiebrigkeit des Jägers förmlich zu spüren.

Der Wayapi ist der geborene Jäger, für den ein Leben ohne Jagd nicht vorstellbar, nicht lebenswert wäre. „Ich gehe schauen in den Wald", sagen die Männer, wenn sie mit ihrem Jagdgerät das Dorf verlassen. Die Jagd ist hier, anders als bei uns, keine gezielte, einseitige Tätigkeit, sondern steht immer in Verbindung mit Sammeln und oft auch mit Fischen. Die Interessen des Wildes sind eng verknüpft mit denen des Menschen. Findet ein Jäger eine bestimmte Frucht, so weiß er, daß auch das Tier, dem sie als Nahrung dient, nicht weit sein kann. Umgekehrt wiederum lassen bestimmte Tierfährten auf das Vorhandensein von Fruchtbäumen schließen.

Die Jagd dient nicht allein der ökonomischen Notwendigkeit, sie ist auch Leidenschaft. Der Jäger gibt dabei sein Ganzes, weil er nicht nur ein Maximum an Schläue, Mut und Ausdauer beweisen muß, sondern dazu noch in engsten Kontakt mit magischen Kräften tritt, die Gefahr und Bedrohung darstellen. Kein Wunder also, daß die Jagd Hauptthema der meisten Unterhaltungen im Palaverhaus ist.

2. Januar
Wie ich aufwache, liegt ein großes Bündel Bananen auf mir in der Hängematte. Wer mag sie gebracht haben, ohne mich zu wecken? Wenig später bringt Sikania einen gerupften Tukan, und Sini legt einen Bakufisch in meine Coui. Wann gab es in Trois-Sauts je so viel zu essen? Aus den Fleisch- und Fischgeschenken, Reis und Basilikum koche ich eine Art Paella. Wildes Basilikum wächst am Dorfrand. Zufällig habe ich das entdeckt, weil ich die Gewohnheit

der Wayapi aufgegriffen habe, automatisch im Vorübergehen von allen Pflanzen und Sträuchern einige Blätter abzureißen und daran zu riechen. Die Leute hier lieben gute Gerüche, und oft sieht man die Burschen mit einem Büschel Kräuter an der Kalimbéschnur, die dem Körper Wohlgeruch verleihen sollen.

Gestern, während der Jagd, kam die Sonne zum erstenmal seit langer Zeit wieder hervor, und auch heute zeigt sie sich zwischen ihren Siestazeiten strahlend. Mein Solargenerator bekommt nach langem Darben wieder einmal Kraftfutter und wird satt. Sikania leistet mir Gesellschaft, und als das Reisgericht fertig ist, bringen wir eine Coui voll davon hinüber zu Kammala. Sie freuen sich doch immer, wenn sie meine Speisen kosten können!

Im Oka des Capitaine finde ich auch Kanaju, seine Tochter, die ich schon seit Tagen nicht mehr gesehen habe.

„Was ist mit ihr, Kammala? Ist sie krank?"

„*Voi* – Würmer. Sie hat einen großen Wurm im Kopf", sagt er, schlägt die Hängematte zurück und dreht den Kopf seiner Tochter zu mir. Das Mädchen schämt sich und will sich verstecken. Mitten am Kopf sind ihr die Haare ausrasiert. Eine riesige blaugelbe Beule, groß wie ein Pingpongball, tritt hervor.

„Das ist ein Ver-Macaque. Die fallen von den Bäumen, graben sich in die Haut und machen Gänge", erklärt Kammala. „Manchmal muß der Wurm zur Öffnung kommen und Luft holen, dann sieht man ihn. Wir geben braunen Tabaksaft darauf, dann muß er weiter herauskommen, sonst erstickt er, und man kann ihn herausziehen. So haben wir es auch gemacht, aber der Wurm ist dabei abgerissen. Jetzt ist meine Tochter sehr, sehr krank."

Kanaju glüht im Fieber und hat große Schmerzen. Es besteht höchste Sepsisgefahr. Schnell hole ich meinen Medikamentenkoffer, das Skalpell, Gaze und öffne die pralle Beule. Eiter quillt heraus. Auch das Wurmstück kommt durch leichten Druck zum Vorschein und kann entfernt werden, Kanaju stöhnt, aber dieser

Schnitt in totes Gewebe kann ihr nicht sehr weh getan haben. Nach und nach, während ich vorsichtig an den Rändern drücke, verschwindet die Beule fast ganz. Ich gebe dem Mädchen ein schmerzstillendes Mittel und Antibiotika.

Warum hat Kammala nichts unternommen, um seiner Tochter zu helfen? Sein Verhalten ist mir unerklärlich, denn die Wayapi haben sehr viel Erfahrung mit ihren Krankheiten und kennen eine Menge von Heilmitteln. An Blutvergiftung stirbt man, das wissen sie auch. Vorwurfsvoll sehe ich ihn an und schüttle mißbilligend den Kopf. Er weiß schon, was ich damit meine.

„Da, nimm", sagt er, wie ich mich zum Gehen wende, und legt mir ein kleines Totenkopfäffchen in die Hand. „Das Kusiri gehört meiner Tochter, nimm es!"

Das Totenkopfäffchen ist viel kleiner und zarter als Agü, obwohl es kein Jungtier mehr sein dürfte. Es hat ein samtenes, kurzhaariges gelbes Fell, weiße, runde Augenflecken, und um das Mäulchen herum ist es ganz schwarz, als ob es versucht hätte, aus dem Tintenfaß zu trinken. Das Äffchen ist verschreckt, apathisch, krank. Es ist am Bein verletzt, sicherlich eine Schußverletzung, die bedenklich aussieht. Aber das Kusiri trinkt die Milch, die ich ihm mit Agüs Kanüle einflöße, und das gibt mir ein wenig Hoffnung.

Noch etwas verursacht mir Kopfzerbrechen. Wie soll es mir gelingen, die Jagd, als einen der wesentlichsten Bereiche im Leben der Wayapi, filmisch aufzuzeichnen? Bin ich mit den Jägern unterwegs, konzentrieren sich all meine Bemühungen darauf, ihnen auf den Fersen zu bleiben, sie nicht zu verlieren. Es geht alles so schnell, so rasend schnell, daß für Einstellung, ruhige Bildführung, sinngemäße Auflösung und Bildfolge absolut keine Zeit bleibt, vom synchron laufenden Ton ganz abgesehen. Es scheint einfach unmöglich zu sein, Jagdgeschehen auf Zelluloid zu bannen. Aber ein Film über die Wayapi ohne Jagdsequenzen ist wie ein Fluß ohne Wasser, ein dürftiges Konglomerat, dem das Hauptelement fehlt. Gibt es eine Lösung?

7. Januar

Pilolo und Mika sitzen am späten Vormittag bei mir am Feuer, während ich aus der schwarzen Kaugummimasse, die sich als Instant-Kaffee, gefriergetrocknet, bezeichnet, ein Gebräu mische und Agü den Reis ausspuckt, den er jetzt auf einmal verachtet. Der Himmel sieht freundlich aus. Ipä kommt vorbei und wünscht einen guten Morgen. An seiner Kalimbéschnur hängt ein großer grüner Papagei. Piriri hat den großen Koata-Affen von vorhin sicher auch noch nicht in den Kochtopf gesteckt. Alles sehr günstige Vorzeichen, die gut in meine Pläne passen.

„Werden wir heute arbeiten, Pilolo?"

„Weiß nicht, möglich", sagt er und schaut müde hinaus, ebenso wie Mika, der sich gar nicht äußert und seinen „Blick" hat. Die ganze Woche geht das schon so. Es ist alles besprochen, aber die geplante Arbeit mit meinen Freunden will nicht zustande kommen.

Mit energischem Schwung stehe ich auf und beginne die Filmutensilien zusammenzustellen, den Rucksack zu packen, das Material hinauszutragen. Unheimlich bestimmt und sicher geht das vor sich, jeder Handgriff sitzt. Vergnügt summe ich ein Wayapilied und gehe noch einmal die Punkte des Manuskriptes der Reihe nach durch. Und siehe da, es klappt! Auch in Pilolo und Mika, die mich beobachtet haben, kommt plötzlich Leben, und auch sie stehen auf.

„Ich sage Piriri, daß er uns den Koata borgen soll", sagt Pilolo und klettert auch schon hinaus. Mika nimmt das schwere Kamerastativ unter den Arm und geht, um die anderen zu rufen. Richtig, ich habe selbst einen Schubs gebraucht. Solange die

Männer – intuitiv und sensibel, wie die Wayapi sind – meine eigene Unsicherheit spürten, war mit ihnen nichts anzufangen. Jetzt ist die Kugel ins Rollen gekommen. Wenig später sind wir am Drehort versammelt, einem bestimmten Platz im Wald, wo es für dieses Vorhaben licht genug ist. Alle sind gekommen, Ipä und sein kleiner Sohn Hokko, Sini, Pilolo und Mika und etliche Frauen und Kinder, die sich die Schau nicht entgehen lassen wollen. Nur Amama erweist sich als Spielverderber. Gestern noch hat er seine Hilfe versprochen, während ich ihm den Kopf mit Shampoo gewaschen habe, doch heute ist er stillschweigend verschwunden, und niemand weiß, wo er steckt. Ipä kann Amamas Rolle übernehmen, überlege ich. Ich stelle das Stativ auf, wähle den Bildausschnitt.

„Wo sind die Tiere, Pilolo?" frage ich und kontrolliere die Belichtungszeit.

„Sinua wird sie bringen", sagt er und gibt mir eine Gitane, die er von Yawalu bekommen hat. Ein selten gewordener Genuß, schon lange besitze ich keine Zigaretten mehr. Während wir rauchen, verdüstert sich der Wald, und dann trommeln auch schon die ersten Tropfen aufs Laubdach. Wenn der Regen nur nicht anhält! Schnell stülpe ich Plastiksäcke über die Geräte.

„Wir haben keine Patronen mitgebracht, um den Affen zu schießen", fällt es Pilolo plötzlich ein. „Der Affe ist ja schon tot, wir schießen ohne Patronen, gut?"

„Nein, Pilolo, das ist schlecht. Oje, was sollen wir bloß tun? Ich habe keine Ulababa mehr!"

„Wenn wir keine Patronen mehr haben, schießen wir auch Affen mit Pfeil und Bogen. Ist das auch schlecht für deinen Film?"

„Nein, Pilolo, das ist gut. Ich will nur, daß alles genau so ist, wie ihr es wirklich macht."

Da kommt auch schon Sinua mit unseren Hauptdarstellern im Arm. Aber – ich traue meinen Augen nicht, das darf doch nicht wahr sein! Sinua bringt den schönen grünen Papagei; und zweitens Piriris großen Koata-Affen – nackt und kahl, bereits geschoren, versengt und angebrannt! Das wird ein surrealistischer Film, in dem geräucherte Affen aus den Bäumen geschossen werden! Es bleibt mir nichts anderes übrig, als in das Gelächter der anderen einzustimmen. Pilolo läuft nun selbst nach Hause, um nach naturgetreuen Filmobjekten zu suchen.

Der Regen läßt nach, wir können beginnen. Sini nimmt den Papagei und eine Spule dünne Nylonangelschnur, klettert auf einen Baum und fixiert dort das schöne, aber sehr tote Tier in den Zweigen.

„Nein, Sini, nicht so, anders festmachen!" rufe ich ihm lachend zu, denn der Papagei sitzt da oben wie eine eingesunkene Eule, der im Schlaf der Kopf vornübergefallen ist.

„So, Sa'i? Ist das gut jetzt?" fragt Sini, während der Vogel nun mit gespreizten Flügeln dahängt wie die knallbunte Karikatur eines weitverbreiteten Wappentieres. Sini ist geduldig, probiert und ändert die Stellung, bis ich schließlich zufrieden bin. Vom Nylonfaden ist jetzt nichts mehr zu sehen, und die Haltung des Vogels wirkt natürlich. An synchrone Tonaufnahmen ist freilich nicht zu denken. Die Wayapi zerkugeln sich vor Lachen unter dem Papageienbaum, sie wollen sich gar nicht beruhigen, so lustig finden sie dieses „Happening". Es ist ja auch wirklich komisch – aber wie sollte ich die Jagd filmen? Die einzige Möglichkeit ist, sie nachzustellen. Im Ausnahmefall ist solche Improvisation berechtigt, sage ich mir.

Ich wende mich an Ipä, der schon Pfeil und Bogen in der Hand hält, und versuche ihn ein wenig ernsthafter zu stimmen, wie es seiner Rolle als Jäger entspricht. Währenddessen tollen die Kinder unter dem Baum mit dem Papagei herum und zertrampeln mir die ganze schöne, malerische Vegetation! Mika wird beauftragt, die

Kinder im Zaum zu halten und darauf zu achten, daß sie mir nicht ins Bild laufen.

„Ipä, du kommst von dort, ganz weit hinten, auf diesen Baum hier zu."

„Eu, eu, gatu."

„Ipä, du gehst so, wie du gehst, wenn du auf Jagd bist, ja? Dann hörst du das Tier, einen Papagei. Was machst du dann?"

„Wenn ich einen Vogel höre?"

„Eu, eu, wenn du einen Papagei hörst."

„Ich antworte ihm. So..." Er stellt seine Waffen zu Boden, wölbt die Hände vor dem Mund und imitiert den Vogellaut.

„Ah, sehr schön ist das. Genauso machst du es dann."

„Gatu. Sa'i."

Ipä begibt sich wunschgemäß zur Startposition. Er hat aber das Coup-Coup mitgenommen und sich den Weg freigeschlagen, damit er nachher genau weiß, wohin er gehen soll. Halt! Das Ganze noch mal, einige Meter daneben. Ipä ist wieder bereit. Die Kamera läuft.

„Ayo, Ipä, ayo!" – Komm!

Zackig strebt er auf mich zu, schaut neugierig in die Kamera, als wäre ich der Vogel, den er sucht. Schließlich bleibt er dicht vor mir stehen und grinst die lachenden Zuschauer an, und mein schönes Filmbild fängt an zu zittern, weil auch ich das Lachen nicht unterdrücken kann. Armer Ipä! Wie soll er auch wissen, wie er sich selbst spielen soll, wie er sich im Ernstfall anpirscht und welchen Gesichtsausdruck er dabei hat. Fünf-, sechsmal wiederholen wir diese Einstellung, und mir stehen im Geist die Haare zu Berge, wenn ich an den Filmverbrauch denke. Aber schließlich wird Ipä doch ernst und konzentriert sich auf seine Rolle, so daß die Szene echt wirkt.

Inzwischen ist Pilolo mit einem neuen Darsteller angekommen, den er sich von Palaka geliehen hat, einem ausgewachsenen

Kapuzineraffen. Die imaginäre Affenjagd beginnt. Ipä ist nun großartig! Wie er geht, lautlos, tastend seine Schritte setzt, wie er sich durchs Gebüsch schlängelt und auf einmal auch Anspannung ausdrücken kann! Ich bin begeistert.

Die letzten Einstellungen. Halbtotale auf Ipä. Er spannt den Bogen – er zieht die Sehne durch und zielt – er schießt. Ausgezeichnet. Das nächste Bild: Großaufnahme Affe, der nun heruntergeschossen wird. Kamera läuft. Ipä schießt, der Affe wird voll getroffen – und baumelt fröhlich am Nylonfaden, „Hiiiiiii!" Sieht das komisch aus.

8. Januar
Alle Leute sind bei guter Gesundheit, mich eingeschlossen. Auch die kleine Kanaju hat keine Beschwerden mehr, und auf der verheilten Wunde am Kopf sprießen bereits die ersten Haare. Fröhliche, harmonische Stimmung herrscht im Dorf, wenn den Menschen auch nach wie vor etwas Unberechenbares anhaftet, besonders an Casiritagen. Sie handeln so spontan, daß ich niemals sagen könnte, was sie als nächstes tun werden. Sie kennen keinen Gleichschritt der Tage, keinen „täglichen Trott". Der Rhythmus ihrer Aktivitäten wechselt konstant, und das überrascht mich immer aufs neue.

23.30 Uhr: Leben und Tod stehen nahe beisammen. Kusiri, das Totenkopfäffchen, ist tot. Der Körper verfällt schnell, daß man zuschauen kann, die Knochen treten hervor, das Fleisch versinkt. Wie ein prall mit Leben gefüllter Ballon komme ich mir daneben vor. Eine winzige Flamme nur, die mir zu nahe kommt, genügte, ein kurzer Moment ... Wie nichtig dieser leblose, leere Körper ist. Verpackungsmaterial, Pacotille. Und ich trauere um diesen zerfallenden Körper, um das sichtbare Sein, weil ich zu dumm bin, das Leben an sich zu erkennen.

9. Januar

Wie lange ist es her, daß ich in dieses Dorf kam? Wie viele Monde, wie viele Jahre sind inzwischen vergangen? Die Zahl der Tage bedeutet nichts. Was allein zählt, ist das Erleben, das Wachsen der Verbundenheit, das Gefühl, zu Hause zu sein.

Hineinhorchen in die Menschen, sich nahekommen, selbst ohne Worte, Gedanken sammeln wie Sprossen, die zur tragenden Leiter des Verstehens werden.

Manches Mal, wenn ich mich im Wasserfall aale, in diesem reinsten, frischesten, lebendigsten Sprudel, der aus der tiefen, sauberen Seele des Erinnerns zu kommen scheint, meine ich, diesen Ort und diese Menschen nie mehr verlassen zu können. Ich liebe das Urwaldleben so sehr, so intensiv, daß ich manchmal glaube, es vor Glück nicht auszuhalten. Ich bade in den sanften Bildern, die die Nachmittagssonne malt, farbige Harmonien mit zarten Schatten und träumerischem Licht, im Einklang mit den Menschen, die in ihren fließenden Bewegungen innehalten zur Verewigung. Heiliges strahlt von den schrägen Lichtbündeln aus, die vor satten Blätterwänden die Menschengestalt umhüllen, die in einer dunklen Hütte den Staub einfangen und wirbelnd aufsteigen lassen. Lichtbündel, die alles so weich und unwirklich erscheinen lassen, als würde sich die Welt um mich sogleich in Rauch und Nebel auflösen . . .

Ich liebe das Urwaldleben – und hasse es im nächsten Atemzug bis zur Verzweiflung. Wenn die tausend Pui-Fliegen bis aufs Blut den Körper quälen, das Tosen des Katarakts nervenaufreibend in den Ohren dröhnt, wenn Schweiß die Wunden verklebt und die dumpfe Hitze benommen und schwindlig macht, wenn all das zusammen sich zu einer Pyramide der Nervosität aufbaut, dann wird der Urwald für kurze Zeit wirklich zur grünen Hölle.

Als hätten alle Meere die Welt verlassen und hingen lastend über uns . . . Seit zwei Wochen regnet es, ohne daß sich der

Seit Wochen regnet es

Himmel auch nur für Minuten aufklärte. Die Kinder laufen mit heißen Köpfen und Rotznasen herum, viele der Erwachsenen haben Grippe, prompte Reaktion auf den Besuch von draußen.

Ich fühle mich wie zerschlagen, der Regen lähmt die Gedanken, nicht einmal tropfenweise quellen sie noch hervor. Auch leide ich nach langem wieder unter dieser eigenartigen Nachtstimmung.

Anspannung als Vorahnung eines ungewissen dramatischen Geschehens, Atmosphäre der Bedrohung. Vor einigen Tagen äußerte sich das besonders drastisch. Plötzlich das Gefühl, daß mir ein Askaris die Speiseröhre hochkriecht. Ich schlucke und schlucke, aber der Wurm kriecht weiter. Angst und Ekel überkommen mich, das Atmen fällt schwer, der Hals ist wie zugeschnürt. Panik... Mit einemmal war alles vorüber. Zweifel stellten sich ein. War es tatsächlich ein Wurm gewesen? Oder existierte er nur in meiner hysterischen Einbildung?

2. Februar

„Vielleicht dauert es nicht mehr lange. Amá – der Regen – macht in seiner Zeit immer einmal eine längere Pause", sagt Ipä Sissiwoa und meint damit wohl den trockenen Monat März, der die lange Regenzeit, die bis Juni dauert, normalerweise unterbricht. Die Guyaner nennen das „Le petit été", den kleinen Sommer.

Ipä ist mit seiner Familie bei mir im Oka. Er hat seine Pfeile mitgebracht und befestigt daran Flugfedern, während wir uns unterhalten. Seine Frau Apälä spinnt Baumwolle, und der kleine Hokko spielt mit Agü. Ich freue mich immer, wenn mich Ipä, Pilolo oder K'ju mit ihrer Familie besuchen und hier ihre Arbeit verrichten. Auf diese Art beweisen sie mir ihre Sympathie und beziehen mich in ihr Leben ein.

„Wie mag es wohl Munu'i gehen?" frage ich Apälä. Die ganze Zeit muß ich an meine Freundin Munu'i denken.

„Das Baby wird vielleicht sterben", sagt sie und schaut hinaus in den dichten Regenvorhang, der vom Dach herunterrauscht.

Mika hat mich heute morgen nach Zidoc geschickt, als er erfuhr – ich weiß nicht, wie –, daß es bei der Geburt von Munu'is Baby Schwierigkeiten gäbe. Ich machte mich sofort auf den Weg, obwohl ich keine besonderen Kenntnisse hinsichtlich Geburtskomplikationen mitbringen konnte. Wie üblich, hatte man die

Hängematte der Mutter hinter dem Dorf, im Wald aufgeknüpft. Einige alte Tücher, Stücke von Plastikfolie, mit Schnüren darüber angebracht, dienten als Regenschutz. Munu'i saß in der Hängematte, die an der tiefsten Stelle fast den Boden berührte. Vor ihr war die Erde frisch aufgegraben, zertretene Bananenblätter lagen da, eine abgebrochene Bananenstaude. Hier hatte sie gehockt, hatte ihre Nägel im größten Schmerz in den weichen Bananenstamm gegraben, hatte das Kind in die weiche Mulde der Blätter geboren.

Ich war zu spät gekommen, das Baby, ein Mädchen, lag schon gewaschen neben ihr in der Hängematte.

„Wie geht es dir, Munu'i?" fragte ich die junge Mutter, die vor Schwäche ganz gelb im Gesicht und über und über mit Schweiß bedeckt war.

„Es tut so weh, so weh, Sa'i Tarupi", sagte sie leise und wiegte ihren Körper rhythmisch vor und zurück. Ihre vollen Lippen zitterten vor Schmerz, die Nasenflügel vibrierten, die Stirn war gekraust. Sie stöhnte. „Es wollte nicht kommen, nur Blut. Es konnte nicht heraus . . . zu klein da unten bei mir."

Einige Kinder tobten um uns herum und zankten sich um eine leere Konservenbüchse. Die Frauen, die neben Munu'i hockten, plauderten vergnügt.

„Das Baby war ganz schwarz", erklärte die Frau von Papi lachend, „als Munu'i es sah, sagte sie, das ist kein Mensch, das ist ein Macaque-Affe, wir müssen es eingraben." Munu'i schlug das Tuch zurück, mit dem sie das Baby verdeckt hatte. Die Haut des Kindes war fast ganz weiß, kein bißchen rot, wie Neugeborene es sein sollten.

„Wird es sterben?" fragte Munu'i.

„Ani, ani", beruhigte ich sie, obwohl ich das nicht wissen konnte. War es vielleicht als „blaues Baby" zur Welt gekommen, vielleicht mit der Nabelschnur um den Hals?

„Ihr Mann hat sich vielleicht nicht beschnitten", sagte Ipä, während er mit seinem scharfen Messerchen den Kiel einer Adlerfeder spaltete.

„Vielleicht, weil das Kind ohnehin sterben wird?" erwiderte seine Frau Apälä.

„Was hat Munu'is Mann nicht getan?" fragte ich.

„Den Arm beschnitten", sagte er ohne weiteren Kommentar. Wie so oft, war es nötig, nach näheren Erklärungen zu bohren.

„Wie macht ihr das? Und warum?"

„Seine Zeichen sollte der Mann sich in den linken Arm schneiden, daß es blutet. Und dann die Wunden mit Ko'i einreiben", sagte Ipä beiläufig, während er die Feder Härchen für Härchen teilte und den dünnen Baumwollfaden dazwischenführte, um sie am Pfeilrohr festzubinden.

„Die Wunden mit Pfefferschoten einreiben?" wunderte ich mich.

„Eu, eu, das tut sehr, sehr weh. Jeder Vater soll das beim ersten Kind tun. So ist das bei uns."

„Warum, Ipä?"

„Wenn es ein Junge ist, wird er ein guter Jäger ...", sagte er. Mehr erfuhr ich nicht.

Jetzt habe ich Freunde

11. Februar

Amá – Amá – Amá. Vier Wochen schon. Regen ohne Unterlaß ...

„Apota?" fragt Njälä, die mit einer Coui zu mir heraufkommt.

„A apota", antworte ich automatisch und fahre fort, die Fotolinsen über der Petroleumlampe zu trocknen. Überall sind Pilze drauf!

„Mamoe pui, Njälä?" – Was ist es denn? – frage ich und drehe mich um.

„Pina!" sagt sie und reicht mir die Kalebasse mit der hellbraunen Flüssigkeit. Ein ausgezeichnetes Getränk geben die Pinafrüchte, ein wenig wie Schokoladenmilch mit Nußgeschmack, zudem fett und nahrhaft. Die wildwachsenden Pinafrüchte, die jetzt in großen, dunklen Trauben aus den Palmen an den Ufern hängen, bestehen fast nur aus einem großen, harten Fruchtkern und Haut, wie viele Urwaldfrüchte. Njälä hat sie mit kochendem Wasser übergossen, in einem Mörser zerstampft und die Masse dann durch ein Sieb gestrichen.

„Zeig mir deinen Fuß!" sagt Njälä, als ich die Soße bis zum letzten Rest mit Meyu aufgetunkt habe. Ich hebe den Sarong, den ich wegen der vielen Insekten trage, ein wenig hoch. Die Wunde blutet noch immer. Da kommt auch Amama neugierig herbei und sieht sich den Fuß an.

„Yawa hat tief gebissen", sagt Njälä.

„Ja, der Hund Kammalas ist böse auf mich. Das ist nun schon das zweite Mal, daß er auf mich losgegangen ist."

„Warum nimmst du jetzt nicht deinen Bogen und erschießt ihn?" fragt Amama.

Njälä mit Pinafrüchten

„Es ist ein schöner Hund, ich glaube nicht, daß er richtig böse ist. Vielleicht ist nur ein böser Geist in ihn eingezogen?“

„Eu, eu, so ist es. Willst du mir helfen?“

„Was willst du tun, Amama?“

„Du mußt Massakala-Leposi auf die Wunde geben – Hühnerdreck. Und ich gebe es auf den Hund, überall in sein Gesicht gebe ich Leposi.“

„E gatu – das ist gut, das soll mein Neffe machen!“ sagt Njälä.

„Was hilft das denn?“ frage ich verwundert.

„Morgen ist der Hund tot.“

Pilolo kommt vorbei, mit einem meterlangen Sulu'i, einem Wels, auf der Schulter.

„Willst du ein Stück davon?“ ruft er zu mir herauf. Ich bin unhöflich und lehne ab, weil ich schon satt bin und zur Zeit mehr als genug zu essen habe.

„Morgen aber wirst du Fisch essen“, sagt Pilolo. „Morgen fische ich wieder. Du mußt fett werden, Sa'i Tarupi!“

Obwohl der Oyapock auch unterhalb der Katarakte jetzt sehr wild und reißend ist, fährt Pilolo fast täglich mit seiner Piroge in das Kehrwasser hinter einem großen Felsen und fischt mit dem Rundnetz. Bei extremem Hochwasser fangen die Wayapi besonders viele Fische, auch solche, die sie zu keiner anderen Jahreszeit fangen können, Fische, die im überschwemmten Wald an die Oberfläche kommen, um den Schaum auf dem Wasser zu fressen.

Seit einigen Wochen gibt es reichlich Nahrung im Dorf, nicht nur Fisch, auch verschiedene Früchte, die jetzt Reifezeit haben, und viel Frischfleisch; auch die Jagd steht zur Zeit besonders günstig. Von Zidoc traf die Nachricht ein, daß die Jäger an einem einzigen Nachmittag 24 Wildschweine erbeutet haben! Sogar Amama kam mit einem erlegten Wildschwein ins Dorf, stolz grinsend, als wüßte er selbst nicht, wie ihm geschah. Und wen traf ich am Jagdpfad, triefnaß wie ein Seehund, aber mit einem Hokkohuhn im geflochtenen Rückenkorb? Den guten alten Mika!

Ipä Sissiwoa ist den anderen gegenüber im Nachteil und kann vom großen Fleischsegen nicht viel profitieren. Seine Frau hat erst vor drei Tagen einem Mädchen das Leben geschenkt, und er unterliegt deswegen jetzt für Monate den Jagd- und Eßrestriktionen. Vielleicht kann ich ihm ein wenig aushelfen, es gibt ja noch Reis und Bohnen.

20. Februar

Mein Gott, hört denn dieser Regen nie mehr auf?

Im selben Maße, in dem der Oyapock stetig, uferfressend steigt, sinkt meine Moral auf depressiver Talfahrt in uferlose Tiefen. Tropenkoller. Mädchen, du bist reif wie eine Papaya. Wenn du nichts unternimmst, dann fressen dich die Maden. . . .

Diese extreme Regenperiode stellt mich erneut vor eine harte Bewährungsprobe, wie damals, am Anfang meines Aufenthaltes, als Hunger, Krankheit und Einsamkeit mich zermürbten. Aber etwas hat sich gegenüber damals grundlegend geändert. Jetzt habe ich Freunde, die Interesse an mir nehmen, die besorgt sind und mir mit Rat und Hilfe zur Seite stehen. Als wären die Wayapi von gestern nicht identisch mit den Wayapi von heute. Eine Geste, ein Blick nur genügt, daß mir eine der Frauen die Axt aus der Hand nimmt und Holz für mich schlägt, daß die Kinder nach der Wäsche laufen, um sie vor dem Regen zu retten, daß ein Mann mein Coup-Coup schärft oder jemand wortlos etwas an meinem Oka repariert. Dabei ist es hier absolut nicht üblich, sich derart um den Nachbarn zu kümmern!

Hin und wieder kommt ein wenig Abwechslung in die Regentage, wenn Pilolo und seine Frau, Ipä oder Piriri mich in der Piroge mitnehmen, um irgendwo, oft weit von hier entfernt, Wildfrüchte zu ernten. Natürlich beeinflußt der stete Regen auch die Laune der

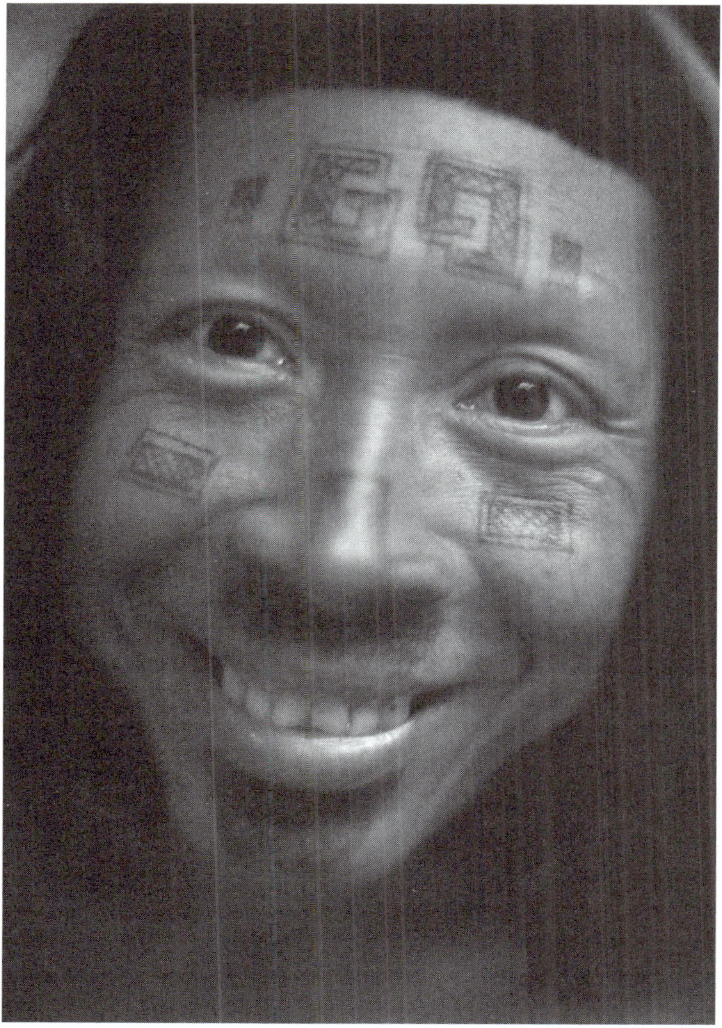

Jetzt habe ich Freunde

Wayapi, nur fällt ihnen nicht ein, sich dagegen aufzulehnen, ja überhaupt darauf zu reagieren. Sie ignorieren das viele Naß, den Moder und Schimmel in den Okas und lassen sich davon in ihren Aktivitäten kaum beeinträchtigen. Sogar das allgemeine Gesundheitsbild im Dorf ist trotz der beständigen Feuchtigkeit besser als in der Trockenzeit. Auch Munui'i und ihr Baby sind wieder wohlauf!

Zwischen den Tagen, an denen es reichlich Nahrung gibt, sind immer wieder solche, wo nichts, rein gar nichts Eßbares vorhanden ist. Die Wayapi verstehen es, auf Vorrat zu essen, ein, zwei Fasttage machen ihnen nichts aus. Mir aber will dieses praktische System nicht gelingen, und wenn das Hungergefühl schließlich überhandnimmt und sich nicht mehr verdrängen läßt, hole ich an manchen Abenden sogar die Haferflocken hervor, die ich bis jetzt als Feuchtigkeitsbinder in der Fotokiste verwendete. Ich esse sie mit Todesverachtung, denn viele kleine Maden und Käfer leben darin. Jedesmal wenn ich den Finger befeuchte, um im Schein der Laterne diese Schmarotzer einzeln herauszupicken, schwöre ich mir, in ferner Zukunft, wenn ich wieder in Europa sein werde, jeden Tag zum Frühstück einen Berg Haferflocken zu essen, frische, lockere, trockene Haferflocken.

Agü und ich haben Familienzuwachs bekommen, ein häßliches, schwarzes nacktes Koatababy liegt verschreckt in einem Karton und weint nach seiner Mutter. Das kleine Affenmädchen mit dem großen Kopf hat eine schrumpelige, faltige Haut mit vereinzelten dunklen Haaren, es ist schmutzig, stinkt und hat zudem noch ein durchschossenes Bein und Schrotkugeln unter der Kopfhaut. Agü sieht der Zukunft seiner Schwester skeptisch entgegen, groß sind die Chancen nicht, daß sie überlebt. Ein Koata, den die Franzosen „Singe Araignée" – Spinnenaffe – nennen, ist ein Klammeraffe, der, wie schon der Name sagt, lange Beine und Arme und einen ausgeprägten Klammerschwanz hat, um an den Ästen besseren Halt zu finden. Die Schwanzspitze ist an der Unterseite ganz glatt, wie eine fünfte Hand. Ausgewachsen erreichen diese Affen stehend eine Größe von fast einem Meter.

27. Februar

Mitten während des Casirifestes kam Besuch. Nicht nur die Pirogen mit den festlich geschmückten Wayapi von Village Pina, nein, richtiger, fremder Besuch von der Küste. Monsieur B., der zweite Wahlkandidat neben Monsieur M. für den Posten des Conseilleur General des Kreises Oyapock, stattet den Wayapi seinen „Freundschaftsbesuch" ab.

Der Kreole gab sich kumpelhaft jovial, gesellte sich anbiedernd im Palaverhaus zu den Casirigästen und schlug selbst die angebotene Coui mit Casiri nicht aus, während er mit Yawalus Hilfe den Anlaß seines Besuches erklärte. Ich spürte, daß dem Politiker meine Anwesenheit im Palaverhaus nicht angenehm war, und verfolgte seine Demonstrationen des Schulterklopfens und der Vertraulichkeit von meinem Oka aus. Andächtig lauschten die Wayapi dem dunkelhäutigen Fremden, oder besser gesagt, sie ließen ihn ungestört reden und hatten allesamt ihren „Blick" aufgesetzt, der dem Mann das irritierende Gefühl geben mußte, vor tauben Ohren zu sprechen.

Leicht erschöpft kam Monsieur B. anschließend zu mir herüber und ließ sich auf eine Limonade und einige Bissen meines kärglichen Mahles einladen. Er war bei seiner Wahlrede so in Schwung gekommen, daß er immer noch weiterredete, nicht ohne sich vorsichtig tastend über meine Einstellung zum Leben der Wayapi ein Bild zu machen. Der sympathische Kreole ist ein enger Freund der Ethnologen Grenaud in Cayenne und vertritt auch vollends deren Meinung, alle Einflüsse der Zivilisation seien von den Wayapi fernzuhalten. Das heißt *ja* zur medizinischen Betreuung, aber *nein* zum Wahlrecht, zur Familienbeihilfe und sonstiger Unterstützung. Keine Außenbordmotoren für die Wayapi, keine Radios und Uhren, keine Kontakte zur Küste, auch das Militär, beziehungsweise die Légion étrangère, sollten nicht das Recht haben, hier zu erscheinen.

„Wenn das in diesem Stil weiterläuft, haben wir in zehn Jahren ein neues Unterproletariat in Guyana. Die Wayapi werden nicht mehr arbeiten, weil sie gewöhnt sind zu bekommen und sich darauf verlassen. Schon heute stellen sie viele Dinge nicht mehr selbst her und bedienen sich statt dessen der Zivilisationsgüter, wie zum Beispiel Plastikeimer oder Kochtöpfe. So wird sich ihre Tradition schließlich ganz verlieren, und sie werden voll abhängig werden. Gibt man ihnen auch noch Konserven und Reis oder ähnliches, werden sie nicht einmal mehr Pflanzungen anlegen, und der Maniok wird verkommen. Wir tragen die Verantwortung für die Zukunft, wir müssen eine derartige Entwicklung aufhalten und sie zu unterbinden suchen . . ." Der Mann meint es ehrlich, und in meinem Herzen stimme ich voll Inbrunst mit ihm überein. Auch mir würde Zidoc ohne Radio, Motoren, Gewehre, Plastikeimer, Beguin-Musik besser gefallen. Aber was *uns* gefällt, zählt heute nicht mehr für den Wayapi. Für eine haltbare, luftdichte Konservierung dieser ethnischen Gruppe ist es leider schon zu spät. Sie kennen bereits ein wenig Komfort und machen Gebrauch davon. Vielleicht wird es so weit kommen, daß der Wayapi eines Tages bereut, sich in die Welt der Weißen hineinmanövriert zu haben. Aber er will es so. Der Wayapi will selbst seine Erfahrungen sammeln, er ist stolz, er ist Indianer, er läuft nicht am Gängelband von Ethnologen, die ihm sagen, was gut für ihn ist und was schlecht. Er will sich selbst die Finger am Feuer verbrennen, um zu wissen, wie heiß die Flamme ist.

Als ich nach Trois-Sauts kam, dachte ich genau wie Monsieur B., doch heute sehe ich die Dinge anders. Die Wayapi sind

Menschen wie wir, weder unmündige Kinder noch Exoten, die man zu ihrem Wohl von allen schädlichen Einflüssen abschirmen muß.

Ethnologen und Politiker, alle zerbrechen sich den Kopf über das Für und Wider, jeder will für die Wayapi nur das Beste. Und jedem Besucher hier stimmt der Wayapi zu, jedem gibt er recht, jede Meinung läßt er gelten. Aber sind sie wieder allein unter sich, lachen sie und sagen: „Laßt sie doch streiten, uns betrifft das nicht. Wir nehmen von ihnen allen, was wir bekommen können und was wir brauchen, und tun wie bisher nur, was uns gefällt!"

2. März

Der heutige Tag wird als der unglückseligste in die Geschichte meiner Urwaldzeit eingehen. Es ist kaum vorstellbar, deprimierter, aber auch wütender zu sein, als ich es bin! Zum vierten Mal hat mich ein Hund gebissen! Ohne ersichtlichen Grund, ohne Vorwarnung fiel er mich plötzlich von hinten an und verbiß sich derart heftig mit den Zähnen in meinem Oberschenkel, daß er daran festhing und eine Wunde riß, so tief, daß das helle Gewebe herausquoll. Das Maß ist nun voll, die Aggressivität der Hunde hat sich mit diesem Biß auf mich übertragen, ich kenne keinen Pardon mehr. Nur bewaffnet mit meinem Coup-Coup werde ich künftig das Oka verlassen, und wehe dem Hund, der mir noch einmal zu nahe kommt oder mich auch nur bösartig anknurrt!

Die Piroge von der Küste hat Post von daheim mitgebracht. Meine Mutter schreibt, die Deutsche Fluggesellschaft habe angefragt, ob ich während der Sommersaison wieder als Stewardeß arbeiten wolle. Ist das vorstellbar – jetzt und hier? Kann man im Hilton oder Intercontinental Hängematten aufknüpfen? Was meine Kolleginnen wohl für Augen machen würden, wenn ich sage: „Wie schön, seit ich fliege, habe ich keine Läuse mehr!"

Es ist eigenartig, ich denke zwar manchmal an Europa, fühle

mich auch diesem Kontinent noch zugehörig. Aber der Gedanke an Rückkehr beschäftigt mich nie, auch dann nicht, wenn es mir wirklich schlecht geht. Die Zukunft, Europa, scheint so weit weg zu sein wie ein anderer Planet, den es in meinem Leben zufällig auch noch gibt. Fast könnte man es hier vergessen.

4. März
Dem Himmel sei Dank, die ersten Sonnenstrahlen haben uns heimgesucht! Die Regenzeit wird zwar noch Monate andauern, aber vorerst hat der „kleine Sommer" begonnen und uns ein wankelmütiges Aprilwetter beschert, mit dicken Wolken, zwischen denen manchmal die Sonne scheu hervorlugt. Wenn das freundliche Wetter und die Laune anhalten, werde ich in einigen Tagen die letzte Filmrolle belichtet und diese Arbeit abgeschlossen haben.

Die Sammellust ist ausgebrochen! Stundenlang suche ich im Wald nach Farnen und Blättern, die ich in Büchern presse, ich gehe mit Sini auf Schmetterlingsjagd, oder wir fangen skurrile Insekten und Käfer. Am Okarand häufen sich die aufgespannten Schlangenhäute zum Trocknen. Im Dorf durchstöbere ich die Körbe über den Feuerstellen nach Affen-, Kaiman- oder Agutisschädeln, die oft völlig unbeschädigt und sauber sind, überzogen von der bernsteinfarbenen Rauchpatina. Die Leute lachen schon über mich, weil ich nur noch in gebückter Haltung, mit suchendem Blick zwischen den Okas zu sehen bin, umgeben von einer Kinderschar. Da im Sand finden sich neben Tierzähnen auch hin und wieder bunte Glasperlen, die wohl beim Auffädeln verlorengegangen sind oder die übersehen wurden, wenn eine Kette riß. Es ist unglaublich, wie viele Glasperlen die Kinder und ich auf diese Weise schon gefunden haben, schöne unregelmäßige Perlen, wer weiß wie alt. Ein Souvenir von allen Dorfbewohnern, ein paar Perlen von jedem...

Ähnlich wie die Kalimbégürtel mancher Burschen fädelte ich die Perlen auf eine Baumwollschnur und schlang sie locker um die Taille. Wenn schon Kalimbégürtel, dachte ich dann, warum nicht gleich ein richtiges Kalimbé, das ich schon immer attraktiver fand als die Kamisa der Frauen? Das Resultat war zuerst nicht sehr zufriedenstellend, denn bei meiner Anatomie wollte die schmale Stoffbahn, zwischen den Beinen durchgezogen und nur von der lockeren Schnur gehalten, nicht richtig sitzen. Also baute ich einen Minislip ein, und nun bewegte ich mich im zweitbesten Kleidungsstück – dem nächstbesten nach der bloßen Haut –, je ein flatterndes Stück Stoff vorne und hinten und Perlenschnüre an der Seite. Die Baumwollschnur mußte ich allerdings noch verstärken. Bei meiner ersten, verschämten Demonstration auf dem Dorfplatz, als die Frauen lachend herbeieilten und ganz genau sehen wollten, wie es darunter aussieht, riß das haltende Band, die Perlen kollerten zu Boden, und das Kalimbé fiel zur allgemeinen Erheiterung auch herunter.

Die Sonne hat vieles verändert. Ich bin so ausgefüllt und zufrieden, war nie glücklicher hier.

14. März

Mein erster Blick, ohne auch nur den Kopf aus der Hängematte zu heben, fällt auf die Steinplatten am Fluß, auf Pilolo, der dort in den alten, tiefen Kerben im Gestein eine Steinaxt für mich zurechtschleift. Mein lieber Pilolo, denke ich voll Wärme und streichle ihn mit meinen Gedanken. Glatte, matt schimmernde Haut des Sulu'i, Glanz des Paka im langen, dichten Haar, vom Yawapini der kräftige Körper, von Yaneya, dem Schöpfer der Wayapi, das Gesicht, ebenmäßig in nassen Ton modelliert . . .

Alles an ihm erscheint mir aufrichtig, edel und gut. Wie er seine Familie umsorgt, seiner Frau bei der Arbeit hilft, ohne sich an die sozialen Normen zu halten; wie er mit der sanften Zärtlichkeit einer Katze seine kleinen Kinder in den Arm nimmt und kost, ohne sich dessen zu schämen ... Nein, niemals könnte ich ihm sagen, was ich fühle. Mein europäisches Ich sagt mir, das ich das bereuen werde, jedoch das indianische verschließt mir den Mund. Vielleicht aber – nun, es wäre doch vorstellbar – empfindet er genauso? Warum sonst hat er sich einen Moustache auf der Oberlippe wachsen lassen, wie es sonst keiner hier tut, nachdem er das Foto meines bärtigen finnischen Freundes gesehen hatte? Pilolo ... nein, schlag dir das aus dem Kopf, nicht er, der Stolzeste von allen. Er hat Persönlichkeit, sicher wird er einmal Capitaine des Dorfes werden. Ich wünschte, ich wäre aus hartem Bois-Violet und nicht aus empfindsamem Fleisch und Blut, das die Traurigkeit – und die Sehnsucht – kennt ... Aber viele Wayapi haben doch zwei Frauen, und Pilolo ist ein sehr guter Jäger, er könnte sich das erlauben. – Doch nein, niemals habe ich es in Frage gestellt, daß ich sie eines Tages wieder verlassen werde. Pilolo würde sein Gesicht verlieren, und das weiß er ... Aber vielleicht, ganz im geheimen ... Hat nicht so mancher Wayapi eine Doudou ... ?

Nacheinander kommen die jungen Burschen. Gutgelaunt und stark bemalt fürs Fest, steigen sie die Yula herauf, jeder eine Coui mit einem Geschenk für mich. Ajouta läßt ein Stück Rehfleisch schicken, Wiri-Wiri eine dicke, saftige Meyuflade, Amama schenkt mir den Baku, den er selbst gefangen hat, Aprouka etliche Piranhas, und Sini bringt frische Yanipä-Farbe und geröstete Maiskolben.

„Kammala hat gesagt, wir sollen dir alle was geben, weil er selbst zuwenig Beute gemacht hat. Du sollst dick werden!" erklärt Mika den plötzlichen Überfluß.

„Soll ich dich bemalen, willst du?" fragt Sini und spitzt schon ein Stäbchen zurecht, weil ich dieses Angebot nie ablehne.

Während Fleisch und Fisch über dem Feuer brodeln und Sini und ich eng beieinander am Okarand sitzen und er mich schminkt,

Sini ist ein Künstler in der Wayapi-Ornamentik

haben sich im Palaverhaus schon alle Dorfbewohner zum Casiri eingefunden.

„Er ist lieb, dein Gatte, wirklich sehr lieb zu dir!" ruft Pilolo schelmisch herüber und duckt sich schnell hinter die anderen, die in lautes Hiiii-Gelächter ausbrechen, um von dem abgenagten Maiskolben, meiner Antwort, nicht getroffen zu werden. Sini kichert verschämt, läßt sich aber in seiner Malerei nicht beirren.

Er macht mich besonders „schön" heute, bewundert zufrieden sein vollendetes Werk, deutet auf die roten Perlenketten, die ich umhängen soll, nimmt seinen Kamm aus dem Haar, frisiert mich und setzt mir noch die Federkrone auf.

Während ich zum Palaverhaus hinübergehe, treffen die Gäste aus Zidoc ein. Jeder der Männer schüttelt mir „à la française" energisch die Hand, mit einem amüsierten Blick auf mein Kalimbé, als wäre ich das Begrüßungskomitee des Dorfes. „Bonjour, Monsieur!" begrüßt mich Papi lachend, und Si'i sagt: „Ah, du bist heute aber eine sehr schöne Doudou! Setz dich zu uns, ich will dir was erzählen."

Ich hole mein Ap'k und setze mich zu den Männern.

„Hast du von unserem Tapir gehört, Sa'i?" fragt mich Si'i.

„Ja, man hat davon erzählt."

„Das war ein riesiges Tier! Wir waren zu sechst in der Piroge und mußten insgesamt an die dreißig Schuß abgeben. Er wollte einfach nicht aufgeben. Erst war der Tapir am Ufer, aber als er uns sah, tauchte er sofort im Wasser unter. Und ich sage dir, er blieb so lange da unten, daß wir drei Zigaretten hätten rauchen können."

„Ohne Luft zu holen?"

„Eu, eu. Dann tauchte er auf, ganz weit von uns entfernt."

„Und dann?"

„Wir fuhren gleich hin, da war er aber schon am Ufer. Dann schossen wir, dann war er tot. Der Tapir war so schwer, daß wir ihn zu viert hochheben mußten, so viel fettes Fleisch hatte er. Im Wald ist er viel einfacher zu jagen, er ist sehr, sehr dumm, weißt du, und er ist blind vor Angst. Einmal, als wir hinter ihm her waren, ist er ganz von allein zu unserer Piroge zurückgelaufen und mit ihr zusammengestoßen!" Pilolo setzt sich neben mich.

„Dein Agü ist wirklich sehr schön geworden. Was macht der Koata?" fragt Pilolo und spielt mit Agü, der eine kleine Narbe auf Pilolos Arm untersucht.

„Es wird auch ein liebes Mädchen, jetzt hat sie schon Haare. Das Bein ist auch bald wieder in Ordnung, die Knochensplitter eitern noch heraus."

„Gibt es bei euch in Autriche auch Ka'i?"

„Nein, Pilolo, es ist ihnen wohl zu kalt bei uns."

„Heute morgen habe ich lange nachgedacht, Elfie", sagt Pilolo und raucht schweigend seine dünne Rindenzigarre weiter.

„Hm. Ich auch, Pilolo."

„Ich habe daran gedacht, wie traurig ich sein werde, wenn du einmal abreist."

Betroffen zucke ich zusammen und weiche seinem Blick aus.

„Wir sind einander doch so nahe, immer gehe ich bei dir im Oka ein und aus. Du bist eine gute Frau geworden, Sa'i. Nicht wie eine Fremde, fragst nicht dumme Fragen. Den Kindern gibst du immer, Essen, Medizin, wenn sie krank sind. Die Kinder sind immer bei dir. Du bist wie eine richtige Schwester . . . nein, noch mehr . . . für mich. So denke ich."

Er blickt vor sich hin, hat gesagt, was er sagen wollte, sagt weiter nichts mehr.

21. März

„Nimm meinen Sohn für eine Weile", sagt Pala'isi, reicht mir den Kleinen und spaltet mit dem großen Messer ein Stück Holz in Späne. Das Feuer flackert auf, leuchtet als zuckender, warmer Schein im dunklen Oka, und Pilolo baut das einfache Räuchergerüst darüber auf.

„Wo habt ihr heute gejagt?" frage ich ihn und ziehe den kleinen, grünen Leguan am Schwanz zu mir her, damit der Bub mit ihm spielen kann, bevor auch seine, des Leguans, Stunde geschlagen hat.

„Du kennst diese Pfade noch nicht, wir sind von Itusansan aus in den Wald gegangen, um nach Waseys zu sehen."

„Gibt es dort viele Waseypalmen?“

„Eu, eu, sehr viele, sie werden jetzt schon reif. Auch Pina gibt es noch.“

„Dann werden jetzt die großen Vogeljagden beginnen“, sage ich, wie ich es von den Leuten gehört habe.

„Nein, Elfie, noch nicht, zwei Monde noch. Die Tukane und die Aras sind zwar schon da, viele Vögel sind in den Palmen und fressen. Wenn wir sie aber jetzt abschießen, sind sie knochig und mager. Wir warten, bis sie sich an den Waseys fett gefressen haben. Bald werden alle Tiere im Wald fett sein von den Früchten.“

„Und die Wayapi auch?“

„Eu, eu, und die Elfie auch, wir werden alle sehr viel Wasey essen.“

„Und Awasi!“ – Mais.

„Ja, auch. Morgen bringe ich dir Kukuruz von der Pflanzung!“

Ich lache, weil Pilolo ganz selbstverständlich dieses Wort verwendet. Viele im Dorf kennen von mir die deutschen oder speziell wienerischen Ausdrücke für Tiere und Pflanzen, und jene Worte, die ihnen dem Laut nach gefallen, verwenden sie manchmal zum Spaß. So sagt Sini, wenn er auf Besuch kommt, zur Begrüßung jedesmal: „Sonne, Mond und Sterne.“ Könnte mir vorstellen, daß das einmal zu heilloser Verwirrung führt, wenn ein Sprachforscher hier Studien betreibt.

Pala'isi hat inzwischen auch den zweiten Leguan ausgenommen und zerteilt und legt die Stücke auf den Rost. Sikania bringt Holz herbei und facht mit dem Feuerwedel das Feuer an, das grell auflodert, der helle Rauch zieht ins Freie und hebt sich deutlich von der Schwärze der Nacht ab. Ich bin müde und gähne herzhaft.

„He, was ist das denn? Ein Regentropfen? Es regnet doch gar nicht!“ sage ich.

„Das war sicher eine Spinne im Dach.“

„Der Menge nach eine riesige Spinne. Das Viehzeug ist entsetzlich in der letzten Zeit, so viel gab es noch nie."

„In der Regenzeit ist das so."

„Ja, im Wald kann man keine Sekunde stehenbleiben, gleich fallen Moskitoschwärme über einen her. Und erst die Würmer, die es jetzt gibt."

„Hast du viele Würmer, Schwester?"

„Weiß nicht, aber die Fußsohlen sind ganz geschwollen und rot."

„Das juckt, stimmt's?"

„Wie wahnsinnig, vor allem nachts. Das Kraut, das mir Mika gegeben hat, hilft auch nicht viel. Hast du auch Würmer in den Füßen?"

„Natürlich, Elfie, wir haben alle die Füße voller Würmer. Erst in der Trockenzeit verschwinden sie wieder. Sie sind aber nicht schlimm."

„Ich habe versucht, einige mit der Pinzette herauszuziehen. Glaubst du, das hilft?"

„Ani, Elfie, nein! Das sollst du nicht machen, das ist ganz, ganz schlecht. Sie reißen nur ab. Außerdem kannst du nicht die ganze Fußsohle aufmachen, um sie herauszuholen. Laß sie einfach sein! Wenn du es nicht mehr aushältst, lege Ko'i drauf!"

Der kleine Sohn Pilolos ist längst schon in meinen Armen eingeschlafen. Jetzt ist Pala'isi mit ihrer Arbeit fertig, nimmt mir den Kleinen wieder ab, scheu lächelnd, wie das ihre Art ist, und legt sich mit ihm in ihre Hängematte.

„Ich werde auch schlafen gehen, Pilolo. Morgen gibt es ein Casiri, nicht wahr?"

„Eu, eu."

„Na logisch . . ."

„Ja, logisch."

„Du weißt ja gar nicht, was ich weiter sagen will! Typisch Pilolo, immer d'accord."

Er grinst mich spitzbübisch an und sagt: „Also, was ist denn nun logisch, Sa'i Tarupi?"

„Daß morgen ein Casiri ist, nachdem ihr heute so viel gejagt habt."

„Ja, logisch. Sagte ich ja. Wie klug meine Schwester ist!"

Ein klarer, samtener Himmel spannt sich über das Dorf, übersät mit Sternen. In allen Okas leuchten die Räucherfeuer, lassen die Häuser durchsichtig, körperlos erscheinen.

22. März

Auf glühenden Kohlen zu tanzen kann kaum schmerzvoller sein! Zweifellos waren die Pfefferschoten genau die richtige Behandlung gegen die Würmer, denn von einem Jucken der Fußsohlen kann nun keine Rede mehr sein. Nur hat Pilolo seinem guten Rat nicht hinzugefügt, daß ich dieses diabolisch scharfe Zeug nur in kleiner Menge und nur für kurze Zeit auf die ohnehin schon entzündeten Fußsohlen auflegen darf und nicht dutzendweise und die ganze Nacht über!

3. April

Die Gewitter, die seit einigen Tagen regelmäßig, pünktlich wie die Uhr, über dem Dorf niedergehen, haben apokalyptische Dimensionen. Sie kündigen sich mit schweren, pathetischen Theaterwolken auf azurblauem Himmel an, und plötzlich werden die Farben so klar und grell und leuchtend wie auf einer kitschigen Ansichtskarte. Um so effektvoller ist die dann folgende, düstere Finsternis, die mit orkanartigen Windböen über uns hinwegfegt, daß die Welt erzittert und überall ums Dorf herum die Bäume zu Boden krachen. „Tupan!" rufen die Menschen, wenn der erste Donner aufdröhnt und die Schleusen sich öffnen, und eilen in ihre Okas. Die Gewitter selbst sind kurz und heftig, aber der Regen dauert hinterher noch Stunden an. Dann klart das Wetter schlagartig wieder auf, und der Himmel erstrahlt in wiedererstandener Schönheit.

Alle Aufgaben, die ich mir für Trois-Sauts gestellt habe, sind abgeschlossen, mein Soll nach bestem Können erfüllt. An Abreise denke ich deswegen aber noch lange nicht. Jetzt erst kann ich mich dem Alltag widmen und uneingeschränkt das Leben der Dorfbewohner teilen. Ich bin zwar schon ein wenig tropenmüde, es ist nicht zu übersehen, daß der allgemeine Verwitterungsprozeß auch an mir nicht spurlos vorbeigegangen ist, aber das betrifft nur den Körper; die Aufnahmebereitschaft der Sinne ist ungetrübt.

Was sage ich da? Zuviel Bereitschaft ist sogar vorhanden, was gewisse Gefühle angeht. Das einzige Gute an dem Leiden ist, daß es mir den Appetit genommen hat, denn wieder einmal bleibt am Abend der Teller leer; es gibt nichts zu essen.

„Du mußt etwas tun, Sa'i, so geht das nicht weiter", sagt Mika, dem mein Zustand nicht entgangen ist. „Ich bringe dir die Pflanze vom Abbatti, die mischst du mit Duftwasser, und dann gehst du zu ihm. Es ist ein ganz altes Mittel, es hilft."

Jetzt warte ich auf dieses Wundermittel, und Mika verspricht jeden Tag aufs neue, daß er es ganz sicher *morgen* bringen wird. In Zidoc treffen mich oft fragende Blicke, Andeutungen, die nichts offenlassen. Ein Nicken würde genügen. Aber was hilft mir das, wenn ich nur den König in dem Spiel sehe und keine andere Figur.

18. April

„Da iß, das ist gut für dich!" sagt K'ju und legt mir eine pflaumengroße gelbe, weiche Kugel in die Hand.

„Was ist das?"

Ich koste davon, dann esse ich es ganz auf. Wo manche Früchte wie Fleisch schmecken und manches Fleisch wie eine Frucht, wo so viele Geschmäcker fremd sind und wo es nur selten genug zu essen gibt, fragt man nicht viel.

Das gelbe Ding ist mehlig, herb, fett.

„Das ist sehr, sehr gut, K'ju!"

„Willst du noch mehr davon?" fragt er und kommt bald mit Nachschub an. Diesmal ist an der gelben Kugel ein langer, gewölbter Stiel, der in einer tellerförmigen Vertiefung endet. K'ju sieht meinen fragenden Blick, schweigt sich aus, lächelt und nimmt mich mit in sein Oka. Njälä liegt in ihrer Hängematte und spinnt Faden. Auch sie lächelt sibyllinisch, steht auf, geht zur Feuerstelle und hebt den Deckel vom Topf, in dem es brodelt. Das Fleisch zweier großer, fetter Landschildkröten kocht darin, und ich habe den absoluten Leckerbissen erhalten. Ich wußte gar nicht, daß Schildkröten sich mit bananenfarbigem Blütenstengel fortpflanzen!

Wie ein Bettelmönch ziehe ich mit meiner Kalebasse umher, wenn ich hungrig bin. Mein ganzer schöner, malerisch bunter Okahaushalt ist aufgelöst, selbst Pfannen und Töpfe, Teller und Besteck sind an meine Freunde verschenkt. Was sollte ich auch ohne Vorräte noch kochen? Mit Argusaugen wird Tag für Tag von einigen Okas aus beobachtet, was ich esse, und oft schallt Pilolos Ruf durchs Dorf: „Sa'i Tarupi – Coui!" Das bedeutet Essen für uns drei hungrigen Mäuler, die beiden Affen und mich. Ich brauche kein schlechtes Gewissen zu haben, denn ich arbeite genau wie jede andere Frau im Dorf, überall, wo eine zusätzliche Hand gebraucht werden kann, bin ich zur Stelle.

An manchen Tagen, wenn meine Freunde selbst nicht genug zu essen haben, müssen wir uns mit trockenen Meyufladen begnügen. Auch das empfinde ich jetzt nicht mehr als schlimm. Wenn man sie lange genug kaut, wie ich es für meine Affenkinder ohnehin immer tun muß, wird der Brei süßlich und recht schmackhaft. Hauptsache ist, daß das Hungergefühl verschwindet und die Grube zwischen den beiden Hüftknochen nicht zu tief wird.

Selbstverständlich habe ich mich längst auf die hiesige Küche umgestellt und bin beim Essen nicht sehr zimperlich, aber auf manche Wayapidelikatesse verzichte ich dennoch lieber, falls ich nicht überrumpelt werde, wie das mit den Pisus geschah. Wieder einmal hieß es: „Iß, Sa'i, das ist gut für dich!", und Sosso reichte mir ein Stück Meyu, das einen weißen, kremigen Aufstrich trug. Es schmeckte nicht schlecht, würzig, scharf, ähnlich schon etwas überreifem Gorgonzola. Hinterher erfuhr ich, daß der unbekannte Brotaufstrich, den ich gegessen hatte, aus Pisus, daumenlangen fetten, rohen und zerquetschten Larven bestand. Die Pisus sind so beliebt, daß sie in alten Pinapalmen regelrecht gezüchtet werden. Alte Palmen werden umgeschlagen, um das Vorkommen dieser riesigen Larven zu begünstigen. Nach einigen Monaten ist der ganze Stamm von Pisus durchwühlt, und sein „Besitzer", derjenige, der den Baum gefällt hat, kommt, um zu ernten. Der Nährwert der Pisularve ist sehr groß, auch jener der Bienenlarven und der großen, rotbraunen Ameisen mit erbsgroßem Hinterleib, die geröstet angeblich sehr knackig und wohlschmeckend sein sollen.

Es ist leer geworden im Oka Sa'i Tarupi! Nicht nur die Küche ist aufgelöst, verschwunden sind auch das Silberzelt, die Alukisten voll mit Schmetterlingen, Tierknochen, einer Steinaxt – einer fast vollständigen ethnographischen Sammlung und all den technischen Apparaturen. Nur die beiden Affen sitzen noch da am Lattenboden und freuen sich über den schönen großen Spielplatz, die Hängematte baumelt im Gebälk, und einsam steht die Laterne mitten im Raum. Ich brauche zum Leben nicht mehr als ein Wayapi, alles Überflüssige wurde mit der Piroge der Commune nach Saint-George geschickt.

19. April

Das Fest verlief so übermütig, daß es selbst der Dunkelheit nicht gelingt, es zu beenden. Ausnahmsweise bin ich heute früher als meine Nachbarn in der Hängematte, zu müde zum Feiern und auch ein wenig zu hungrig. Die Burschen treiben Unfug, huschen mit Taschenlampen von Oka zu Oka... Traumfetzen mischen sich unter die Wahrnehmungen von außen. Traum oder Wirklichkeit? Wirklichkeit oder Traum?

Plötzlich schrecke ich hoch, erwache von meinem eigenen Aufschrei. Wer ist die schattenhafte Gestalt, die dort lautlos die Yula hinabläuft? Ein Mensch oder ein Schemen? Wer war es, der mir eben nahe, so nahe kam und mir ins Gesicht sah, daß ich davon erwachte? Habe ich *ihn* durch meinen Schreckenslaut verjagt oder nur einen unruhigen Traum abgebrochen? Hellwach bin ich nun und starre in die sternlose, schwarze Nacht, die endlich ihre Stille fand, nachdem der Wind seine Kinder nach ausgelassenem Spiel sanft in den Schlaf geschaukelt hat. Ein erregter, warmer Wind, der heftigen, erlösenden Regen bringt.

Der Zauber, den mir Mika endlich brachte, die kleine Wurzel, wie Ingwer, so bizarr und verknorpelt, mit Düften getränkt, in ein Tüchlein gehüllt, will seine magischen Kräfte für mich nicht entfalten! Ich bin zu ungeduldig, zu rational... Warum schlafe ich nicht? Warum warte ich? Warum kann ich nicht einfach nur *sein?* Die Frau ist das Dorf der Geborgenheit und der Acker des Lebens, Erde der Kinder, Erde des Manioks, des Casiris. Die Gefühle, die der Mann für sie empfindet, sind unkompliziert, gradlinig wie der Stamm der Waseypalme. Die Frau ist Notwendigkeit, die Frau ist stark und gut, die Frau ist da – danach gibt es kein entferntes Sehnen. Im verborgenen blüht die Zärtlichkeit zur Gemahlin, im Schutz der Hängematte, die beide umschmiegt, unter der formlosen Stoffhülle, die als Moskito- und Kälteschutz dient und wie eine Glocke diskret das Geschehen verbirgt. Und darüber, wie Vögelchen im Nest, schlafen die Kleinen, geborgen in der Körperwärme der Eltern, die zu ihnen aufsteigt.

20. April

Es ist der älteste Einbaum im Dorf, der unterhalb der Katarakte am Ufer liegt. Er ist rundum morsch, leckt an allen Enden und dient nur noch als Spielzeug für die Kinder, oder um Fischköder im nahen Ufergestrüpp anzubringen.

Unermüdlich schöpfe ich mit der Coui das Wasser aus, das pausenlos eindringt, und Pilolo rudert mit ruhigen, langen Schlägen der Stelle am Ufer entgegen, wo ein Fisch am Köder angebissen hat. Ich sehe Pilolo an, gehe meinen Gedanken nach, und plötzlich fangen wir beide gleichzeitig herzlich zu lachen an. Schnell wende ich den Blick von seinen Augen, schöpfe, schaue verschämt in die Baumkronen hinauf. Ich spüre seinen Blick, und sowie ich ihm begegne, lachen wir wieder.

„Warum lachst du, Bruder?"

„Weil du auch lachst."

„Du weißt, warum?"

„Eu, eu, Elfie."

„Jetzt können wir die Probe machen, ob wir beide an das gleiche denken. Niemand sieht uns. Willst du?" sage ich und wundere mich selbst über meinen Mut.

„Nein", sagt er und grinst.

„Du bist feige, Pilolo!"

„Wir sind keine Fische. Schöpfe weiter, wir werden sinken."

„Nur deshalb?"

„Ja, wir sinken!"

Und wenn auch ... aber du hast schon recht, wir sind keine Fische, allerdings ... Ich lache und schöpfe weiter, und Pilolo zieht seinen Fang ins Boot, einen Baku von sicherlich drei Kilogramm.

Tapelao füllt den braunen Karapabrei in eine Palmfruchtkapsel, und ich baue schon das Gestell auf, um sie darauf zu legen. Überall vor den Okas stehen diese gefüllten, schiffchenartigen Holzschalen von fast einem Meter Länge in der Sonne. Die Hitze läßt das Fett der gekochten, passierten Fruchtmasse schmelzen und als klares, orangefarbenes Öl in die untergestellte Coui tropfen. Karapa-Öl wird verwendet, um das harte, rote Urucukonzentrat für die Körperbemalung zu lösen; es dient zugleich auch zur Hautpflege und als Insektenschutz.

Aprouka sieht mir eine Weile zu, kommt dann her und reicht mir seine Coui mit Waseysoße.

„Wo im Wald hast du Yawalu getroffen?" fragt er mich neugierig.

Die Sonne läßt das Fett aus der Fruchtmasse schmelzen

„Bei der alten Pflanzung", sage ich. Ich rücke das Gestell zurecht, daß der Neigungswinkel stimmt und das Öl abfließen kann. „Was kann er da gemacht haben, Aprouka? Es ist doch nicht üblich, auf den Jagdpfad des Nachbardorfes zu gehen! Außerdem hatte er nicht einmal eine Jagdwaffe bei sich." Ich nehme die angebotene Coui und trinke die dickflüssige Soße.

„So eine Waffe braucht der da auch nicht", erwidert Aprouka lachend.

„Was meinst du damit?"

„Yawalu hat im Wald seine Doudou getroffen – Sosso!" sagt der schwatzhafte Aprouka, der leidenschaftlich gern Klatsch erzählt. „Weißt du davon nichts? Nein? Und von wem das Baby von Yakuna ist, das weißt du auch nicht?"

„Nein, Aprouka."

„Von Sini. Denn Sini wird Yakuna heiraten, wenn mein Vater tot ist."

Der Vater von Aprouka und Pilolo, der alte Alessan Sassa, ist sicher schon an die siebzig, aber Yakuna, seine Ehefrau, die erst vor einigen Monaten ihr erstes Kind geboren hat, ein Baby von Sini also, ist noch keine zwanzig Jahre alt. Alter vor Jugend! Yakuna ist für Sini bestimmt, aber zuvor gab man sie an Alessan, damit er im Alter eine Versorgung hat!

1. Mai

„Der Baum ist schon alt, er wird nicht mehr lange leben. Ich werde ihn umschlagen", sagt Piriri und beginnt mit der Axt auf den Riesen einzuschlagen. Mika hilft ihm mit der scharfen Machete.

Piriri hat diesen Wa'a-Baum, der reife Früchte trägt, in den vergangenen Tagen auf der Jagd ausfindig gemacht, und nun sind seine Frau und die Kinder, Mika und ich gekommen, um zu ernten. Ächzend und rauschend bricht der Baum zu Boden, und wir Frauen können beginnen, die vielen, vielen Früchte zusammenzutragen, ehe die Männer aus Palmwedeln Körbe hergestellt haben.

Die Baumkrone ist riesig, wohl an die zwanzig Meter im Durchmesser, und auch im weiten Umkreis liegen noch die Früchte. Gelbe, pflaumenförmige Früchte, die eine dicke, fleischige Schale tragen, milchiger, latexartiger Saft quillt heraus. Ich sammle und esse, bücke mich, sehe immer mehr Früchte vor mir, sammle, esse und entferne mich dabei immer weiter von den anderen, setze mich schließlich, als der Korb voll ist, auf den Boden und esse, esse, bis ich ihr „Hu-u!" von weit drüben auf der anderen Seite höre. Bedauernd verlasse ich die Stelle, wo noch so viele Wa'a herumliegen. Willkommener Schmaus für die Waldtiere!

„Hast du ihn gesehen, Sa'i Tarupi?" fragt Piriri aufgeregt.

„Wen gesehen?"

„Yawa! Yawapini!" ruft Panna'l noch aufgeregter, und Tapelao nickt und drückt ihre kleine Tochter eng an sich.

„Ein Jaguar war da, er ist gekommen, weil er den Lärm gehört hat! Er muß ganz nahe bei dir gewesen sein. Hast du ihn wirklich nicht gesehen?" fragt Mika, und sein Gesicht sieht nicht so aus, als ob er spaßte ... Nein, Mikas Gesicht wird plötzlich breiter und breiter, unscharf, milchig verschwimmt seine Kontur vor meinen Augen, und immer wieder sagt er „nicht gesehen ... nicht gesehen ... nicht gesehen ..." Wie ich etwas antworten will, kleben mir die Lippen fest aufeinander, und meine Augen werden klein und starr, daß ich die Lider nicht mehr heben kann ... Weich und grundlos wird der Boden, federt bei jedem Schritt, daß ich wie in Zeitlupe auf einem Trampolin hochschnelle. Was geschieht hier bloß? Ich reibe mir die Augen, um die Schleier wegzuziehen, und stelle fest, daß meine Arme unwahrscheinlich lang geworden sind und die Hände beängstigend groß. Sie fühlen sich an wie Schaumgummi. Alles an mir fühlt sich schwammig weich an, und die Füße sind so weit weg, als ob sie jemand anders gehörten ... Warum bewegen alle den Mund, als ob sie sprechen würden? Warum lachen sie und sehen mich so an mit ihren grimassenhaften Gesichtern? Ich schwebe am Boden dahin, gleite sanft zwischen den Bäumen hindurch, schwimme durch den Wald, als wäre ich ein Fisch ... tatsächlich ein Fisch ... Wie leicht ich bin, schwerelos, ein Blatt im Wind, ein Morphoschmetterling, der das Glitzern des Wassers sucht ...

„Sa'i! Sa'i Tarupi! Steh auf, wir sind da!" ruft jemand. Ich liege in dicken rosigen Mooskissen, weich und träumend, und höre den schönen, poetischen Worten der Menschen zu.

„Sie hat Wa'a gegessen, viele Wa'a! Sie kann nicht aufstehen", sagt Mika zu den Menschen am Ufer, vielen fröhlichen, sonnigen Menschen. Wie schön sie sind! Ach, ich liebe euch, ihr Wayapi, liebe euch alle so sehr ...!

„Du warst vorhin sehr lustig, Schwester, wir haben viel über dich gelacht!" sagt Pilolo, der mit dem Rundnetz auf den Steinstufen der Stromschnelle fischt und einen Fisch ans Ufer bringt. „Weißt du denn nicht, daß man die Wa'a erst am zweiten Tag essen soll? Du warst sehr, sehr betrunken!"

Wieder und wieder stecke ich den Kopf ins kalte Flußwasser. O Gott! Was habe ich für einen Kater!

Die Haupterntezeit der Wildfrüchte hat begonnen. Inga, Yuwa, Wa'a sind reif und werden in großen Mengen ins Dorf gebracht, vor allem aber die meterlangen Fruchtdolden der Euterpepalme, die die Wayapi Wasey nennen. Sie spielen in dieser Jahreszeit eine wesentliche Rolle in der Ernährung. Die kirschgroßen, violetten Waseyfrüchte sind der Pinafrucht ähnlich und haben wie sie einen sehr großen, harten Samenkern. Die Frauen überbrühen sie und bereiten daraus mit Wasser und Meyu eine dicke, sämige Soße, die herb und wacholderartig schmeckt. Wann immer ich jemanden im

Oka besuche, wird mir eine Kalebasse voll Wasey gereicht, so daß es kein Problem mehr für mich ist, täglich satt zu werden. Die Kinder sieht man jetzt ständig mit violetten Mäulchen herumlaufen, und die kleinen Buben sammeln und horten die Kerne als Munition für ihre Schleudern.

Die Wichtigkeit und Beliebtheit der jahreszeitlich begrenzten Frucht hat auch in der Kultur der Wayapi ihren Niederschlag gefunden. Ihre alten Lieder erzählen schon von Waseyfesten, und ein Tanz trägt diesen Namen.

Fast täglich begleite ich eine der Familien in der Piroge zu den Quellen des Oyapock, um die Palmen entlang der Wasserläufe im Wald abzuernten. Großzügig schenkt die Natur jetzt dem Menschen ihre Gaben, sowohl im Wald als auch auf der Pflanzung. Awasi, der Mais, ist jetzt voll reif und wird zu einem besonders starken, schmackhaften Casiri verarbeitet. Wenn die Sonnenstunden nahen, gehen die Männer, die der stete Regen schon verdrossen hat, wieder mit viel Enthusiasmus auf die Jagd, und zahlreich kommt auch das Wild aus seinen schützenden Unterschlupfen hervor. Besonders viele Affen können jetzt erlegt werden, große, schwarze Koatas, deren dunkelrotes Fleisch auf den Räucherrosten fettig glänzt. An manchen Tagen gibt es so viel Nahrung im Dorf, daß morgens eine kollektive Mahlzeit veranstaltet wird, an der alle, auch Frauen und Kinder, teilnehmen.

Die Tage verlaufen ruhig und ereignislos, gliedern sich in einige aktive Sonnenstunden und viele ruhige, gemütliche Regenstunden, in denen wir beisammensitzen, reden und essen, handwerklichen Betätigungen nachgehen oder schlafen. Casirifeste finden jetzt seltener statt, einmal weil es viel Arbeit gibt, zum anderen, weil genügend Nahrung vorhanden ist, so daß dieses Getränk nicht wie in der Sommerzeit als Hauptnahrung dient.

Unruhe und Abschied

20. Mai

Unruhe ist in mir, die sich nicht mehr bezähmen lassen will. Gedanken flattern mir zu, unbeständig wie Zugvögel, fliegen weiter, überlassen anderen ihren Platz, ehe auch diese von wieder anderen abgelöst werden. Verwirrende Unruhe, Gedanken des Aufbruchs, Freude und Traurigkeit, Zweifel, Erregung und starre Lähmung. Ein unbändiges Verlangen zieht mich in den Wald, in die scheinbare Einsamkeit unter der Wesensfülle, auf den Jagdpfad dort, der wenigstens meine Schritte unbeirrbar lenkt.

Tastend öffnet mir die Machete den Weg. Ohne Plan, ohne Ziel bin ich unterwegs, immer weiter entferne ich mich von den vielbegangenen Wegen der Menschen, immer weiter dringe ich in unbekannte Wildnis vor. Der Zeitbegriff versickert in vager Unbestimmbarkeit, die leitende Sonne wandert auf offener, freier Bahn, platzgreifender und schneller als ich hier unten im Dickicht der Hindernisse. Es ist berauschend, sich von allen Bekannten so entfernt zu wissen. Allmählich verliert sich die Wayapispur, wird unscheinbar wie eine der zahllosen Tierfährten, die die Reviere der Lebewesen durchkreuzen. Kein erkennbares dunkles Band am Boden leitet mich mehr, nur das Gefühl für die Richtung, das Gefühl für deren Richtigkeit. Ein unbekannter, aber nicht fremder Wald, zu dem ich Vertrauen fasse, in dem ich mich sicher und ruhig fühle. Hier kann ich denken.

„Wann gehst du weg von uns?“ fragen die Leute immer wieder, seit das Gepäck verschickt ist. Und: „Wer wird dich zur Küste bringen?“ – „Die nächste Piroge, die nach Trois-Sauts kommt, wird mich zurückbringen!" antworte ich. Aber sie spüren, daß das nicht wahr ist, daß anderes mich beschäftigt...

Ich bleibe stehen, halte Ausschau nach meiner Fährte, sehe sie nicht, überlege, wo es weitergeht. Es ist falsch, das zu tun, man darf nicht anhalten und suchen. „Sich gehen lassen" und anderes denken ist die Bedingung, um instinktiv auf der Wayapifährte zu bleiben. Eine schlafwandlerische Gratwanderung, die den Abgrund ignoriert, angespannt, aufmerksam, nur noch Auge, Ohr und Tastsinn, nur noch Tier... Viele hundert Kilometer liegen zwischen den Wayapidörfern und der fernen Küste. Unermeßliche Weiten des amazonischen Urwaldes, der mich, als Fremde, in den ersten Monaten bekämpfte, quälte, fast erdrückte. Ich gab nicht auf, paßte mich an, lernte, ließ mich von ihm und seinen Menschen formen. Jetzt bin ich ein anerkanntes Adoptivkind, eine anhängliche Tochter, die nichts mehr zu fürchten hat – ich fühle es. Es ist nicht Vermessenheit, die mich bald für unbestimmte Zeit ganz in den Urwald führen wird. Es ist die Sehnsucht des Kindes nach der Geborgenheit in der Autorität des Stärkeren, dem es gehört, eine vertrauensvolle Liebe, trotz all der empfangenen Schläge...

Wieder halte ich an, untersuche den Boden. Kein Zweifel, diese Fährte ist falsch, stammt nicht vom Menschen, ich folge den Spuren eines Tieres. Für einen Moment will mich die alte, drohende Angst vor dem Verlorensein überkommen. Ich markiere meine Position, sehe nach dem schräg einfallenden Sonnenlicht, und sternförmig, in meterbreiten Abständen, durchstreife ich die Umgebung, immer bedacht, genügend Spuren zu hinterlassen. Ich bin in einer Niederung, kniehoch steht stellenweise das Wasser. Hier ist es immer schwieriger, der Fährte zu folgen, als auf dem Trockenen. Ich erschrecke, wie ich mir den Schweiß abwische und mir dabei Blut ins Gesicht schmiere. Blut, das an den Armen herunterrinnt, auf die Schenkel tropft. Blut erschreckt immer, Blut, das den Körper verläßt, und mit ihm das Leben. Aber ich bin nicht verletzt, es sind die Lianen, die ihren Lebenssaft für mich vergießen, dicke rote Tropfen aus hellen, klaffenden Spalten, um meinen Rückweg zu sichern.

Nach einigem Suchen finde ich die Wayapispur. Aber aus welcher Richtung bin ich gekommen? Ja doch, rechts von mir war das Licht ... Ich bin todmüde, nehme kaum noch etwas wahr. Seit dem frühen Morgen bin ich unterwegs, ohne zu essen, ohne zu ruhen, Schritt für Schritt weiter auf dem Pfad zieht mich ein innerer Zwang, als gelte es einen Gipfel zu erklimmen, ein ganz bestimmtes Ziel zu erreichen, vor dem man nicht aufgibt, vor dem an Rückkehr nicht zu denken ist.

Keine andere Frau aus dem Dorf würde sich allein in den Wald wagen, keinesfalls so weit hinein in diese ungewisse Domäne der Geister, der unsichtbaren Bedrohung und Gefahr für den Menschen. Diese Kräfte, an die die Wayapi glauben, verschonen Sa'i Tarupi, die Weiße, das hat sich auf vielen Wanderungen bewiesen. Sie ist nicht hochmütig, lacht nicht über Dinge, die sie nicht verstehen kann, sie ist nicht dumm. „Vielleicht geschieht dir nichts, weil du kein Indianer bist, der davon lebt, Tiere zu töten und Bäume zu fällen? Viele Weiße hat der Wald aber auch schon umgebracht, viele, sehr viele ..."

Absichtlich verlasse ich nun die Wayapispur, knicke Zweiglein, schlage Kerben in die Baumrinde und folge aus Interesse einem Wildwechsel, einer Wildschweinspur, die, von vielen Füßen getreten, sehr deutliche Eindrücke zeigt. Und dann ist der Gipfel meines Berges gefunden, das Ziel der langen Wanderung erreicht. Kulumáfrüchte bedecken den Boden zwischen den weit auslaufenden Wurzelwällen eines Baumes, überall Kulumáfrüchte, so weit das Auge reicht, Nahrung für die Tiere, reiche, sehr geschätzte Nahrung auch für die Menschen. *Ich* bin es, die sie gefunden hat und die sie ihren Freunden bringen wird aus der Fülle des Waldes.

Schwer beladen, mit vollem Rucksack und einem mit Lianen verschnürten Blätterpaket, mache ich mich auf den weiten, mühseligen Rückweg, verirre mich noch einmal, aber mein Markierungssystem bewährt sich, und ich finde ihn wieder, den richtigen Weg, der schon düster wird, dunkel . . .

Pilolo und Mika kennen die Wahrheit, sie wissen von meinem Vorhaben und schweigen. Noch ehe der Mond voll ist, werde ich Trois-Sauts, werde ich meinen Bruder verlassen und eine andere Liebe finden. Pilolo hat Angst um mich, er sieht nur die mannigfachen Gefahren, die mich erwarten, sieht schon meinen sicheren Tod.

Ich kann im Dorf, so schön das Leben da auch ist, nicht mehr glücklich sein, ich muß weiter. So sehr schon habe ich mich an das Urwaldleben gewöhnt und die Erinnerungen an Europa, an die andere Wahrheit, verdrängt, daß ich nicht mehr sicher weiß, was ich eigentlich will, wohin ich gehöre. Deswegen soll meine Rückkehr nicht allein mein eigener Entschluß sein. Amazonien wird die Entscheidung für mich treffen, der Fluß und seine Katarakte, der Urwald und seine Geister und Tiere.

Seit vielen Jahrhunderten hatte der Oyapockfluß stets schicksalhafte Bedeutung in der Geschichte der Menschen, die an ihm lebten. Auch für mein kleines, unbedeutendes Leben soll dieser Fluß bestimmend sein. Ihm und dem Wald sei es überlassen, mich zurückzubringen zu den Menschen, von denen ich einmal kam, oder mich für immer hier bei sich zu behalten.

8. Juni

Alle stehen sie da, niemand fehlt – doch, Wiri-Wiri, wo ist sie, meine Freundin? Die Burschen lachen, machen Witze, die Männer sind ernst, schweigen, sehen mich starr an, blicken auf den Kajak, das kleine zerbrechliche Gefährt, das so eine weite Reise antreten soll. Mika hat die Stirn gerunzelt, die Lippen fest aufeinanderge-

Ich überlasse mein Schicksal dem Oyapock

drückt, die Arme vor sich verschränkt. Armer alter Mika, guter Freund! Mein Blick fällt auf Pilolo, ich sehe in seine Augen, wie er in meine. Mein Bruder, so viel hätte ich dir noch zu sagen. Nein – schau jetzt nicht weg, wende den Blick nicht ab von mir! Versuche doch, es einfach hinzunehmen, wenn du es nicht verstehen kannst. Versuche daran zu glauben, daß mir nichts passieren wird!

Amama, der große Amama, ließ in der Nacht seinen Gefühlen freien Lauf und weinte dicke Krokodilstränen, als Mika im Dorf meine heutige Abreise im Kajak bekanntgab. Und Piriri überließ mir den kostbarsten Besitz, den ein Wayapi zu vergeben hat, seine eigene feste, warme Hängematte, und nahm dafür meine, zerschlissen und wertlos.

Das Herz ist mir schwer, während ich jetzt von einem zum anderen gehe, die Hand zum letzten Mal reiche. Ich versuche, fröhlich, optimistisch zu wirken, sage lachend „Yakelai", und manche umarme und küsse ich, ungeachtet ihrer Befangenheit. Und plötzlich macht sich die allgemeine Aufregung Luft, alle sprechen durcheinander, jeder will mir noch einen guten Rat mit auf den Weg geben.

„Elfie, Sa'i, Sa'i Tarupi, gib acht, gib immer acht! . . . Anakondas können dich samt deinem kleinen Boot ins Wasser hinunterziehen . . . Der Jaguar, nachts wird er kommen und dich angreifen. Du bist eine Frau, das weiß er, er hat keine Angst vor dir . . . All die Schlangen . . . Höre nicht auf fremde Laute, es sind die Geister, die dich in den Wald locken, damit du den Weg verlierst . . ."

Nein, ich fürchte mich nicht, ich habe keine Angst, obwohl ich mir der Gefahren bewußt bin, obwohl ich keine Waffe besitze. Ich weiß, daß der Oyapock nicht die Donau ist, keine einzige Seele bewohnt diese Wälder zwischen Trois-Sauts und Camopi, eine Wegstrecke von ungefähr 280 Kilometer. Ich muß mit allem rechnen, auf jede bekannte Gefahr vorbereitet sein – und auch auf die unbekannte. Auch darauf, im schlimmsten Fall das Boot zu verlieren.

Da drängt sich Wiri-Wiri zwischen den anderen hindurch, weinend, nimmt mich fest in die Arme, und auch mit meiner Beherrschung ist es jetzt vorbei. Wahrscheinlich werde ich euch nie wiedersehen! Nie, nie wieder im Leben, meine Freunde, als würdet ihr jetzt alle sterben, aus meinem Leben verschwinden wie ich aus eurem . . . Ich stehe vor Pilolo. Pilolo steht vor mir. Schön und stolz und völlig starr. Ich wage nicht, ihm die Hand zu reichen, stehe nur da und sehe ihn an, und Ströme fließen von ihm zu mir, sein Wesen, sein Stolz, seine Stärke, seine Kraft. Ich werde es schaffen, Bruder – für dich!

Schnell wende ich mich dem Kajak zu, der sich so klein ausnimmt. Wird er überhaupt noch schwimmen? Ich bin aufgeregt, habe Angst vor den kommenden Sekunden, die noch im allerletzten Augenblick meine Reise vereiteln können. Der Kajak ist sicher viel zu schwer bepackt! Piriris schwere Hängematte, der Schlafsack, die Petroleumlampe und der volle Rucksack, die beiden Affen und zwei kleine Babypapageien in einer Coui mit Baumwolle . . . und obendrauf ein großes Bündel trockenes Brennholz, die Schwimmweste, der Sturzhelm. Die Luftsäcke in den Bootsspitzen, die in einem Kajak für Auftrieb sorgen, konnte ich kein bißchen aufblasen, so voll ist er gepackt!

„Yakelai" – lebt wohl

Ich zittere vor Aufregung, wie die hintere Kajakspitze ins Wasser taucht, der Sand der ruhigen Bucht unter dem Gewicht knirscht. Jetzt liegt das Boot ganz im Wasser, schaukelt und schwimmt! Ich versuche für mich darin auch noch ein wenig Platz zu schaffen, steige ein, ich sitze – wir sind obenauf, wir schwimmen, nirgends dringt Wasser ein! Agü schreit wie am Spieß, will nicht drin bleiben und klettert mir auf die Schulter. Bis über die bauchige Hälfte liegt der Kajak im Wasser, wirkt gar nicht mehr sportlich, schnittig und wendig, aber wir schwimmen! Die Aufregung über das Boot lenkt vom Abschiedsschmerz ab, Aprouka schiebt uns in die Strömung, schon treiben wir, dreht uns der Fluß, winke ich meinen Freunden am Ufer, die stumm und reglos dastehen, uns gebannt nachsehen. Yakelai! Yakelai, Yaneya beschütze euch!

Die erste Flußbiegung kommt auf mich zu. Ich nehme das Paddel, um lenkend einzugreifen, das festgebundene Paddel, das ich um nichts in der Welt verlieren darf, drücke es gegen das Wasser. Das Boot ist nicht manövrierfähig. Viel zu tief liegt es im Wasser, bietet dem Wasserdruck zu großen Widerstand! Wie wird sich das erst in den Stromschnellen auswirken? Als wäre nicht Wasser im Oyapock, sondern flüssiges Öl, so viel schwerer läßt sich das Paddel durchziehen, und nur ganz langsam und träge reagiert der Kajak ein wenig auf die Richtungsänderung. So muß sich ein Porschefahrer fühlen, wenn er einen Überlandtransporter fährt . . .

In Zidoc sind viele Leute am Steg versammelt, als ich anlege, Bananen wollen sie mir noch mitgeben, Meyu, geröstetes Maniokmehl, doch nichts kann ich annehmen, ich muß sogar vom vorhandenen Proviant einiges ausladen, um etwas leichter zu werden. Agü, mein lieber Affensohn! Schweren Herzens trenne ich mich von ihm und übergebe ihn Yawalu, den Agü von allen Wayapi immer schon am liebsten hatte. Yawalu verspricht mir, mein Äffchen mit der nächsten Piroge zur Küste zu schicken. Auch die beiden Papageien bleiben in Zidoc zurück. Aber die stille, anhängliche Brigitte, wie ich das schmollmündige Koatamädchen – in französischer Aussprache, versteht sich – nenne, wird mich begleiten. Sie braucht nicht so viel Bewegung wie der unruhige, zappelige Agü.

„Am Saut-Yanassikoua mußt du schnell weiterfahren. Bleibe nicht auf den Felsen in der Mitte des Oyapock, auch wenn es dort leicht ist anzulegen. Es gibt unbekannte Tiere unter diesen Steinen, die die Menschen angreifen. Jetzt wissen wir das, aber früher sind dort viele Menschen verschwunden", sagt Yawalu. „Bade nicht im tiefen, ruhigen Wasser, Elfie! Niemals sollst du das tun, verstehst du! Dort schlafen die Aimarás am Grund. Sie können sogar herausspringen und dich im Boot angreifen, dir mit ihren scharfen Zähnen das Fleisch von den Rippen reißen", sagt Si'i.

Auch in dem kleinsten der drei Dörfer, in Village Pina, halte ich an, um adieu zu sagen. Es ist etwa elf Uhr, als ich den Rangerhut tief ins Gesicht rücke, das Messer ans Kalimbé binde, die gefaltete Landkarte vor mir am Kajak festklemme und die letzten Pfahlbauten, die letzten Menschen hinter mir zurücklasse, die kleiner und kleiner werden, verschwinden . . .

Kraftvoll sprudelnd und schnell zieht das Wasser. Übermütig schaukelt der Kajak mit ihm, wie ein ausgelassener, schwerer Ackergaul, der schon bewegungslos im Stall stand und nun endlich freien Lauf hat.

Der Oyapock führt immer noch Hochwasser, das weit über das Flußbett tritt und sich uferlos im dichten Gestrüpp der Galeriewälder verliert. Das Hochwasser hat für mich Vorteile, denn viele Hindernisse im Flußbett, die in der Trockenzeit eine Flußfahrt so schwierig gestalten; Felsen, Bäume und spitze Äste, sind überspült. Dafür gibt es andere Schwierigkeiten, Strudel und gegensätzliche Strömungen, die beständig gegen mein Boot drücken, es drehen und wenden wollen, daß ich pausenlos paddeln muß, um den seitlichen Druck auszugleichen. Links durchziehen, rechts dagegenstemmen, links, rechts... mein Gott, kostet das viel Kraft! Wie lange kann ich das durchhalten?

...so laß doch dem Fluß seine Freude, überlasse ihm die Führung und schenke ihm das Tänzchen, das er mit dir halten will! Oder willst du es dir mit ihm verscherzen? Nichts übertreiben, nicht Gewalt anwenden und maßvoll mit den Kräften umgehen. Gewöhne dich langsam an deinen Gefährten, den Fluß...

Glühend sticht die mittägliche Sonne herab. Selten nur gelingt es einigen Wassertropfen, bis zur Mitte des Paddels herabzurinnen; die Hände, die das warme Holz eisern umschließen, bleiben fast trocken, die Plastikdeckel, als Tropfenfänger hinter den Paddelblättern angebracht, bewähren sich. Blasen werde ich an den Händen jedenfalls bekommen, aber vielleicht nicht so schnell, als wenn die Hände aufgeweicht würden. Naß, naß – Kühlung! Ich nehme den Hut ab, gieße mir damit Wasser übers erhitzte Gesicht und lasse Brigitte daraus trinken. Schöner, schützender Hut, eine Seite aufgebogen, eine Seite mit sanftem Schwung ins Gesicht gezogen, und als Hutband ein Stück Schlangenhaut. Mikas Schlange, die giftige Urucucu, die ihn gebissen hat. In seiner Wut hat er sie erschlagen und mit ins Dorf gebracht. Vielleicht schützt mich diese Schlangenhaut!

Brigitte spielt an meinen Beinen, umarmt sie mit ihren langen, dünnen Armen, zupft an den Härchen herum, piepst vergnügt und ist auch schon wieder eingeschlafen. Liebes Mädchen, du und ich, wir sind das einzig sichtbare Leben hier in der Wildnis. Klammere ich mich genauso an dich wie du an mich?

Allein in der Wildnis

Dicke Wolken sitzen über den Wäldern Brasiliens, halten sich fest am Rande des grellen, gleißenden Hitzehimmels. Bald werden sie den ganzen Himmel für sich erobern, dunkel, schwarz das tägliche Gewitter bringen. Paddelpause, Ruhe – wie ein Ringelspiel dreht uns die Strömung in der Mitte des Flusses; einer Spirale folgend, ziehen wir schleifendrehend dahin, und mein Blick kann tastend über die Urwaldmauern wandern, ohne daß ich mich selbst bewege. Ich halte nach einem Platz Ausschau, um am Ufer anzulegen, an Land zu gehen, aber solche Stellen sind rar. Dann finden wir eine, frei von Ufergestrüpp, offen und blickdurchlässig. Ich lenke den Kajak in den überschwemmten Wald hinein, ziehe uns an den Bäumen vorwärts oder bremse die Fahrt, lasse den Kajak hineintreiben in das ausgewaschene Wurzelwerk eines Baumes, wo er hängenbleibt und ich aussteigen kann. Da ist auch schon das Gewitter, die Düsternis, der Regen, der ohne Ankündigung – plötzlich, heftig – herabprasselt, daß ich gerade noch Zeit habe, schnell die Luke am Boot zu schließen und das Brennholz mit Plastik abzudecken. Brigitte klammert sich ängstlich an meinen Knöchel, das Stück Meyubrot, das mein Mittagessen sein sollte, zerbröckelt mir naß in der Hand. Warm läuft der Regen übers Gesicht, den Körper hinab. Zwischen den Baumstämmen sehe ich hinaus auf den Oyapock, der, fahl und aufgewühlt vom Trommelfeuer der Tropfen, silbrig aufglänzt, als ein zittriger Blitz ihn erhellt. Der düstere Wald hinter mir ist auf befremdende Weise unheimlich, wirkt leblos und abweisend, wüstenhaft leer. Wie wird das erst nachts werden, wenn ich jetzt schon Angst verspüre? Ein Schauer rieselt mir über den Rücken hinab, ich nehme Brigitte auf den Arm, und schnell verlassen wir wieder den ungastlichen Ort, noch ehe der Regen für heute sein Maß erfüllt hat.

Aufatmend erreiche ich die Flußmitte, die Beklommenheit verschwindet. Auf dem Fluß, da ist der Blick offen und weit, trotz der beschränkten Sicht durch den Regen, ich fühle mich sicher. Heftiger Gegenwind bremst unsere Fahrt und weht mir den Regen ins Gesicht. Ein Leguan plumpst vor mir ins Wasser – und was ist das, was sich dort drüben nahe am Ufer bewegt? Eine Schlange, die, auf und nieder wippend, in den Fluß hinausschwimmt? Ach nein. Bloß Äste im Wasser, die an die Oberfläche ragen und von der Strömung bewegt werden. Wieder dreht mich der Fluß, und ich lasse es geschehen, und wie ich zurückblicke, sind da zwei große, runde Buckel, die direkt auf mich zuschwimmen ... Tiere, zwei dunkle Köpfe, rund wie Fußbälle, im düsteren Gegenlicht nicht zu identifizieren. Sind es Wildschweine? Tapire? Jaguare? Sie kommen näher, sind nur noch zehn bis fünfzehn Meter entfernt. Neugierde und Angst streiten in mir. Sie herankommen lassen, sehen, was es ist? Die Flucht ergreifen vor dem Unbekannten? Energisch steche ich mit dem Paddel ins Wasser, flach nur, aber in schneller Folge, und gewinne zunehmend Fahrt. Als ich zurückschaue, sind sie noch immer da, schwimmen jetzt ebenfalls schneller – kein Zweifel, daß sie mich einholen möchten! Wie besessen paddle ich, hole das Letzte heraus aus mir und dem Boot. Die Warnungen der Wayapi sind spukhaft gegenwärtig. Teuflische Ungewißheit, nur davor hat man Angst! Nach dreihundert Metern wage ich wieder einen Blick zurück. Die beiden Tiere haben sich getrennt, schwimmen in großem Abstand voneinander dem Ufer zu, wo sie meinem Blick entschwinden.

Und ich bilde mir ein, den Urwald zu kennen!

Wie ein Automat paddle ich, ignoriere, wie die beiden Daumen schon schmerzen, bin mir der Anstrengung nicht mehr bewußt.

Wie lange werde ich brauchen bis Camopi? Vier Tage? Fünf? Wie weit habe ich mich schon – innerlich, äußerlich – von Village Kammala entfernt? Wo mag meine augenblickliche Position liegen?

Ein Genipapobaum lenkt meine Fahrt ans Ufer. An seinen ausladenden Ästen halte ich mich fest und pflücke die erreichbaren reifen Früchte. Yanipä nennen sie die Wayapi und machen daraus ihren schwarzen Farbstoff. Will Sa'i Tarupi sich schmücken für die erste, einsame Urwaldnacht?

Der Regen ist vorüber, doch in der Ferne höre ich es rauschen. Kein Regenrauschen – eine Stromschnelle! Nervös schließe ich schnell die Spritzdecke um mich herum, daß die Luke dicht ist, und setze den Helm auf. Die engen Flußbiegungen beschränken die Sicht, das Rauschen wird immer stärker und die Fahrt plötzlich auch viel schneller. Erst als ich knapp davor bin, nur noch hundert Meter entfernt, sehe ich, was vor mir liegt: überschwemmte kleine Flußinseln, von denen nur die äußersten Spitzen der Sträucher aus dem Wasser ragen, und unzählige Steine, über die der Fluß reißend hinwegzieht. Wie lächerlich erscheint mir jetzt der Helm auf meinem Kopf! Die Stelle ist ungefährlich, problemlos zu passieren. Holpernd geht es über die Wellen hinweg, die sich viel zu theatralisch gebärden wegen der paar Inseln und Felsen. Probeweise, als Übung für die bevorstehenden großen Stromschnellen, versuche ich einige Manöver. Um die Beweglichkeit zu testen, lehne ich mich gegen den Druck der Strömung, steche steil mit dem Paddel ins Wasser, kante das Boot auf, um diagonal den Fluß zu durchqueren. Aber nur andeutungsweise will mir das gelingen, die Wellen brechen sich am Boot, fließen über den Kajak hinweg und bringen mich gewaltig ins Schwanken. Störrischer, träger Gaul, wie schwer bist du zu bewegen!

Nach kurzer Zeit schon liegt die nächste Stromschnelle vor mir. Wieder kriecht mir die Angst in die Glieder. Ich habe einfach noch zuwenig Gefühl für das schwere Boot entwickelt, das macht mich unsicher. Zögernd quere ich den Fluß einige Male, paddle sogar gegen den Strom, um Zeit zu gewinnen. Die Stelle scheint mir nicht so einfach zu sein wie die vorige. So weit das Auge reicht, aufgebauschtes, gischtendes Wasser, in dem die Felsen kaum zu erkennen sind! Hopp, da hat sie mich schon erfaßt, die Hauptstromzunge, zieht mich so schnell rein ins Getümmel, daß mir keine Zeit bleibt, lenkend einzugreifen. Willkürlich schlagen die Wellen von allen Seiten übers Boot, schlagen mir über den Kopf, ich paddle und paddle, egal wie, egal wohin, geführt, gezogen von der Strömung ... Geschafft! Triefend lasse ich mich in eine ruhige Kehre uferwärts drehen, um zu Atem zu kommen ... Plötzlich erstarrt mein Blick, heftet sich fest auf eine Stelle am Ufer. „Vielleicht kannst du heute noch die Stromschnelle von Mutussi passieren, dort kannst du dann ans Ufer gehen!" hat Yawalu beim Abschied gesagt.

Vor mir liegt Mutussi, vor mir liegt das ehemalige Sommerlager der Wayapi! Fassungslos vor Glück starre ich auf die drei zerfallenen Carbets, überwältigt vor Glück. 4.45 Uhr ist es, als ich den Kajak an Land ziehe und Brigitte heraushebe. Im Sommer, als das Lager errichtet wurde, war der Fluß niedrig, jetzt aber ist der Boden hier sumpfig, und an manchen Stellen reichen Ausläufer des Flusses bis unter die alten, offenen Carbets, die teilweise schon verrottet und eingebrochen sind. Doch was macht das schon, eine bessere Stelle, um diese Nacht zu verbringen, kann ich mir nicht wünschen! Als erstes hole ich einige kurze Schnüre mit Angelhaken hervor, bringe daran Stücke der Yanipäfrüchte als Köder an und befestige diese Angeln im Ufergestrüpp, so hoch, daß die Strömung den Köder an der Oberfläche bewegt. In einem der Carbets knüpfe ich Piriris urucurote Hängematte auf, mache mit meinem trockenen Holz Feuer – und schon höre ich den ersten Fisch an der Leine zappeln! Nach kaum einer halben Stunde liegen

Mutussi, das ehemalige Sommerlager der Wayapi

drei tellergroße, flache Bakus über den Flammen, mehr, als ich und die kleine Brigitte essen können! Goldgelb ist die feinschuppige Haut, zart und weiß das Fleisch, aber an den starken, knorpeligen Gräten ist es noch blutig rosa. Halb roh esse ich es, ich kann nicht länger warten! Noch nie im Leben hat mir Fisch so gut geschmeckt. Noch nie im Leben habe ich mich freier und unabhängiger gefühlt!

Die Nacht ist noch mondlos, Dunkelheit umschließt uns, bescheiden erhellen das Feuer und die Flamme der Laterne das Carbet.

Der Fluß braucht keine Nachtruhe, laut und monoton rauschend läuft er über die nahe Stromschnelle. Aber ich muß versuchen zu schlafen, ich bin müde, morgen brauche ich neue Kräfte.

Brigitte schläft. Ich habe sie in eine Tasche gelegt und den Zippverschluß fast ganz zugemacht, damit sie es warm hat und kein Tier ihren Geruch aufnehmen kann. Angespannt lausche ich in die Nacht, starre mit weit offenen Augen in den schwarzen Wald. Unbestimmbare Laute, ein Tapsen, ein Krachen ... dort leuchtet etwas auf – Augen? Leuchtkäfer? Sterne nur? Fern und nah, überall regt, bewegt es sich, raunt es und wispert, ich fühle mich beobachtet, spüre Blicke ... Das Feuer muß neu angefacht, Holz nachgeschoben werden. Das Feuer ist meine einzige Sicherheit ... Fest wickle ich mich in die breite Hängematte, die sich über mir schließt. Zweige knacken in meiner Nähe – ein Vogel kreischt – die Hängematte bebt – nein, nur mein Herz klopft laut.

Schlaftrunken schüre ich wieder das Feuer, und plötzlich merke ich, daß es ruhig und friedlich geworden ist im Wald. Leise zirpen die Zikaden, hin und wieder ist der verschlafene Pieplaut eines Vogels zu hören. Auch die Geister schlafen. Der Oyapock liegt gleißend im Mondlicht ...

6.30 Uhr. Ein erster zaghafter Schimmer zieht über das Wasser, das dick mit Nebeln bedeckt ist. Die Luft ist frisch, es riecht nach Maniharz, die Vögel beginnen zu erwachen. Willkommenes Tageslicht! Brigitte klammert sich an mir fest, als ich sie zu mir in die Hängematte hole. „Wu-wu-wu-wu" stößt sie vorwurfsvoll hervor und sieht mich mit ihren großen Glubschaugen ängstlich an. Für einige Minuten strecke ich mich noch einmal wohlig in der Hängematte aus, genieße die Entspannung, glücklich, daß die Nacht vorüber ist, dankbar für das Geschenk des neuen Tages.

Wir frühstücken, trinken Nescafé aus den Militärrationen, essen ledrig geräucherten Bakufisch, und ich mache Notizen im Tagebuch. Erst einen Tag und eine Nacht soll ich unterwegs sein?

Auf dem Oyapock und im Urwald relativiert sich die menschliche Zeitmessung ebenso wie der Maßstab der Landkarte.

Kaum vom Ufer abgestoßen, reißt mich der Oyapock an sich, unbändig, aggressiv. Der Tag beginnt stürmisch und verlangt schon meine ganze Aufmerksamkeit. Bald ist auch wieder Donnergrollen zu hören, das tiefe Sausen und Brausen einer Stromschnelle. Wie in einem engen, tiefen Bergtal, einer Felsenschlucht, fließt das Wasser zwischen den beiden Urwaldmauern dahin und leitet den Schall kilometerweit. Eine Biegung nach der anderen öffnet sich vor mir, aber noch immer ist von dem Katarakt nichts zu sehen. Dann, plötzlich, bin ich da, schon vorbereitet durch die viel schnellere Strömung. Ich zögere nicht, überlasse mich willig dem Sog, lenke hinein. Ganz nahe am rechten Ufer fahre ich mit einer Hauptstromzunge, die sich gewölbt und glatt ans Land schmiegt, und entgehe dadurch den spitzen hohen Wellen und den kleinen Felsspitzen, die über die restliche Flußbreite hin vorherrschen. Wohin führt mich diese Strömung am Rande? Mit dem abweichenden Ufer beschreibt sie eine Biegung nach rechts, tiefhängende Zweigen wischen mir übers Gesicht. Wenn der Kajak sich darin verfängt? – Ich ducke mich, ich paddle, und schon zieht es mich in ein Becken, in dem riesige, kreisrunde Strudel das Boot an sich reißen, die Spitze wird abrupt nach links gezerrt, nach rechts, der Kajak wankt hin und her, von einer Verwirbelung zur anderen. Wie auf einem Seil balanciere ich, verlege das Gewicht reflexartig, ohne zu überlegen, wie das Boot in den schnell wechselnden Strömungen aufgekantet werden muß, daß es nicht kentert. Längst schon finde ich keine glatten, wasserreichen Hauptstromzungen mehr, die sich zwischen den vielen Steinen, die herausragen, nicht mehr behaupten können. Hoffnungsvoll sehe ich der nächsten Flußbiegung entgegen – vergebliche Hoffnung, da vorne scheint es erst richtig loszugehen!

Einhundert Meter breit oder mehr ist der Oyapock, zahllose bewaldete Inseln liegen da, zwischen denen das Wasser hindurchschießt, und überall Felsen! Welche Richtung soll ich nehmen? Nach allen Seiten, nach Nord, Ost und West, gibt es Strömungen, verzweigt sich der Fluß. Welcher Weg ist der richtige? Lieber Gott, steh mir bei in diesem elendig schweren, plumpen Boot! Linkes Ufer, kleiner Kanal, zwischen den Inseln hindurch, dann nach Westen, schräges Gefälle, wenig Wasser, Steine wie auf einem Geröllfeld. Balanciere hindurch, achte auf Kehren – da! Da ist wieder eine glatte Stromzunge in Sicht! Ich paddle wie besessen, erreiche sie, werde von ihr aufgehoben, sanft und schnell getragen – aber zu einem abrupten Abfall, einer Steinstufe, nur schwach überspült! Es kracht, es knirscht, der Kajak setzt auf, bleibt hängen . . . er dreht sich, das Wasser fließt mir vorn über die Spitze, drückt sie hinunter, unter mir spüre ich, wie die Bootshaut am Felsen nachgibt, eine verstärkende Rippe am Rumpf bricht – dringt schon Wasser ein? Spüre ich schon die Kälte an den Beinen? Ich komme los von dem Felsen, treibe quer zur Strömung. Schnell kante ich auf, werde immer in Fahrtrichtung gedreht. Nein, kein Leck im Boot, alles dürfte in bester Ordnung sein . . .

Das Wasser ist jetzt ruhig und sanft, der Flußverlauf schmal. Zu schmal, zu ruhig! Das kann nicht mehr der starke Oyapock sein, das ist einer der vielen toten Arme des Flusses! Der Kompaß, der vor mir am Kajak festgeklebt ist, bestätigt meine Vermutung: ich bewege mich exakt in südwestliche Richtung. Keine Frage, hier darf ich nicht weiterfahren, wer weiß, in welches Labyrinth mich das noch bringt! Erschöpft fahre ich zum Ufer, halte mich an den Zweigen fest. Paddle zurück, Meter für Meter, langsam und schwer. Der Wald neben mir ist hoch überschwemmt, zügig zieht das Wasser zwischen den Bäumen hindurch. Könnte ich vielleicht hier schon hinüberfahren? Solange ich den Kompaß habe, die

Sonne am Himmel sehe, besteht keine Gefahr. Wozu hier unnötig gegen die Strömung kämpfen und Kraft vergeuden? Der Wasserstand im Wald beträgt etwa vierzig Zentimeter, nicht zu hoch und nicht zu schnell, um mit voller Wucht gegen die Bäume zu knallen. Nicht zu niedrig, um aufzusetzen. Gerade richtig. Unheimlich ist es mir aber doch im Wald, ständig fällt mein Blick auf den Kompaß, peile ich bestimmte Bäume an, fahre ich im Zickzack auf sie zu. Nach einer ganzen Weile erst, als sich bereits Zweifel in mir regen, wird es tatsächlich hell und heller. Die Insel ist durchquert, der Oyapock liegt vor mir, breit und gewaltig, gleißend im hellen Licht. Sturzhelm ab, Schwimmweste herunter, ein ruhiges Wegstück liegt vor uns!

Der Oyapock ist ganz anders, als ich ihn von der Anreise vor fast einem Jahr in Erinnerung habe. Keine einzige Felseninsel erkenne ich wieder, nicht einmal an die Stromschnellen kann ich mich erinnern, so sehr hat das Hochwasser das Flußbild und die Landschaft verwandelt. In den Nachmittagsstunden verschlechtert sich das Wetter, wie jeden Tag ziehen im Nordosten dunkle Wolkenmassen auf. Ich treffe meine Vorkehrungen, verstaue die Karte, den Hut, schließe die Luke und paddle ruhig und gleichmäßig weiter, während der Himmel sich bleiern über uns legt. Die Sonne ist verschwunden, das Licht spärlich abgedämmt. Über die Wasseroberfläche huscht ein welliges Gekräusel, die Bäume biegen sich ächzend zum Wasser unter dem Druck der Böen, die ihnen durchs Geäst fahren und das Laub herumwirbeln. Es reißt mir fast das Paddel aus der Hand, als mich eine Bö erwischt und zum Ufer treibt. Einige hundert Meter vor mir wird alles ganz weiß und verschwommen, das Stakkatogetrommel setzt ein, schnelle schwere Tropfen, anschwellend zum Crescendo. Unscharf, wie gefroren ist der Fluß, schemenhaft gesäumt von den hellgrauen Schatten der Waldwände. Ins Ungewisse treibe ich dahin in einem Meer von Millionen kleiner Springbrunnen. Die Tropfen, die mir auf den Körper und ins Gesicht knallen, sind fest wie Hartgummigeschosse. Während ich regungslos, wie benommen in diese weiße Scheinwelt schaue, hört das Hämmern schlagartig auf. Noch ehe der letzte Ton des abrupten Finales verklungen ist, zeigt sich oben im Weiß ein kleiner Fleck Blau, und schon greift die Sonne mit langen Armen durch das aufgerissene Loch herab. Dicht vor mir tut sich eine Stromschnelle auf, deren Vorboten im Prasselregen untergegangen sind und die ich nun ohne Schwimmweste und Helm passieren muß.

Eine ölige Trägheit folgt der letzten schnellen Passage. Riesenquallen gleich saugen sich die runden Verwirbelungen in der Mitte des Flusses, Kreise von zehn, fünfzehn Meter Durchmesser, langsam, aber beharrlich am Rumpf des Kajaks fest. Die Flußmäander sind breiter geworden, und mein entferntes Ziel, die Waldmauer am Horizont, wo das Wasser verschwindet, scheint nicht näher zu kommen. Ich paddle ohne Unterlaß und komme nicht voran!

Seit der Mittagsrast halte ich nach geeigneten Plätzen Ausschau, wo ich gegebenenfalls an Land gehen könnte. Kein einziger offener Einblick zeigt sich in der dicht verwachsenen grünen Mauer. Meine Schultern schmerzen, Müdigkeit macht sich bemerkbar. Sieben Stunden schon paddle ich auf dieser Marathonstrecke ohne Ende. Rechts am Ufer klatscht etwas ins Wasser. Ein Leguan? Nein, es taucht wieder auf, läuft förmlich auf dem Wasser dahin... eine Anakonda! Jetzt taucht sie unter, schwimmt mit erhobenem Kopf auf mich zu – ein Kopf so groß wie der eines Hundes, deutlich sehe ich die Augen...nur wenige Meter vom Kajak entfernt taucht sie plötzlich ab. Ich zögere. Ist sie unter mir? Fest halte ich das Paddel gegen mich, wage nicht, es ins Wasser zu tauchen. Wenn sie es umschlingt, sich daran heraufwindet, das ganze Boot ergreift...

Vier Uhr. Käme doch bald eine Stromschnelle, dann bestünde wenigstens Hoffnung, eine Insel zu finden, auf der ich übernachten könnte. Ich bin mit meinen Kräften am Ende, die Augen brennen von der Sonne, vom Schweiß, von der Übermüdung. Ich kann nicht mehr, aber ich paddle weiter, automatisch arbeiten die gefühllosen Arme, bewegt sich der Körper. Dann endlich ein Rauschen und Grollen, die Fahrt wird schneller, das Rauschen kommt näher, Wasserstrudel liegen vor mir und Wellen – und eine große Insel, die das Wasser teilt. Ohne Schwierigkeiten durchquere ich die Wellen, die es ziemlich bunt mit mir treiben, und nähere mich dem Inselufer – die Insel steht unter Wasser!

4.30 Uhr. Meine Hoffnung, hier einen Landeplatz zu finden, wurde enttäuscht. Aber weiterhin zieht der Fluß sehr kräftig und schnell. Was hat das zu bedeuten? Eine neuerliche Stromschnelle? Ja, das Geräusch wird lauter! Auf einer Strecke von dreihundert bis vierhundert Meter dehnt sich ein klassisches Wildwasser vor mir aus, und das bei einer Flußbreite, die ebenfalls an die hundert Meter beträgt! Überall wogt es, walzt es, spritzt Gischt in die Luft, heben und senken sich ölige Wogen. Keine einzige ruhige Passage ermöglicht mir ungehinderte Durchfahrt. Aber ich *muß* hier durch! „Schneller als das Wasser sein!" heißt die Parole, klingen mir die Worte meines Paddeltrainers im Ohr. Mit voller Kraft erfolgt meine Paddelarbeit, um Tempo zu erlangen. Kehren wollen mich umreißen – ich widerstehe; Wellen schlagen über mich hinweg – ich arbeite mich hinaus. Und keinem der Strudel gelingt es, mich an sich zu ziehen . . . ich habe es geschafft!

Erschöpft treibe ich zwischen eine der drei großen Inseln, zu müde, um nach einem Schlafplatz auszuschauen. Hätte nie gedacht, daß mich ein Wildwasser so fertigmachen kann, es muß tatsächlich am Gewicht des Kajaks liegen. Wenn Mandi, mein Trainer, mich jetzt sehen könnte! In Österreich haben wir etliche Wildwasser gemeinsam befahren, schwieriger als das hier, aber dennoch nicht so anstrengend ... Nein, o mein Gott, das kann ja nicht wahr sein, es ist die Übermüdung, eine Fata Morgana. Ich träume! Fest kneife ich die Augen zusammen, reibe sie, paddle gegen den Strom, daß ich stillstehe, starre – aber das Bild bleibt gleich. Was ich sehe, sind palmwedelgedeckte Carbets, Feuerstellen, Räucherroste. Das kann doch nicht sein! Nicht heute schon wieder! Und doch ist es wahr. Auch hier liegt, wie in Mutussi, ein ehemaliges Sommerlager vor mir, und um ein Haar hätte ich es übersehen, würde es auch nicht gefunden haben, wenn ich einen anderen Kanal gewählt hätte! Ich jauchze vor Freude. Das beste, schönste und teuerste Hotel der Welt könnte mir nicht so willkommen sein wie diese verfallenen, morschen Unterstände in diesem offenen Wald. Jeder Balken verleiht mir das Gefühl von Sicherheit, obwohl ich weiß, daß das ein Trugschluß ist.

Schnell ist die Nacht hereingebrochen, ist die unheimliche Finsternis mit ihren rumorenden Dämonen gekommen. Knochenmüde bin ich, aber zu erschöpft und überreizt, um Schlaf zu finden. Unruhig wälze ich mich in der Hängematte herum, lausche hinaus in die Schwärze, schüre das Feuer, bis nach Mitternacht ein wenig Ruhe über den Wald kommt und auch ich mich entspannen kann.

Der Morgen ist schon weit fortgeschritten, als ich erwache. Jeder Knochen, jeder Muskel im Leib schmerzt und zeigt mir, daß diese Reise *kein* Traum ist. Beim Beladen des Kajaks besehe ich mir noch einmal den Schaden, den er an jener kritischen Stelle genommen hat. Die Rumpfverstärkung ist nicht nur angeknackst, sondern völlig durchgebrochen. Wird der Bootsrumpf trotzdem genügend Spannung haben, um den Belastungen der bevorstehenden großen Stromschnellen standzuhalten – oder in der Mitte entzweibrechen?

Eines ist gewiß. Würde der Kajak – jetzt oder später – zerschellen, wäre ich verletzt und könnte gerade noch das Ufer erreichen –

auf menschliche Hilfe kann ich nicht zählen. Wer sollte nach mir suchen? Wann würde man überhaupt bemerken, daß ich verschollen bin? Wo sollte man in dieser verzweigten, ausgedehnten Flußlandschaft mit der Suche beginnen? In jenen Gegenden, wo Geier am Himmel kreisen?

Nach kurzer Fahrt gelangen wir aus dem Seitenarm wieder in den Hauptfluß. Drei Seitenarme münden hier; und ich habe gestern – durch Glück? instinktiv? – jenen gewählt, an dem das Lager liegt!

Stromschnellen vor uns. Mir zittern die Knie, ich bin verkrampft. Dreihundert Meter breit mag diese Stelle sein, ein Labyrinth von Inseln und Flüssen, schmalen Bächen und einigen reißenden Strömungen. Eine idyllische Landschaft und, soweit ich es im voraus beurteilen kann, nicht sehr gefährlich. Ich fahre nach Kompaß, nehme die nordwestlichen Passagen. Jede Welle unter mir, jedes Hindernis, das ich überfahre, jede stärkere Querströmung überträgt sich auf die Beine, der Bootsrumpf gibt nach – aber er hält.

Viel zuversichtlicher und ruhiger passiere ich die nächsten Schnellen. Ich habe mich an die beschränkten Fahreigenschaften des Kajaks gewöhnt und beherrsche ihn wieder. Ich spüre, wie wir mit jeder Stunde mehr zusammenwachsen, fühle, wie sich zunehmend jeder Impuls, jede leichte Regung auf den Kajak überträgt. Mit dieser Sicherheit kommen wir überall durch! Auch Brigitte hat sich ans Bootsleben gewöhnt, sie sitzt mir auf den Oberschenkeln, schaut hinaus und hält sich mit den Händen am Lukenrand fest.

Gegen Mittag passieren wir wieder schnelle, felsige Passagen und landen in einem schmalen, kleinen Nebenarm, wo das Wasser stillsteht. Vielleicht ist es ein totes Gewässer, eine Sackgasse, die nirgendwo hinführt, aber ich fahre weiter, weil ich noch nie eine so schöne, so unberührt verwilderte, romantische Landschaft gesehen habe. So stelle ich mir das Paradies vor. Weißblaue Reiher sitzen auf Bäumen, die wie Trauerweiden ihre Äste weit über den engen Fluß beugen, Kaimane liegen auf einem der zahlreichen umgebrochenen Stämme am Ufer, wärmen sich in der prallen Sonne und blinzeln erstaunt, als ich lautlos heranfahre, ehe sie sich gemächlich in den Schutz des Wassers gleiten lassen. Flache, dunkle Schildkröten auf einem anderen Baumstamm recken den dünnen, faltigen Hals und sehen mir nach, tellergroße Schmetterlinge, orange, braun, weiß, segeln bewegungslos über mir.

Kilometerweit sehe ich dann den geraden, mächtigen Strom vor mir. Wie die beiden gleichlangen Seiten eines gleichschenkeligen Dreiecks laufen die Waldmauern in der Ferne aufeinander zu. So unendlich weit liegt die nächste Biegung. Ich paddle und paddle und nähere mich doch nicht.

Ich habe das Gefühl, da zu sein, wo ich schon gestern war, die gleichen Ufer, die gleiche Sonne, der immer gleiche Rhythmus. Unveränderlich ist meine Reise, ewige Wiederholung, ohne Ende, links, rechts, links rechts . . .

Die Mittagspause findet auf dem Fluß statt. Bequem stelle ich die Beine vor mir auf, dehne und strecke mich, lasse die Arme ins kühlende Wasser hängen, lasse den Kajak führerlos drehen und treiben. Ich bade Brigitte, hole ein Stück Seife hervor und wasche das T-Shirt, das ich nachts trage, lege es auf die brennend heiße Kajakspitze zum Trocknen. Wir essen den restlichen Fisch, Meyubrot, ich schöpfe Trinkwasser mit dem verbeulten, verrußten Alubecher, mache krakelige Notizen ins Tagebuch. Nicht einmal zwei Kubikmeter Raum, aber ein richtiger, funktionierender Haushalt!

Nahe am Ufer fahren wir weiter, scheinen hier schneller voranzukommen. Das Ufer zieht sichtbar vorbei, jedes einzelne

Gewächs ist im Vorübergleiten deutlich zu sehen, anders als in der Mitte des Flusses, wo alles starr und unbeweglich erscheint. Brütend lastet die Hitze. Hitze, die die Gedanken lähmt, sie ausbrennt, bis nur noch der Körper weiterarbeitet, wie ein Automat paddelt und paddelt. Dann meldet sich Müdigkeit ... nein, weitermachen, nicht jetzt schon nachgeben, weiterpaddeln, weiter ... Kann es möglich sein, oder bilde ich es mir bloß ein, nur noch sechs, vielleicht auch acht Stunden von Camopi entfernt zu sein? Der Fluß ist schon so gewaltig, über hundert Meter breit ... Ich bestehe nur noch aus einem schwimmenden Rumpf, langen wirbelnden Armen, brennenden, suchenden Augen, feinnervigen Ohren, hin und wieder machen auch die spröden, trockenen Lippen, die schmerzenden Schultern und die weißen, aufgequollenen Fingerkuppen mit ihren Rissen auf sich aufmerksam ... Da, links vor mir, scheint der Urwald dahinter nicht lichter zu sein als sonst? Liegt da vielleicht schon ein ehemaliges Abatti? Ich weiß nichts mehr, kann nicht mehr denken. Wenn bloß ein Saut sich ankündigen würde, eine Insel für die Übernachtung, ein altes Carbet ... Die Ängste vor der Waldnacht stellen sich wieder ein.

Um 17.30 Uhr steige ich aus der Luke. Sinnlos, noch weiter nach Flußinseln Ausschau zu halten. Ich bin so stelzig und steif, daß ich die Beine fast nicht bewegen kann. Neun Stunden Fahrt liegen hinter mir. Kein Wunder.

Die gewählte Stelle liegt einige Meter weit im überschwemmten Uferdickicht, aber das Wasser ist hier nur seicht, die Strömung kaum zu spüren. Eine drei Meter hohe Böschung trennt mich noch vom Waldesinnern, zu steil, um den Kajak hinaufzubringen. An langen Schnüren binde ich ihn fest, daß genügend Spielraum vorhanden ist, falls der Fluß steigen sollte. Der Wald dahinter ist nicht allzu dicht verwachsen, es finden sich auch zwei Bäume, die für die Hängematte geeignet sind. Allgemeiner Eindruck: Es ist düster, es gibt viele Moskitos. Aber die Angst ist nicht zu groß. Ich

Mit dem Coup-Coup säubere ich den Platz

spreche laut, erteile mir für jeden Handgriff selbst den Befehl. Mit dem Coup-Coup säubere ich den Platz zwischen den beiden Bäumen, schlage die herabhängenden Lianen, die kleinen dünnen Bäumchen, das Strauchwerk ab, befestige dann die Hängematte, darüber eine Schnur für die Regenplane und darunter einen Blätterteppich, weil der Boden morastig ist. Ja doch, die Stimmung ist ausgesprochen friedlich. Viele Vögel singen in den Bäumen, Aras höre ich krächzen ... Aber ein scharfer Geruch liegt in der Luft, ein Geruch, den ich kenne, der mir jetzt nur nicht klarwerden will. Was kann das bloß sein? Ah, voilá, da haben wir's, entlang der Böschung läuft eine deutliche Tierfährte, ein Wildwechsel, der vom Wasser allmählich in den Wald hineinführt. Natürlich – Weißlippenpekaris riechen so, unverwechselbar! Ich folge der Spur, sammle Brennholz. Es macht nichts, daß es naß ist, mit meinem trockenen Zunder und Petroleum bringe ich das schon zum Brennen. Aha, hierher laufen die Wildschweine, zu den Früchten am Boden. Nußartige Früchte, die bitter schmecken, nur gut für Pekaris. Überall um den Baum sind ihre Spuren, liegen leere Schalen verstreut. Ob diese Tiere auch nachts fressen? Werden sie kommen, wenn es dunkel ist?

Die Finsternis treibt mich in die schützende Hängematte, die wie ein V durchhängt, weil die beiden Bäume zu nahe beieinander stehen. Vor mir brennt das Feuer mit gewaltiger Rauchentwicklung, wobei der Rauch nach hinten in den Wald abzieht. Gut so! Ich versuche zu schlafen, bemühe mich, abzuschalten, den Lärm um mich herum zu ignorieren. Es geht nicht, es pocht in meinem Kopf, so sehr strenge ich mich ungewollt an, die einzelnen Geräusche zu unterscheiden, sie zu identifizieren. Ein Tier plumpst ins Wasser, ein anderes fällt oder springt von einem Baum herab, dann knallt irgend etwas auf die Regenplane über mir, dazu die hysterischen Zikaden, die heute so besonders laut zu hören sind. Plötzlich heult etwas auf, ein langgezogener Laut, so gellend und schrill, daß mir die Ohren vibrieren, daß ich sie mir fest zuhalte und mich in der Hängematte ganz klein zusammenrolle. Ein Brüllen, ein schreckliches, furchterregendes Brüllen, das durch Mark und Bein dringt, für Momente aussetzt und schon wieder beginnt. Das muß ein Singe-Hurleur, ein Brüllaffe, sein! Ich rede mir ein, daß es nur ein Affe ist. Das Gebrüll macht wahnsinnig, egal, welch harmloses Wesen es von sich gibt. Jetzt wird es schwächer, entfernt sich, hallt noch durch den Wald ...

Stunden vergehen, Holz verbrennt. Die Sinne stumpfen allmählich ab. Entspannung tritt ein. Da fängt es plötzlich an zu regnen, heftig prasseln die schweren Tropfen aufs Laub, das Trommeln übertönt die Tierlaute, verschluckt sie fast, und ich bin wieder hellwach. Mein Feuer! Wie konnte ich das außer acht lassen! Ich springe aus der Hängematte, rette von der Glut, was noch zu retten ist, nehme sie mit Blättern und trage sie unter die Hängematte, lege die letzten Holzstückchen meines trockenen Vorrats dazu und blase in die Glut, blase, bis ich schwindelig werde. Und da, vor dem bißchen Wärme der Glut, die noch nicht Feuer fing, da, wo ich hocke, wo mir der Regen weich über den Kopf rinnt, erstarre ich in der Bewegung, wie ich sehe, was da vor mir steht, leibhaftig, lebend, sich bewegt auf weichen Tatzen, röchelnd, grollend atmet . . .

Yawapini war da – eine Armlänge von mir entfernt! Wann? Vor Stunden? Minuten? Ist er noch immer da? Unheimlich vermessen, jetzt, in diesem Moment, zu schreiben, die Todesangst dieserart zu nutzen. Ist er vielleicht hinter mir, starrt mich an? Nichts, was mehr als zwei Meter entfernt ist, läßt die Dunkelheit erahnen. Die Laterne gibt viel zuwenig Licht. Blick schweift konstant, wage kaum zu atmen, vermag an nicht anderes zu denken. O Gott, laß mich nicht wahnsinnig werden vor Angst! Erst Mitternacht, sechs Stunden noch bis zur Dämmerung. Riesig war sein Kopf . . . hörte, wie er einatmete, tief knurrend ausatmete, sah, wie er dabei die Lefzen hochzog, die Barthaare zitterten . . . Der Regen. Regen und kein Feuer mehr. Darf mich nicht bewegen, keinen Laut . . . Morgen, komme! Licht, komme! . . . Wildschweine sind da, viele, höre sie dumpf trampeln, Nüsse knacken . . . Regen rinnt in die Hängematte . . .

Welche Erlösung, endlich den Nebel zu sehen, die Morgenvögel zu hören. Friedlicher, fröhlicher Morgen, unglaubwürdig nach solch einer Nacht. Mein Gott, welche Ängste! Die Reise, die ich gebucht habe, läßt aber auch keinen einzigen möglichen Programmpunkt aus! Und ich lebe! Lebe wahrhaftig noch.

Nachts, als der Jaguar unvermutet vor mir stand, war es, als ob ich plötzlich gestorben wäre. Eine Ewigkeit lang war ich tot, zu lebloser Materie erstarrt, die Gedanken gelähmt, keiner Regung fähig, nicht einmal jener der Angst. Vielleicht hatte sogar die Atmung, der Herzschlag ausgesetzt. An nichts kann ich mich mehr erinnern, nur daran, daß dieses gefürchtete Tier tatsächlich da war, vor mir stand, atmete, sich bewegte. Ich weiß nicht, wie lange er da war, wohin er ging. Verschwand er? Blieb er in der Nähe? Irgendwann erwachte ich aus diesem Scheintod und verkroch mich in die Hängematte, triefend naß, frierend, halb wahnsinnig vor Angst. Und dann hatte ich das Bedürfnis, meine Angst in Worte zu fassen, mitzuteilen, mit krakeligen Buchstaben dem Tagebuch anzuvertrauen.

Wieder unter Menschen

Trotz der heftigen Regenfälle ist der Wasserstand etwas gefallen, der Kajak liegt auf einem Sumpfstreifen. Das Beladen gestaltet sich sehr schwierig, ich sinke bis zu den Knien in den Morast ein, während ich das Boot ins Wasser hinausschiebe, und bringe es fast zum Kentern, als ich, total verdreckt, in die Luke klettere. Ich rieche wie Räucherfleisch, in jeder Pore ist Schlamm, der schwarze Ruß des Feuers, satte Erde, nach feuchtem Wald riecht mein Haar. Und doch habe ich mich nie sauberer, reiner gefühlt, wie kühle Tropfen sind die Augen, regenklar der Blick. Der erste Paddelschlag, die Strömung nimmt uns auf, wir reisen, fahren mit dem Strom . . .

Rechts am Ufer liegen die schweren Schatten, mit der Erde fest verbunden, verlieren sich, schwebend und schwimmend, der Flußmitte zu. Die Schatten werden schmäler, lassen sich vertreiben von der Sonne, retten sich in den kühlenden Wald, warten dort ... Zurück bleibt der bewegungslose Strom, breit und träge, schnurrend, gluckernd bei langsamer Fahrt. Wird dann heiter verspielt, fängt an, ängstlich rauschend sich zu sammeln, wird schnell und wirbelnd, geht tosend und brüllend in die Attacke, die ihn erschöpft, die Ruhe verlangt. Er führt das verwehte Blatt der roten Blüte Amazoniens, treibt es voran ins Nirgendwo. Still gleitet es dahin. Die Sonne ist hinabgesunken, hat den Wald in Brand gesteckt. Rauchgeruch weht mir entgegen. Rauch vom Feuer ... Feuer des Menschen, würziger Duft der Sicherheit. Eine Lichtung tut sich auf, eine sanfte Erhebung im Waldboden, bevölkert von Ameisen, quirlig lebendigen Insekten, braun, mit rotem Querstreifen, Arme, die winken, schnatterndes Lachen, freudiges Rufen, winzige Wesen ohne Angst, unbefangen, geborgen in der Gemeinschaft.

Camopi – wieder menschliche Geräusche und Gerüche

Das Dorf der Wayapi, Pfahlbauten, Küchencarbets – der kahle Hügel mit dem riesigen Fromagier, die Wohnhäuser der Gendarmen, das Gebäude des Krankenhauses auf der Spitze – die Mündung des Camopiflusses – das Polizeigebäude. Menschen an den Steinstufen, die ins Wasser ragen, sie reden laut auf mich ein, halten mein Boot, legen ein Tuch um mich, ziehen mich hoch . . .

„Je suis arrivée", sage ich fassungslos.

14. Juli

Auch in Camopi wird der französische Nationalfeiertag festlich begangen. Zahlreiche Gäste sind in der Siedlung am Zusammenfluß der beiden Flüsse eingetroffen, Kreolen aus Saint-George, eine Fußballmannschaft, Touristen aus Cayenne – und die Fremdenlegion. Im neuen Gebäude des Bürgermeisteramts tanzen sie Beguin, auch die Indianer Camopis, die man zuerst nicht hineinlassen wollte, weil sie mit ihren Kalimbés nicht festlich genug erschienen. „Vive la France!" prosten sich die Festgäste mit Wein, Champagner und weißem Rum zu.

„Gratuliere, Mademoiselle Elfie", sprechen mich die Fremden immer wieder an, „das war ja wirklich eine großartige sportliche Leistung, die Sie vollbracht haben, eine Erstbefahrung auf dem Oyapock, unglaublich! Erzählen Sie, wie schnell haben Sie die Strecke geschafft?"

In knappen Worten gebe ich Auskunft. Diese Zeit, diese Ewigkeit auf dem Fluß und im Wald, geht nur Amazonien und mich etwas an. Wer sonst könnte verstehen, was das bedeutet? Mit Sport hat das für mich nichts zu tun.

Mein Körper steckt in Kleidern, meine Füße in hochhackigen Sandaletten, meine Augen sind geschminkt, ich benütze Deodorant und trage Geld bei mir. Ich sitze auf einem Stuhl und sage „Non, merci", als beim Diner im Gasthaus in Camopi die übervolle Platte zum zweiten Mal gereicht wird.

Ein Zwiespalt ist in mir, eine schizophrene Spannung, die schließlich unerträglich wird. Mit meinem ganzen Ich bin ich noch auf dem Oyapock, auf dieser Reise ohne Ende. *Noch* ohne Ende. Die Piroge der Commune würde mich sicher und schnell nach Saint-George bringen, das Flugzeug von dort nach Cayenne. Ich aber muß die Rückkehr im Kajak beenden, wenn ich meine innere Ruhe wiederfinden, wenn ich vom Urwald loskommen will.

Als ich vor Wochen in Camopi eintraf, war ich am Rande meiner Kräfte, erschöpft, krank. Jetzt ist der Mond wieder voll!

„So seien Sie doch vernünftig, denken Sie realistisch!" sagt der Offizier der Legion. Er hat eine handgezeichnete Karte des Oyapock vor mir ausgebreitet. „Sie kommen mit Ihrem Plastikboot da nicht durch. Glauben Sie nicht, weil bisher alles gutgegangen ist, geht das auch so weiter. Die Stromschnellen, die Sie auf dieser Strecke passieren müssen, sind um ein Vielfaches schwieriger als alles Bisherige!"

„Ja, ja, ich weiß schon, daß es schlimm wird, deswegen werde ich mein Affenmädchen lieber hier lassen."

Die Motoristen kommen hinzu, die Bootsleute, alle zeigen mir auf der Karte die gefährlichsten Stellen und erteilen mir Ratschläge. „. . .Beim Saut Montabo mußt du anfangen aufzupassen, halt dich rechts . . . Verange kannst du nur schaffen, wenn du ganz links passierst, verstehst du? . . . Nein, sie soll den Fußweg nehmen, wie wir es mit dem Gepäck machen, das Boot dort hinübertragen . . . Was sagst du? Die Aussteigestelle findet sie doch nie, die ist rechts, und wenn sie die verfehlt, dann ist es auch schon zu spät, rechts sind metertiefe Abfälle, Wasserfälle, unbefahrbar für jedes Gefährt . . . Bevor du zum Saut Fourmis kommst – der ist der ärgste, ma fille –, siehst du zwei riesige Baumstämme im Wasser liegen, merk dir das, compris? Vor diesen Stämmen, knapp davor, biegst du links ab . . . und achte ja darauf, vor Maripa schon am linken Ufer zu sein."

19. Juli
Die Metamorphose des Menschen zum angespannten Instinktwesen.

Dritter Tag auf dem Oyapock. Die Strecke von Camopi bis Saint-George beträgt 230 Kilometer. Die Hälfte davon dürfte bereits hinter mir liegen; die großen Stromschnellen sind noch vor mir. Werde ich sie heute abend schon erreichen?

Bis jetzt ist die Reise sehr gut verlaufen, ich erlebe sie jedoch ganz anders als auf der ersten Etappe bis Camopi. Nüchterner und klarer. Realistischer, greifbarer sind Wald und Strom geworden. Die Landschaft ist sehr schön und abwechslungsreich. Die bewaldeten Hügel, die, einer am anderen, steil vom Ufer aufstreben; die hohen, sanft auslaufenden, aalglatten Buckel der Granitfelsen, die häufig in dem breiten Strombett liegen, Riesenschildkröten gleich, die sich die Sonne auf den Rücken scheinen lassen. Aber seit Camopi entbehrt die Gegend jener mystischen Verklärtheit, die den schmalen Oberlauf des Oyapock in seiner Unberührtheit charakterisierte.

Die erste Nacht verbrachte ich im Wald, die zweite auf einer kleinen, flachen Felseninsel, auf der wie verloren ein einzelner Baum stand und mir Gelegenheit bot, die Hängematte aufzuknüpfen. Fast ohne Angst begegne ich nun dem Terror der lauten Finsternis, gelassen, mit Gleichmut. Wenn der Jaguar angreift, habe ich weder so noch so, wachend oder schlafend eine Chance, ihn zu überwältigen – auch nicht mit der 9-mm-Pistole, die mir jemand in Camopi vorsorglich geliehen hat.

10.00 Uhr. Die Anspannung nimmt merklich zu, mein Gefühl sagt mir, daß die Stromschnellen nicht mehr weit sind. Die Zeichnungen, die Karten der Sauts, die ich in Camopi angefertigt habe, hat mir der Oyapock schon in der ersten kleinen Stromschnelle hinter Camopi entrissen. Die Ratschläge der erfahrenen Bootsleute sind ohne sie abstrakt, wertlos geworden.

Lager auf einer flachen Flußinsel

11.30 Uhr. Donnergrollen in der Ferne bei wolkenlosem Himmel. Der Strom dehnt sich in Kilometerbreite, wird unübersichtlich, durch Inseln zerteilt; große Waldstücke, die scheinbar im Wasser dahintreiben, von schmalen Flüssen durchzogen, die an den Oberlauf des Oyapock erinnern. Ich halte mich erst noch an den Kompaß, bewege mich in nordöstlicher Richtung, neutral, flexibel in der Mitte des Flusses. Mit großer Geschwindigkeit durchkreuze ich offene weite Stellen, Gesteinsfelder, die mich zum Ausweichen zwingen, links in einen Kanal zwischen den Inseln, Biegung nach rechts, dann wieder links. Bald kann ich nicht mehr feststellen, ob sich an meiner Seite nun das äußerste Flußufer befindet oder ich an einer großen Waldinsel entlangfahre. Wieder weitet sich das Gewässer, von unzähligen kleinen Felsen durchsetzt, knapp über Wasser zwischen den Wellen kaum zu erkennen, schnelles, bewegtes Wasser, Gischt, eine glatte Stromzunge, die ich anpeile. Verdammte Tücke – aufgesetzt, krachend bleibe ich an einem der Felsen hängen und drehe ungünstig. Das Donnern wird immer lauter und dröhnender. Mein Herz klopft. Ich bin jetzt in irgendwelchen schmalen, ruhigen Kanälen, zwischen kleinen Waldinseln, aber ohne die geringste Sicht auf das, was dahinter liegt, diesen Lärm verursacht. Ich zerre am Band des engen, heißen Sturzhelms, um besser zu hören, kontrolliere die Schwimmweste, die Spritzdecke um die verschlossene Luke. Aufs Klo müßte ich, das kommt wohl von der Anspannung, der Angst. Langsam treibe ich aus den Kanälen heraus. Vor mir liegen hundert Meter glattes, hindernisfreies Wasser, äußerst schnell ziehend, reißend. Und da vorne, wo der Fluß sich offensichtlich wieder zwischen Inseln verteilt, liegt baumhoch eine Gischtwolke zwischen dem Grün, der Fluß verschwindet, stürzt drohend und donnernd in einen Abgrund. Saut Fourmis!

„Bevor du zum Saut Fourmis kommst . . .“ Wie ich sie erblicke, fällt es mir wieder ein: da, vor der Gischtwolke, zwei riesige Baumstämme im Strom! Links hinüber, so hieß es doch? Oder war das beim Saut Couleuve, wo ich mich links halten sollte? Nein, nein, dieser hier war gemeint, bestimmt . . . immer schneller zieht es mich mit der Hauptströmung auf den gischtenden Abgrund zu. Ich habe diese Geschwindigkeit unterschätzt, das Wasser ist jetzt so rasend schnell, treibt mich immer weiter, obwohl ich schräg, diagonal gegen die Flußrichtung ans andere Ufer ziele, paddle, so schnell ich es vermag! Nur wenige Meter vor den beiden Baumstämmen bin ich unter den überhängenden Ästen am Ufer, das nach links in den Nebenarm führt. O Gott, ein abrupter Abfall vor mir, ein, zwei Meter tief und knapp dahinter eine Felsbarriere! Unmöglich vorherzusehen und ohnehin keine andere Wahl – das oder die donnernde Wasserwucht! Oben auf der Kante schauen die Felsen raus, ich setze auf, der Kajak dreht sich seitlich, ich falle hinunter, kante auf an der Felsbarriere – Gott sei Dank nicht so viel Wasser, nicht so viel Wucht hier wie zuvor –, und seitlich fahre ich aus dieser Falle hinaus und werde auch schon mitgerissen in eine Passage zwischen zwei engen Felseninseln, eine enge Schlucht, wo ein einziger dicker Wasserwulst sich wie ein gedrehtes Seil hindurchzwängt. Kein Eingriff, keine Paddelaktion sind da mehr möglich, kein Halten, kein Zögern, ausgeliefert der Willkür des Oyapock! Und dann öffnet sich die Schlucht, meterhohe Wellen schäumen an zuckerhutähnlichen Zyklopenblöcken auf, eine Berg-und-Tal-Fahrt für das kleine rote Gefährt, das zum Spielball der Wassergewalten wird. Strudel und Trichter tun sich vor mir auf, ich kante auf, bleibe mit dem Paddel im Wurzelwerk hängen, kentere – fast –, komme von einer Strömung, einer Wasserwulst in die andere, hole mit dem Paddel weit aus, steche zu, schlage hinein, ziehe durch, kämpfe um mein Leben! Das ist kein Spaß mehr, kein heiteres Spiel mit dem Risiko, das ist brutale Gewalt in einem ungleichen Kampf. Raffiniert getarnt sind die Hinterhalte, von der Strömung werde ich nach Belieben gedreht, von Wasserwalzen festgehalten, hinabgezogen in ihr wirbelndes Inneres und schließlich wie ein Pingpongball wegkatapultiert. Selten sind die Gelegenheiten, wo ich den einzigen Vorteil, den ein Mensch hier haben kann, den der Denkfähigkeit und Urteilskraft, einsetzen kann gegenüber den verschmolzenen Massen, die blindlings rasend hervorpreschen, so schnell, so unablässig ändert sich die Situation.

Längst schon muß ich Saut Fourmis hinter mich gebracht haben, mich in Couleuve, Verange, und wie sie alle heißen mögen, befinden, und noch immer nehmen die Katarakte kein Ende. „Elfie, du bist hoffnungslos, alles, was du machst, ist gegen die Regeln ...", höre ich meinen Paddeltrainer sagen, als ich wieder einen jener riskanten Jongleurakte auf irgendeine Weise, sicher nicht die richtige, bestehe. Aber ich schwimme, bin obenauf, der Bootsrumpf hält – und das ist das Allerunwahrscheinlichste von allem. Ich weiß nicht, wie viele Stromschnellen ich passiere, wie oft ich dem Kentern nahe bin und nur durch eine unbewußte Bewegung den Kajak halte, weiß nicht einmal, wo ich bin, links oder rechts im Fluß, ich paddle und paddle, folge schlangengleich einem imaginären Zickzackkurs durchs Stromgewirr. Dann mit einemmal herrscht Ruhe vor mir, endgültige Wasserstille, und der Strom hat seine beiden geregelten, glatten Urwaldufer wieder und liegt bleiern da. Geschafft! Meine Erleichterung, das hinter mir zu wissen, läßt sich nicht beschreiben. Jetzt kann mir nichts mehr geschehen. Bald wird der kleine Saut kommen, an dessen Ende ein Wächterhaus liegt, dort wo die Eisenbahnschienen beginnen, um Saut Maripa zu umgehen. Halb fünf ist es inzwischen geworden, fünf Stunden hat diese Schlacht gedauert! Ich bin völlig erschöpft, vermag kaum noch das Paddel zu halten. Es kann nicht mehr weit sein ...

Um fünf Uhr wird der Oyapock wieder breit, dehnt sich ins Unermeßliche, Inseln tauchen auf, das Wasser wird reißender, kleine Stromschnellen sind zwischen dem Grün zu erkennen. Ich halte mich am linken Ufer, aber plötzlich sind unerhörte Querströmungen da, die nach Nordosten laufen und mich abdrängen. Wellenfahrten lassen mein Boot dahinschießen, immer mehr dem anderen Ufer zu, immer weiter nach rechts. Ich kann nicht mehr denken ... die Sonne hat mir die Augen verbrannt ... O Gott, ich muß nach links! Was, wenn ich das Wächterhaus übersehe und ahnungslos Saut Maripa befahre! Vor meinen Augen verschwindet die dicke Stromzunge, die mich trägt, endet in einen gewaltigen Wulst, der am Rande aufgekrempelt ist – ein Wasserfall! Einige Meter sause ich schräg hinunter, die Bootsspitze steckt in der Walze, die Walze hält mich – umkanten, Gewicht verlagern, paddeln, paddeln. Ich entfalte ungeahnte Kräfte, Kräfte, die nur die äußerste Not verleiht. Die tosende Wasserwalze schleudert den Kajak hoch, ich knalle zurück aufs Wasser, werde schon weitergerissen von Strömungen, die, anscheinend irre geworden, kreuz und quer nach allen Seiten fließen. Plötzlich sehe ich Unwahrscheinliches vor mir – einen Radiosender auf einer Insel, oder am Festland, was weiß ich, ich habe längst die Orientierung verloren. Ein Sender? Den habe ich vor einem Jahr nicht gesehen, auch auf der Karte war nichts dergleichen verzeichnet. Das muß das brasilianische Ufer sein ... das brasilianische Ufer Saut Maripas, das durch die vorgelagerten Inseln vom französischen Ufer aus nicht zu sehen ist! Wie ein Blitz fährt mir diese erschreckende Erkenntnis in die Glieder. So schnell ich kann, kreuze ich nach Westen, in die ruhigeren Kanäle zwischen den Inseln, umfahre die Inseln, immer nach Westen zu.

Klein und unscheinbar, wie auf Baumwipfeln ruhend, sehe ich plötzlich in der Ferne das Holzhäuschen vor mir! Mit letzter Kraft voran ...

„Hi, are you the Indian girl from Trois-Sauts?" fragt mich ein amerikanischer Tourist.

20. Juli

„Zu früh für einen P'ti Punch?" fragt Leontine Sully, die zusammen mit ihrem Mann das Wächterhaus betreut, und drückt mir ein Glas mit Rum und einer Limettenscheibe in die Hand. Lächelnd nehme ich an, sehe ihr zu, wie sie mit einer langen Stange Kokosnüsse von einer Palme herunterschlägt. Zwischen den Palmblättern blitzt hin und wieder, wenn der Wind ein wenig durchs Laub streift, die Stromschnelle hervor, Saut Maripa.

„Saut Maripa ist ‚méchant', da kann man nicht passieren", hat Leontine vorgestern nach meiner Ankunft zu mir gesagt. Natürlich, warum sonst hätte man Schienen gelegt, um diese größten, gefährlichsten Katarakte im Oyapock zu umgehen.

Da stehe ich nun, eine Stunde, zwei oder auch mehr. Ich habe Zeit, meine Kompromißlösung in die Tat umzusetzen.

Endlich! Zwischen den Inselchen, da, wo das Wasser noch zahm ist, bewegt sich ein kurzer, schmaler Einbaum mit zwei jungen Brasilianern aus der Militärsiedlung Clevelandia. Sie fischen, reagieren auf meinen schrillen Pfiff und kommen ans Ufer. Ganz wie geplant.

„Adieu, ma petite! Bonne chance!" ruft Leontine und winkt mir nach, als ich in meinen treuen, zähen Kajak steige.

Eine Stunde später dreht sich der Kajak im breiten, ruhigen Strom, und Saut Maripa liegt hinter mir. Ramos und José, die beiden Brasilianer, haben mir die Passage genau erklärt und die Befahrung der zwei Kilometer langen Strecke durch die gewaltigen Katarakte für mich fast zum Kinderspiel gemacht, während links und rechts von mir die Hölle los war.

Wehmütig blicke ich zurück. Alle Stromschnellen und Katarakte des Oyapock habe ich körperlich und lebendig unter mir gespürt, alle haben sie mich durchkommen lassen, von der ersten, Kainoua im Quellgebiet, bis zur letzten, Maripa, vor der Mündung. Ein Stück meines Herzens bleibt hier in Maripa hängen, der letzten Erinnerung an Trois-Sauts . . .

Von Maripa an zeigt sich der Oyapock wesenhaft verändert. Er ist gealtert, ist ein würdevoller, mächtiger Strom geworden, der den mühevollen, weiten Weg, den er hinter sich gebracht hat, erahnen läßt. Müde des Kämpfens läßt er sich, vom nahen Atlantik und seinen Gezeiten nur noch 65 Kilometer entfernt, beeinflussen und lenken. Die Uferbäume stehen auf einem von der Flut ausgewaschenen Wurzelgewirr, verschlungen wie

Schlangennester, mit grau verfilzten Moosbärten, schlammbedeckt. Die Flut hat eingesetzt, der Oyapock fließt stromaufwärts, wie auf holprigem Kopfsteinpflaster rumpelt der Kajak gegen die spürbare Gegenströmung.

14 Uhr ist es, als ich die ersten Gebäude sehe, den Radiosender, den Markt, die französische Flagge. Saint-George ist erreicht!

21. Juli

„Unmöglich!“ sagt St-Tomer, ein herzensguter Franzose, der sich in Saint-George ein wenig meiner annimmt. „Das schaffst du nicht. Erstens kommt es in dem breiten Mündungsgebiet oft zu meterhohen Kreuzwellen, die selbst für große Schiffe schwer zu bewältigen sind. Zweitens ist die Strömung bei Ebbe so stark, daß es dich kilometerweit aufs Meer hinausziehen wird. Und drittens ist die Küste total versumpft.“ St-Tomers Rat ist mir wertvoll, schließlich lebt er schon über dreißig Jahre „en brousse“, im Inland, und kennt Guyana wie kein anderer.

Zeck, ein Motorist, sagt: „Du kannst kein Nachtlager machen. Die Sumpfwälder – oft ist es nur Buschwerk – stehen unter Wasser!“

Und Reymond, ein Bootsmann: „Die Haie werden das leichte Boot umwerfen!“

Korporal Ponton von der in Saint-George stationierten Einheit der Fremdenlegion: „Auch die Mündung des Kaw-Flusses ist eine große Gefahr, laufend kommt es dort aufgrund der plötzlichen Versumpfung zu Bootsunfällen, und das sind seetüchtige, starke Boote, keine Nußschalen!“

Ho-Chuc, der Chinese: „Wahnsinnig viele Moskitos gibt es da, außerdem ist das das Gebiet der großen Kaimane!“

Unzählige gutgemeinte Warnungen bekomme ich zu hören, aber keinen einzigen Rat, wie die Weiterreise nach Cayenne dennoch zu realisieren ist, wie ich die zweifellos vorhandenen

Schwierigkeiten bewältigen kann. Auch die Gendarmerie hilft mir nicht weiter, im Gegenteil. Sie bitten mich, die Küste, das Wasser genau zu beobachten, die Augen offenzuhalten und gegebenenfalls in Cayenne Meldung zu erstatten, falls ich irgendwelche Anzeichen feststelle, die auf den Verbleib eines Flugzeuges schließen lassen, das letzte Woche in dieser Gegend abgestürzt und verschollen ist. Die Leute darin kamen, um Maripa zu sehen! „Wir kennen die Umgebung Saint-Georges nur bis zu dreißig Kilometer im Umkreis, alles Weitere ist auch uns unbekannt", sagen die Gendarmen erklärend und drücken mir eine Landkarte und eine Gezeitentabelle in die Hand. Jedenfalls legen sie mir keine Hindernisse in den Weg. Auf ganz unbürokratische Weise geben sie mir grünes Licht. Merci!

Meine Abreise, die Weiterfahrt im Kajak nach Cayenne steht fest. Habe ich es bis Camopi, bis Saint-George geschafft, wird es mir auch gelingen, die letzte Etappe glücklich hinter mich zu bringen.

22. Juli

Ich bin zu der Einsicht gelangt, daß es wohl tatsächlich unmöglich ist, die ganze 160 Kilometer lange Strecke durch das Mündungsgebiet und weiter der Küste entlang bis Cayenne im Kajak zu bewältigen. Aber bei genauem Studium der Karte sehe ich, daß es doch noch eine Möglichkeit gibt – geben muß! –, was ich begonnen habe, zu beenden ...

23. Juli

Wenn die Hängematte weiter so schwankt, werde ich noch hinausfallen. Welch ein Seegang! Zweimal schon mußten die beiden brasilianischen Fischer heute nacht das Boot an eine andere Stelle bringen. Die Flut war gekommen, das Meer um etliche Meter gestiegen, es hatte die beiden Anker herausgerissen, das

Fischerboot begann zu driften und in den hohen Wellen noch mehr zu rollen als jetzt. Es ist äußerst schwierig, nachts in der 30 Kilometer breiten Baie d'Oyapock vor Anker zu gehen, wo die Wassermassen des Stromes sich mit denen des Meeres vereinigen. Mit teuflischer Gewalt setzt hier die Flut ein, und in Windeseile zieht sich das Wasser bei Ebbe zurück und hinterläßt metertiefe Schlammfelder.

Meine Anwesenheit auf diesem Kutter ist bereits ein Teil der Kompromißlösung, zu der ich mich entschlossen habe, und Antwort auf einige der Gefahren, vor denen man mich warnte.

Zum Glück gibt es heute keinen Mond, sonst wären die Fischer gar nicht vor Anker gegangen. Ihr Ziel ist ein kleiner Ort weit im Südosten, außerhalb der Baie, ein Fischerdorf an der brasilianischen Atlantikküste. Mein Ziel aber ist das Kap dieser Flußmündung, das auf guyanischer Seite weit ins Meer hinausreicht. Was hätte ich dort des Nachts, allein im Kajak, angefangen?

24. Juli

Im Morgengrauen werden die Anker gelichtet, der laute Dieselmotor fängt wieder an zu tuckern, und das Fischerboot nimmt nördlichen Kurs. Weit muß es sich jetzt vom Festland entfernen, das bald nur noch als dünner, dunkler Strich auszunehmen ist. Die Flut hat noch nicht eingesetzt, und die bis zu zehn Kilometer breiten Schlammfelder sind bloßgelegt oder liegen nur knapp unter der Wasseroberfläche. Trotzdem herrscht starker Wellengang, gibt es Kreuzströmungen, die die Fahrt schwierig gestalten. Nach einigen Stunden auf offener See ändern die Männer den Kurs auf Südsüdwest und peilen Pont Béhague an, die äußerste Spitze der weit auslaufenden Landzunge vor der äußersten Baie d'Oyapock. Der Kajak wird zu Wasser gebracht, unter Hallo und viel Chachassa verabschieden sich die beiden hilfsbereiten Fischer von mir, und unsere Wege trennen sich.

Die Gezeiten kommen meinem Vorhaben entgegen. Erst macht mir die junge Flut mit ihren auflandigen Wellen zwar einige Mühe, das letzte Stück dieser Landzunge zu umrunden, dafür aber zieht sie mich dann mit voller Wucht hinein in den Trichter der Approuague-Mündung. Schräg kreuze ich hinüber ans linke Ufer und werde dort mit solcher Geschwindigkeit flußaufwärts gezogen, daß ich mit dem Paddel nur korrigierend eingreifen muß. Fremdartige Uferwälder mit skurrilen Formationen ziehen an mir vorüber, Mangroven, die kein festes, begrenztes Ufer erkennen lassen, die ihre nackten, schlammigen Spinnenwurzeln zeigen, zwischen denen der Fluß sich verliert. Ohne Furcht lasse ich mich ziehen, nur darauf bedacht, den Verbindungskanal vom Approuague zum Kaw-Fluß nicht zu übersehen. Ich weiß ganz sicher, daß es diesen Kanal, der auf der Karte verzeichnet ist, wirklich gibt, das hat man mir in Saint-George bestätigt. Er ist der Schlüsselpunkt meiner Kompromißlösung, über ihn will ich den Kaw-Fluß erreichen, der schräg zur Küste, in nordwestlicher Richtung, verläuft und nur 25 Kilometer von Cayenne entfernt ins Meer mündet.

Als dünner, zwei Zentimeter langer, gerader Strich ist dieser künstlich geschaffene Kanal auf der schematischen Landkarte verzeichnet, dem Maßstab entsprechend etwa acht Kilometer lang. Lächerliche Kleinigkeit, wer denkt da an Schwierigkeiten? Wie ich ihn endlich in natura vor mir sehe, unscheinbar, nur drei Meter breit, leicht zu übersehen, merke ich schnell, daß mich die Karte getäuscht hat. Mit unglaublicher Geschwindigkeit läuft das Wasser durch den zwar schmalen, aber mehrere Meter tiefen Kanal hindurch – jedoch nicht in Richtung Kaw, sondern auf den Approuague zu, mir entgegen! Was tun? Die logische Schlußfolgerung wäre, sich am Approuague eine Uferstelle zu suchen und die Gezeitenänderung abzuwarten, die auch in diesem Kanal bessere Fahrbedingungen schaffen würde. Aber wo anlegen? So weit das Auge reicht, nur schnelles Wasser, Mangroven und Schlamm. Mir bleibt keine andere Wahl. Wie eine sich ruckartig fortbewegende Schnecke drücke ich den Kajak Meter für Meter in den Kanal hinein, entlang an Sümpfen und Mangroven. Nicht genug damit, daß mir das Wasser reißend entgegenströmt, wird der Kanal jetzt stellenweise auch so schmal, daß ich immer wieder links oder rechts mit dem Paddel im Gestrüpp hängenbleibe, mich verfange und um etliche schwer erkämpfte Meter zurückgetrieben werde. Eine Sisyphusarbeit! Diese acht Kilometer haben es in sich . . . Schon spüre ich, wie die Kraft erlahmt, wie ich ermüde, als schließlich ein guter Geist Erbarmen mit mir hat und wieder eines jener Wunder geschehen läßt, die schon so oft seit meiner Abreise aus Trois-Sauts im letzten Moment rettend eingegriffen haben. Ich finde in diesem ausgedehnten Sumpfgebiet einige Quadratmeter festen Bodens, gerade genug, um anzulegen, auszusteigen, die Hängematte aufzuknüpfen. Sofort belagern mich Puis, Moskitos, Fliegen – und ein betrunkener Kreole, der in einer Piroge herangebraust kommt. Er ist so betrunken, daß er überhaupt nichts kapiert. Er sieht nur, daß ich eine Frau bin, und will seinen Spaß mit mir haben. Ich habe Angst. Er ist ein bärenstarker Mensch, im Ernstfall habe ich gegen ihn keine Chance. Schließlich, als er merkt, daß er mich nicht erweichen kann, schwankt er in seine Piroge zurück und fährt mit aufheulendem Motor, lautstarker Ausdruck seiner verletzten Gefühle, von dannen, nach Kaw, einer kleinen Ortschaft am gleichnamigen Fluß.

Eigentlich hatte ich schon beschlossen, hier die Nacht zu verbringen, aber die unliebsame Begegnung hat mir den einsamen Ort verleidet. Womöglich kommt der Bursche zurück? Die Gefahren der Wildnis, der ich mich anvertraut habe, fürchte ich weniger als das Wesen eines unberechenbaren Menschen. Zurück in den Kajak! Als ich das Ende des Kanals erreiche, wo die Mangrovenwälder in das niedere Sumpfdickicht der Gegend um das Dorf Kaw

Mangroven mit ihren nackten Spinnenwurzeln

übergehen, kommt mir eine andere Piroge entgegen, ein anderer Betrunkener, der alarmiert wurde und sich auf den Weg gemacht hat, um mich zu „retten". Zu müde, zu erschöpft, um abzulehnen, steige ich samt meinem Kajak in sein Boot um. Jetzt, wo mich nur noch ein- oder zweitausend Meter von dem Dorf trennen ...

„Komm her, du kleine Doudou, laß dich näher anschauen!" sagt einer der Kreolen auf dem Bootssteg und zieht mich zu sich in seine Alkoholfahne.

„Gefunden habe aber ich sie!“ ruft der andere dazwischen.

„Laß die Kleine, ich habe sie hergebracht, *ich*! Du wirst mir jetzt einen Schnaps zahlen, d'accord?“ sagt er und legt plump den Arm um mich. Da kommt eine füllige Kreolin zwischen den verlotterten Holzhütten hervor, schiebt energisch die Männer zur Seite und stellt sich vor mich.

„Ihr besoffenen Schweine, laßt sie in Ruhe! Komm, Mädchen, ich bringe dich weg von hier. Heute sind alle besoffen, eine Saubande ist das, ständig voll!“

„He! Was ist mit dem Schnaps? Den bist du mir schuldig, Doudou!“ schreit der Mann, der mich ins Dorf brachte, uns nach.

„Ja, spendier denen schon ihr Gift, sonst geben sie keine Ruhe. Ich komme mit dir, da überlegen sie es sich, ausfallend zu werden“, meint die freundliche Frau, die sich als Infirmière, Sanitäterin von Kaw, vorstellt. Ein Dutzend Männer folgten uns in einen Schuppen, der die großartige Aufschrift „Bar“ trägt, sie grölen, fluchen, betrinken sich noch mehr . . .

Kaw ist ein sehr ärmliches kleines Dorf mit einer Handvoll Holzhütten. Kaw ist eine Insel, der einzig feste Boden in den niederen Sumpfgebieten des Kaw-Flusses, die nur während kurzer Zeit im Sommer nicht unter Wasser stehen. Was veranlaßt diese Menschen, hier zu leben? Das Sumpfklima ist mehr als ungesund, die Insekten zahlreicher als sonstwo, die Vegetation besteht nur aus drei Meter hohen Sumpfgewächsen, wie Schilf so dicht. Jagen können die Männer in den Sümpfen nur im Sommer. Wovon leben sie die übrige Zeit?

„Bonne nuit! Sperre gleich die Tür zu!“ sagt die Kreolin, die mich in dem einzigen Raum ihrer Krankenstation untergebracht hat, und verläßt mich winkend, lächelnd. Eine liebenswürdige Frau, eine richtige Samariterin! Sie brachte mir ein fröhlich gemustertes Baumwollkleid ihrer Tochter, das sie mir anzog, damit ich mich „wohler fühle", und einen großen Teller voll kräftiger, heißer Suppe.

Wieder liegt eine Etappe hinter mir, denke ich glücklich, als ich mich auf dem Bett wohlig ausstrecke. Amazonien, geliebter Urwald! Wie froh bin ich, daß ich mich in Saint-George nicht überreden ließ, das Flugzeug nach Cayenne zu nehmen. Die Sumpfregion mit ihrer so fremden, unterschiedlichen Landschaft und Atmosphäre bilden erst das letzte noch fehlende Glied, das die Kette schließt.

25. Juli

Position: 50 km NW vom Dorf Kaw, am Rivière de Kaw, etwa fünf Kilometer vor seiner Mündung in den Atlantik. Zeit: 17.20 Uhr.

Moskitos! Welch eine Lagerstätte! Meine ganze Aufmerksamkeit gilt dem Wasserspiegel. Dem Wasserspiegel unter meiner Hängematte. Er steigt so schnell, daß ich zusehen kann, wie das Wasser zwischen den Luftwurzeln der Sumpfbäume emporkriecht. Wird die Flut noch lange weitersteigen? Wird mich das Wasser erreichen? Die Bäume um mich herum mit ihren Spinnenbeinen sind lehmig grau, die Grenze dieser Schlammschicht an den Stämmen liegt noch viel höher, als ich meine Hängematte aufknüpfen konnte. Lustig schaukelt der Kajak neben mir, als würde es ihn freuen, die Nacht auf Wasser zu verbringen, anstatt auf festem Boden. Das Boot ist angebunden, das Paddel an eine der Stelzenwurzeln geknüpft. Wenn das Wasser noch lange in diesem Ausmaß steigt, muß ich während der Nacht hier wegfahren. Aber wie kann ich den Kajak beladen? Und wohin sollte ich dann fahren? Es gibt nur eine Richtung, und die führt aufs Meer hinaus. Kein Mond würde mich begleiten und mir den unbekannten Weg zeigen, die Tücken der Flußmündung beleuchten, die Gefahren der Sumpffelder. Quer durch den Wasserwald, nach Osten, sind es nicht einmal fünf Kilometer bis zur Küste, bis hierher kann ich die Brandungswellen hören, die ans Ufer schlagen. Wann wird dieses Geräusch endlich leiser, wann kommt die Ebbe? Ich klammere mich an die Zahlen der Gezeitentabelle, die mir die Gendarmen mit auf den Weg gegeben haben. Um 17.30 sollte laut dieser Liste die Flut ihren Höchststand erreicht haben.

18.00 Uhr. Im Wald ist es dunkel, aber draußen auf dem Fluß ist noch genau zu erkennen, daß die Blätter nach wie vor flußaufwärts treiben. Wie lange darf ich noch zögern?

18.20 Uhr. Der Kajak hat sich gedreht, zeigt mit seiner Spitze flußabwärts! Der Sieg ist unser! Der wievielte schon auf dieser Reise?

Ununterbrochen wiederholt sich dieses eigenartige Geräusch. Es kommt vom Ufer, gar nicht weit weg von mir . . . Bewegungslos bleiben, ignorieren, daß offensichtlich Tiere in der Nähe sind. Taktik des Totstellens . . . Schon wieder das Geräusch! Ein wuchtiges Aufklatschen, als ob man etwas Schweres in den Schlamm werfen würde. Was kann das bloß sein? . . . Nicht reagieren, wenn ich die Taschenlampe anknipse, verrate ich mich . . . Eigentlich kann mir gar nichts passieren, ich hänge ziemlich hoch oben in den Stelzenwurzeln . . . Ich *muß* es wissen! Schwach leuchtet das Lämpchen auf, tastet der verschwommene gelbe Lichtkegel den Boden ab, gegen das Ufer hin. – Da! An dem Baumstamm, meinem Steg, der noch ein gutes Stück aus dem Wasser ragt, leuchten Augen auf – zwei, nein drei Paar rote Augen. Jetzt werden auch Körper erkennbar, langgestreckt, dunkel wie das Wasser, Köpfe drehen herum, schmale verknorpelte Kaimanköpfe, noch mehr rote Augen . . . Wieder ein dumpfes Klatschen, als eines der Tiere mit seinem Schwanz auf ein anderes einschlägt, „klatsch“ und noch einmal „klatsch“. Fünf oder sechs fast zwei Meter große Reptilien liegen nebeneinander, halb übereinander auf dem Baumstamm. Ich knipse die Lampe wieder aus, lege meinen Kopf auf den Rand der Hängematte und schaue in die undurchdringliche Dunkelheit, lausche den Bewegungen dieser Tiere – und fühle mich plötzlich so froh und vergnügt in ihrer Gesellschaft. Die Kaimane wissen, daß ich da bin, sie riechen, sie spüren mich, das Licht hat sie nicht gestört, sie bleiben, schlagen weiter mit den Schwänzen. Das kleine Waldtier in der Hängematte ist ungefährlich für sie. Erst die Angst schafft oft Feinde ... Es überrascht mich selbst, aber die Angst, dieses alles beherrschende Gefühl, ist mir abhanden gekommen, das Depot ist leer, der Vorrat hat sich in den letzten Wochen aufgebraucht.

26. Juli
Mehr als einen Meter hoch steht das Wasser unter der Hängematte, als die Moskitos mich am Morgen wecken. Eine unwirkliche Urwelt tut sich vor mir auf, überall nur Wasser, Wasser, Wasser und Bäume, so weit ich sehen kann. Nur das offene Licht über dem Fluß läßt ihn als solchen noch erahnen, und die unzähligen Fische, die alle paar Sekunden irgendwo kurz aus ihrem Element herausschnellen. Aus dem Uferlaub sieht mich neugierig ein Kusiriäffchen an mit seinem Clowngesicht, rote Ibisse flattern am Fluß entlang, lassen sich auf einem Ast nieder. Die quälenden Mosikitos sind die einzigen Störenfriede in der paradiesischen Unberührtheit. Menschen kommen nie in dieses Sumpfgebiet. Absurde Vorstellung – in einer Hängematte warten zu müssen, bis die Ebbe kommt ...

Viel zu schnell zieht mich der Sog der Ebbe zum Meer hinaus. Zügig geht es voran, als ob sich hier schon der hektische Einfluß der nahen Zivilisation spürbar machen, mich zwingen wollte, nach vorne zu sehen, den Urwald zu vergessen. Die Mündung des Kaw-Flusses ist weit geworden, die Uferwälder niedrig, nur meterhohes Mangrovengestrüpp säumt die Schlammufer, die mehr und mehr hervortreten, von Tausenden von Reihern, Ibissen und anderen Sumpf- und Wasservögeln bevölkert. Rot ist die Farbe des Ibisvogels. Rot ist die Farbe meines Bruders Pilolo, rot ist sein Körper vom Urucu, rot sein Kalimbé, so rot wie Ko'i, die Pfefferschote. Rot ist auch mein Boot, sonnengebleicht, hell wie das Kleid des Ibisses, der sich diese Farbe von der Anakonda nahm, damit zur Küste flog und die tiefen Wälder für immer verließ ... Holprige kleine Meereswellen machen sich bemerkbar, heben und senken den Kajak, gluckern an ihm entlang, die Strömung zieht uns nach Norden. Verloren komme ich mir vor ohne den Schutz der hohen Galeriewälder zu beiden Seiten, die mich in eine begrenzte Spur wiesen, deren Schattenspiele mir die wandernden Stunden ansagten. Dann bleibt das rechte Ufer ganz zurück, ich sehe nur noch das weite, fremde Meer vor mir und Schlammufer zu meiner Linken, die mich immer mehr, immer weiter nach Osten hinaustreiben.

Die nächste Flußmündung kommt in Sicht, der Mahury mit seiner weiten Öffnung, zehnmal so groß wie die des kleinen Kaw-Flusses. Am Mahury liegt der Port de Cannes, Guyanas Tiefseehafen, dort ist die Fahrrinne ausgebaggert, bequem befahrbar. Aber zu viele Möwen spazieren schon zwischen hier und dort im Wasser herum und kündigen mir warnend die Schlammbänke an, die der tiefen Rinne für die Schiffahrt vorgelagert sind. Ganz in der Ferne, weit draußen auf offener See, schaukelt aber eine gelbe Boje und verspricht sicheres Wasser. Dahin muß ich den Kajak lenken! Plötzlich bleibe ich stecken, bin aufgefahren in der zähen, festen Masse, die mich auf einmal überall umgibt, ohne daß in dieser einheitlich braunen Brühe festzustellen wäre, wo das Schlammfeld beginnt und wo es endet. Hilflosigkeit befällt mich in dieser grenzenlosen Weite, in der ich mich schutzlos ausgesetzt fühle. Keine Panik! Der Schlamm ist so fest, daß es mir gelingt, mich von der saugenden Masse abzuheben, mich mit dem Paddel voranzustaken, bis ich damit auf einmal wieder ins Leere stoße, in freiem Wasser bin. Ich schwimme, ich bin obenauf . . . Schnell paddle ich weiter auf die Boje zu, bevor die fortschreitende Ebbe mich ganz im Schlamm zurückläßt, festgeklebt für Stunden.

Ein starker Wind ist mit der Flut aufgekommen, fegt übers Meer, spritzt mir die Gischt der Wellenkämme ins Gesicht. Wogen heben den Kajak empor und tragen ihn vom Berg hinab ins Tal, daß die Küste, die grünen Hügel Cayennes, die Sandstrände und die hohen umgischteten Felsvorsprünge hinter öligen Wassermauern verschwinden. Wellen kommen auch von der Seite, kurze steile Wellen, die sich an dem Hindernis auf ihrem Weg stoßen und mich mit zerstäubender Wasserwucht strafen. Der Wind weht nach Norden, der Küste entlang, weht so, wie die starke Strömung zieht, die schon von weit her kommt und all den mitgeführten Schlamm aus der Amazonasmündung vor dieser Küste ablädt.

Die Strömung ist mächtiger als all das Gewoge, ich paddle und paddle, paddle dem Ufer zu, trotzdem ziehe ich noch immer mit der Strömung, werde von ihr gezogen, nach Norden getragen, weg von Cayenne! Greifbar nahe liegt die Küste des Festlands vor mir, zwei-, dreihundert Meter, nur wenige Paddelschläge trennen mich von ihr, nur wenige Schläge noch, die allerletzten, links, rechts, links, rechts . . . Doch diese kleine Strecke, so kurz vorm Ziel, will nicht enden. Ich kämpfe mit meinen schwindenden Kräften. Wie Blei liegt mir das Paddel in der Hand, zu schwer, um es zu heben, unmöglich wird mir die Anstrengung, es ins Wasser zu tauchen, durchzuziehen, wie gelähmt sind die Arme, ist der Oberkörper, keiner Balancebewegung mehr fähig . . . Leere herrscht im Kopf und auch im Herzen, keine Gedanken mehr, keine Empfindungen. Halte durch, so nahe am Ziel. Halte um Gottes willen durch! . . . Nein, ich schaffe es nicht mehr, ich habe alles gegeben ... Die Strömung zieht mich am Ufer entlang, so nahe, so unerreichbar ... Der Blick bohrt sich brennend ins Ufer, krallt sich fest an den auf und ab tanzenden Linien der Erde, spannt Seile, unsichtbare Taue, die mich halten sollen, retten ... Cayenne, ich entgleite dir ...

Am Horizont wird eine kleine Felseninsel sichtbar, grün bewachsen, stürmisch von der Brandung bedrängt. Dorthin zieht die Strömung, dorthin ziehe auch ich ... Und ganz plötzlich, mit dieser Bestimmung vor Augen, ist in mir eine Stärke, verläßt mich der lähmende Bann, werde ich zur Maschine, die ihrer Funktion gehorcht, die das Paddel wieder kräftig durchzieht, das rote Boot dem schwindenden Festland zuwendet, der Stadt zu, dem Abend, dem Abend eines Jahres ... Einmal noch dreht mich eine Woge herum, und ich blicke auf die Insel, die kleiner und kleiner wird, hinter mir bleibt. „L'enfant perdu" heißt sie, das verlorene Kind ...

Reisetips
(Stand Juni 1986)

Flüge
Die Air France fliegt direkt ab Paris nach Cayenne. Die Flüge kosten hin und zurück je nach Saison zwischen DM 1550,– und DM 2000,–. (Wenn der Franc weiterhin fällt, wird der Flug noch billiger.) Die Flüge der Air France sind ein Jahr lang gültig. Die Fluglinie fliegt auch zwischen Martinique, Guadalupe und Cayenne. Man kann auch mit einer anderen Fluglinie in die Karibik reisen und von dort mit Schiff und Flugzeug nach Guyana übersetzen.

Dokumente
Guyana verlangt als Département von Frankreich keine anderen Dokumente, als man bei der Einreise nach Frankreich selbst benötigt. Für Mitglieder der Europäischen Gemeinschaft ist das schlicht der Personalausweis. Ein Zertifikat über Gelbfieberimpfung wird ab zwei Wochen Aufenthaltsdauer verlangt.

Als weitere Dokumente sind empfohlen: Impfausweis, internationaler Führerschein, ggf. internationaler Studentenausweis und wenn möglich Empfehlungsschreiben.

Vor der Einreise in Urwaldgebiete sollte man den Paß bzw. Ausweis sowie die anderen Dokumente fotokopieren und in der Botschaft des Heimatlandes hinterlegen, für den Fall, daß die Unterlagen auf der Reise verlorengehen.

Reise-Literatur

Roland Hanewald: Das Tropen-Buch, Jens Peters Publikation, Berlin

South American Handbook. A Traveller's Guide to Latin America and the West Indies, Trade + Travel Publications, London

Wolfgang Lindig/Mark Münzel: Die Indianer, dtv, München

Dodwell, Christina: Globetrotter-Handbuch. Überlebenstips für Abenteurer, Schneider Verlag, München

Klima

Das im vorliegenden Handbuch beschriebene Gebiet befindet sich im tropischen Regenwald mit Äquatorialklima. Die Temperaturen bleiben im Durchschnitt während des gesamten Jahres gleich, schwanken aber erheblich im Laufe eines Tages. Die durchschnittliche Temperatur liegt bei 27° C. Die Regenzeit dauert von November bis Juli. Mit Regenfällen muß jedoch zu jeder Jahreszeit täglich gerechnet werden.

Medikamente

Vor der Reise: Gelbfieberimpfung wird dringend empfohlen. Das Serum wird 14 Tage vor der Abreise gespritzt.

Reisende unter 40 Jahren sollten sich kurz vor der Abreise gegen Hepatitis-A immunisieren lassen.

Als Malariaprophylaxe wird das Medikament Resochin der Firma Bayer empfohlen. Die vorbeugende Behandlung beginnt man eine Woche vor Einreise in die tropische Region. (Resochin ist nach Aussagen des Tropeninstituts, München, unbedenklich hinsichtlich späterer Schwangerschaften.)

Das Medikament Fansidar muß sich trotz aller Vorbehalte gegen dieses Produkt im Gepäck eines Tropenreisenden in Südamerika befinden. Malaria wird von Plasmoniden erzeugt, von denen sich einige Stämme in Südamerika gegen Resochin immunisiert haben. In jedem Fall muß man selbst beim geringsten Fieberanfall unbedingt an Malaria denken! Gerade die gefährliche Form der Malaria, *Malaria tropica* oder auch *Malaria falciparum* genannt, zeigt sich nicht immer in landläufig bekannten, wiederkehrenden Schüben. Heutzutage ist bei richtiger Behandlung, bei der man nicht zimperlich sein darf, jede Malaria heilbar.

Mücken, so auch die Anopheles, die die Malariaplasmoniden übertragen, sind vor allem in der Nähe von Gewässern und in der Dämmerung besonders aggressiv. Insofern sollte man sich möglichst auf Anhöhen aufhalten und vor allem das Lager nie in der Nähe eines stehenden Gewässers aufschlagen. In der Dämmerung immer vollständig bekleiden oder sich gleich unter einem Moskitonetz aufhalten!

Gegen Mücken gibt es kein wirklich wirksames Insektenschutzmittel, das uns nicht gleich mitvergiftet. Das Tropeninstitut empfiehlt, Glühspiralen zu entzünden.

Medikamentenliste (für Expeditionen in den Dschungel)

- Resochin
- Fansidar
- gute Wundsalbe (z. B. Cicatrex)
- Pilzschutzsalbe
- Wundpuder
- Heilgel (gegen Insektenstiche u. Sonnenbrand; z. B. Soventol)
- Mineralsalztabletten (nach extremem Schwitzen und Durchfall. Auch anhaltende kühle Regengüsse können den Körper ausbrennen, d. h. ihm Feuchtigkeit und damit auch Mineralien entziehen.)
- Wasserentkeimer

- Antibiotika
- mindestens zwei Kortisonspritzen (bei allergischem Schock intravenös zu spritzen!)
- Schmerzmittel
- Vitamintabletten
- Beruhigungsmittel (Über Schlafmittel muß jeder selbst entscheiden. Möglichst nur in allergrößten Notfällen und wenn man nicht alleine ist, einnehmen, da sonst eine wirklich gefährliche Situation unbemerkt bleiben kann.)
- Schlangenbißset (Keine Sorge: Im Ernstfall schneiden Sie sich ohne größeres Zögern tief ins Fleisch.)
- Schlangenserum (Schlangenserum soll kühl aufbewahrt werden, was im Urwald so gut wie unmöglich ist. Es soll allerdings auch schon ungekühlt gewirkt haben. Im Falle eines Bisses sollte man auf alle Fälle keinen Versuch unterlassen, das in vielen Fällen lebensgefährliche Gift abzumildern.)
- Fieberthermometer

Diese medizinischen Tips sind nur als Anregungen zu verstehen. Es ist in jedem Fall notwendig, sich von einem Facharzt beraten zu lassen.

Tips fürs Reisegepäck

- Hängematte
- Schlafsack
- Plastikplane (Sie muß sowohl stabil als auch leicht zusammenfaltbar sein, so kann sie u. U. auch ein Zelt ersetzen.)
- Nylonschnüre in verschiedenen Stärken
- Moskitonetz
- Streichhölzer (auch Sicherheitsstreichhölzer, die feucht zünden)
- Wasserflasche
- Angelzeug

- Kompaß und Landkarten
- Nähzeug (Dabei sind Sicherheitsnadeln in ausreichender Anzahl besonders wichtig.)
- großes Messer (Jagdmesser o. ä.)
- Plastiktüten (um alles trocken verstauen zu können)

Reisekleidung
Auch in den Tropen ist auf ausreichend warme Kleidung zu achten.

Die Gefahr wunder Füße ist in diesen feuchten Regionen besonders groß. Um Infektionen vorzubeugen, sollte man beim Packen mit Baumwollsocken nicht zu sehr geizen.
Festes Schuhwerk: z. B. Tropenstiefel aus Leinen.

Beim Packen daran denken, daß man das eine oder andere unterwegs als Gastgeschenk weggeben könnte. Als Geschenke eignen sich vor allem kleine Feuerzeuge, Angelhaken, Nadeln und ähnliches, was durchaus nicht viel Platz einnimmt.

Tropenmedizinische Tips
holt man sich am besten im:

Tropeninstitut der Universität München
Leopoldstr. 5
8000 München 40
Tel.: 0 89 / 33 33 22

Tropeninstitut Hamburg
Bernhard-Nocht-Str. 74
2000 Hamburg 4
Tel.: 0 40 / 31 10 21

Tropenheim Paul-Lechler-Krankenhaus
Paul-Lechler-Str. 24
7400 Tübingen
Tel.: 0 70 71 / 20 60

Adressen von Karten- und Reisebuchhandlungen

Buchhandlung Kiepert, Hardenbergstr. 4–5, 1000 Berlin 12
Tel.: 0 30 / 31 07 11

Buchhandlung Goetze, Hermannstr. 7, 2000 Hamburg 1
Tel.: 0 40 / 32 24 77

Buchhandlung Gleumes & Co., Hohenstaufenring, 5000 Köln
Tel.: 02 21 / 21 15 50

Geographische Buchhandlung, Rosental 6, 8000 München 2
Tel.: 0 89 / 26 50 30

Geo Center, Internationales Landkartenhaus, Honigwiesenstr. 25
7000 Stuttgart 80
Tel.: 07 11 / 73 50 31

Gibt es keine gutsortierte Buchhandlung in der Nähe, so kann man Reiseführer und Landkarten auch bestellen lassen.

Läden mit Expeditionsausrüstung

(Dort kann man Kataloge anfordern und Waren bestellen)

Globetrotter- und Expeditionsausrüstung
Weisestr. 34
1000 Berlin 31
Tel.: 0 30 / 6 21 75 59

Globetrotter-Service
Konstanzer Str. 50
1000 Berlin 31
Tel.: 0 30 / 87 11 54

Äquator GmbH
Hohenzollernstr. 93
8000 München 40
Tel.: 089/2711350

Lauche & Maas
Alte Allee 28a
8000 München 60
Tel.: 089/880705

Därr Expeditionsservice
Theresienstr. 66
8000 München 2
Tel.: 089/282032

Globetrotter-Ausrüstung
Wandsbeker Chaussee 41
2000 Hamburg 76
Tel.: 040/2504403

Trans Globe
Weyerstr. 33
5000 Köln 1
Tel.: 0221/239398

Sine GmbH
Homburger Str. 26
6000 Frankfurt/Main 90
Tel.: 0611/777723

Gefährliche und gefürchtete Tiere

Über *Schlangen*, ihre Gewohnheiten und Giftstoffe sollte man sich vor einer Expedition in den Dschungel schon informiert haben. Das nimmt auch einen Teil der Panik. Das ist zwar leichter gesagt als getan, aber wenn irgend möglich, sollte das Tier getötet werden, um festzustellen, von welcher Art von Schlange der Biß verursacht wurde. Das hilft den behandelnden Ärzten, die genaueste und wirkungsvollste Therapie anzuwenden.

Eine sehr gefährliche Methode ist es, die Bißwunde bei sich selbst oder auch anderen mit dem Mund auszusaugen, um so dem Körper das Gift zu entziehen. Über die Schleimhäute im Mund wird das Gift außerordentlich schnell aufgenommen!

Das wichtigste ist, obgleich dies recht absurd klingt, Ruhe zu bewahren. Panik beschleunigt den Herzschlag, und so verteilt sich das Gift schneller im Blutkreislauf. Man bindet den Arm oder das Bein, je nachdem wo man gebissen wurde, ab, schneidet mit einem sterilen Messer einen Zentimeter lang und einen halben tief an der Bißwunde entlang und saugt mit einer kleinen Pumpe, die im

Schlangenbißset enthalten ist, die Wunde aus, so daß es zu starkem Blutfluß kommt. Der Vorgang sollte mehrere Male wiederholt werden, mindestens eine Viertelstunde lang.

Auch das Abbinden allein ist sinnvoll, weil es die Verbreitung des Giftes verlangsamt. Die Arterien dürfen allerdings nicht blockiert werden. Alle 20 Minuten muß der Druck gelöst werden, um Wundbrand zu verhindern.

Am besten ist es, sich von vornherein durch energisches Auftreten oder Abklopfen des Bodens mit einem Wanderstab bemerkbar zu machen, so daß die Tiere gewarnt sind und sich in Sicherheit bringen können.

Und noch eine letzte Bemerkung zur Beruhigung: Nicht alle Schlangen, die beißen, müssen notwendigerweise auch Giftschlangen sein. Den Biß eines giftigen Exemplars erkennt man an den zwei Einstichen der Giftzähne neben den kleineren Bißwunden. Die beiden charakteristischen Einstiche fehlen bei ungiftigen Schlangen.

Skorpione sind in feuchtem Klima weniger giftig als in trockenem. Ihr Stich ist jedoch äußerst schmerzhaft. Auflegen von Eis oder, falls dies nicht zu haben ist, kühlem Schlamm, trägt der Linderung bei. Schuhwerk und Kleider vor dem Anziehen grundsätzlich ausschütteln. Nirgends blind hinfassen!

In Südamerika gibt es praktisch überall die so gefürchtete *Vogelspinne*. Dieses Tier sticht, wie auch die Schwarze Witwe etwa, nie freiwillig, sondern nur zu ihrer Verteidigung! Die hellere Vogelspinne gilt als gefährlicher als die schwarze. Todesfälle sind selten.

Nicht alle südamerikanischen *Bienen* verfügen über einen Stachel. Die Salzbienen z. B. lieben den menschlichen Schweiß, und es kitzelt sehr, wenn man scharenweise von ihnen überfallen wird. Doch keine Panik, sie stechen zum Glück nicht.

Hat sich ein *Blutegel* festgebissen, wird dieser vorsichtig mit einem Messer abgekratzt. Ist er bereits dabei zu saugen, so muß man ihn mit Salz bestreuen oder mit einer Zigarette brennen, damit er losläßt. Die Wunde blutet dann noch eine Weile nach, aber keine Sorge, sie verkrustet schließlich doch.

Piranhas gibt es in jedem größeren Fluß Südamerikas. Die Piranhas sind in Zeiten, in denen die Flüsse nicht viel Wasser führen, besonders angriffslustig. Die ansässige Bevölkerung weiß in jedem Fall am besten, ob es gefährlich ist, ins Wasser zu gehen oder nicht. Ist niemand in der Nähe, den man um Rat fragen kann, wirft man ein blutiges Köderstück ins Gewässer und durchquert es oberhalb davon. Grundsätzlich nie mit blutigen Wunden ins Wasser gehn, weil die Piranhas davon angezogen werden! Vorsicht bei der Menstruation! Im übrigen ist der Piranha ein hervorragender Speisefisch.

Lebensmittel muß man grundsätzlich fest unter Verschluß halten, um sie und auch sich selbst vor *Ameisen* zu schützen. Es empfiehlt sich, eine kleine Nylonhängematte mitzunehmen, die man bequem auf Faustgröße zusammenballen kann, um Lebensmittel und andere Gepäckstücke im Lager aufzuhängen. Das kann natürlich auch mit einzelnen Schnüren bewerkstelligt werden.

Vor *Sandflöhen* schützt man sich am besten mit Stiefeln. Abends muß man seine Füße sorgfältig untersuchen und die kleinen Parasiten vorsichtig mit einer Nadel oder einem Dorn aus der Haut ziehen. Am liebsten siedeln sich Sandflöhe unter den Fußnägeln an. Entfernt man sie nicht rechtzeitig, legen sie ihre Eier in der Haut ab. Das kann dann zu Infektionen führen.

Über Französisch-Guyana

Französisch-Guyana umfaßt eine Oberfläche von etwa 90 000 km^2 und zählt ca. 74 000 Einwohner. Die Hauptstadt ist Cayenne, die beiden anderen größeren Städte sind Kourou und Sinnamary.

Guyana gehört zu Frankreich; es wird seit 1946 als Übersee-Département von Paris aus verwaltet. An der Spitze des in zwei Arrondissements gegliederten Départements steht ein Commissaire de la République sowie ein Generalrat mit 16 Mitgliedern und ein Regionalrat mit 31 Mitgliedern. Französisch-Guyana entsendet einen Vertreter in die Nationalversammlung und einen Vertreter in den Senat. In Guyana bestehen Regionalorganisationen der Parteien des Mutterlandes. Autonomistisch orientierte Strömungen, wie sie sich z. B. in der „Parti Socialiste Guyanais" organisierten, sind sehr stark vertreten.

Guyana verfügt über eine große und mehrere kleinere Zeitungen und außerdem über eine staatliche Rundfunk- und Fernsehgesellschaft. Der internationale Flughafen Rochambeau liegt 16 km von Cayenne entfernt.

Die Bevölkerung ist sehr stark gemischt. Der ursprüngliche, indianische Anteil stellt nur mehr gegen 6 % der Gesamteinwohner. Auch Nachkommen afrikanischer Sklaven haben sich in festen Gruppen etabliert. Der Rest der Bevölkerung verteilt sich auf Mulatten, Chinesen, Indo-Pakistani und Indonesier. Die in erster Linie europäischen Städter sind vor allem Beamte oder Büroangestellte.

Geschichte von Guyana

Guyana wurde um 1500 von den Spaniern entdeckt. In den darauffolgenden Jahrzehnten war es das Ziel zahlreicher Abenteurer, die sich auf die Suche nach dem sagenumwobenen Eldorado machten. 1604 ließen sich die ersten Franzosen nieder. 1635 wurde die Hauptstadt Cayenne gegründet. Die Besiedlung von anderen Teilen des Landes erwies sich als außerordentlich schwierig. In der ersten Hälfte des 18. Jahrhunderts wurde durch den Vertrag von Utrecht das Amazonaseinzugsgebiet von Guyana abgetrennt.

Das Land erlebte einen wirtschaftlichen Aufschwung, als die Silberminen und Kaffee- und Kakaoplantagen errichtet wurden. 1762 wurden die Jesuiten ausgewiesen, deren Verdienst an der Prosperität des Landes falsch eingeschätzt worden war. Guyana verarmte erneut und erholte sich erst wieder, als Gewürzfelder, in erster Linie Pfeffer und Gewürznelken, angelegt wurden. 1852 errichtete Napoleon III. in Guyana eine Strafkolonie. 1855 wurde Gold gefunden, was ein Goldfieber auslöste. Diese Tatsache und die Existenz der Strafkolonie sorgten für einen ausgesprochen schlechten Ruf Guyanas. Viele Kolonisten verließen das Land.

Die Grenzen Guyanas wurden erst zwischen 1891 und 1900 festgelegt.

Guyanas Wirtschaft

Französisch-Guyana ist von Warenlieferungen und finanziellen Zuschüssen aus Frankreich extrem abhängig. Die Importe überwiegen die Exporte um ein Vielfaches. Das Land verfügt über prinzipiell günstige Voraussetzungen, beispielsweise für den Ausbau der Landwirtschaft. Dennoch kann bislang die Versorgung der Bevölkerung aus eigenen Mitteln nicht gewährleistet werden.

Guyanas Wirtschaft stützt sich auf seine Holzreserven, auf die Fischerei und die Landwirtschaft. Die fehlende Infrastruktur verhindert die volle Nutzung der Holzreserven. Innerhalb der Fischerei wurde in den letzten Jahren hauptsächlich die Krabbenfischerei intensiviert. In der Landwirtschaft sind Zuckerrohr, Bananen, Kaffee, Kakao, Pfeffer und tropische Früchte für den Export wichtig.

Die Arbeitslosigkeit beträgt ca. 30 % und betrifft hauptsächlich die Jugendlichen.

Tourismus
In Guyana ist nur der Küstenstreifen erschlossen. Von den 428 km Straße sind 350 km asphaltiert. Beim Reisen ist man aufs Auto angewiesen, da es keine Eisenbahn gibt und die Busverbindungen unzureichend sind.

1981 zählte man 503 Betten.
Informationen erhält man vom:
Office de Tourisme Guyane
12, Rue Auber
75009 Paris
Tel.: (Paris) 426 811 07

oder:

Office Départemental du Tourisme
Délégation Régionale du Tourisme
Pavillon du Tourisme
Jardin Botanique BP 801
97303 Cayenne

Ethnologische Anmerkungen zum Guyana-Gebiet
Die ursprünglichen Bewohner des Gebietes, das heute Französisch-Guyana genannt wird, waren Indianerstämme, die in erster Linie den Tupi- oder Karib-Sprachfamilien angehörten.

In der ethnologischen Fachliteratur wird mit dem Begriff „Guyana" ein Territorium bezeichnet, das weit über Französisch-Guyana, ja sogar weit über alle drei ehemaligen Guyanas hinausgeht. In der Völkerkunde meint man den gesamten Raum östlich des Andenrandes und nördlich des Amazonaseinzugsgebietes.

Über die Wayapi gibt es nur spärlich Literatur. Gesichert ist, daß sie im 17. und 18. Jahrhundert von Brasilien zum Gebiet des Oberen Oyapock gewandert sind. Es wird sogar vermutet, daß sie vom Süden zum Amazonas gekommen sind. Südlich des jetzigen

Französisch-Guyana hatten sie zunächst zahlreiche kriegerische Auseinandersetzungen durchzustehen, in denen sie sich ihr Territorium erkämpften. Damals waren sie eine mehrere tausend Personen umfassende, gut organisierte Gruppe.

Die ersten Kontakte mit den Weißen schwächten die Wayapi sehr. 1817 noch wurde die Gruppe auf über 6000 Individuen geschätzt, schon 1850 waren es nur noch 2000. Heute sind sie auf wenige hundert reduziert. Die Epidemien und die daraus resultierende zahlenmäßige Dezimierung des Stammes haben den traditionellen Glauben und die Jenseitsvorstellungen stark erschüttert. Die ursprünglichen philosophischen und religiösen Konzepte, die Mythen und Legenden sowie Rituale, wie z. B die Initiation der Medizinmänner, sind nur mehr rudimentär vorhanden.

Die Wayapi führen ihre Herkunft sowohl auf die Linie der Mutter zurück wie auch auf die des Vaters. Ein junges Ehepaar läßt sich in der Nähe der Familie der Braut nieder. Die Häuptlingsgewalt geht in der Regel vom Vater auf den Sohn über.

Die Wayapi leben in einem Sozialverband, der sich über eine bestimmte, festgesetzte Verwandtschaftsterminologie regelt. Die Tochter des Mutterbruders ist für einen jungen Mann die ideale Ehefrau. Diese nennt er auch „Ehefrau", selbst wenn er nicht mit ihr verheiratet ist.

Nach ihrer starken Dezimierung verbündeten sich die Wayapi mit den ehemaligen Feinden, den Wayana, und gingen mehr und mehr Mischehen ein. Nur so konnten sie sich vor dem Aussterben bewahren.

In der ersten Hälfte dieses Jahrhunderts erfuhr man nichts mehr von den Wayapi. Sie blieben in der Isolation und erholten sich von den Katastrophen der vorangegangenen Jahrzehnte. 1950 wanderte eine Gruppe der Wayapi zum Mittellauf des Flusses und nahm Kontakt mit Franzosen auf. Damit gelangten die Wayapi in den Einfluß der weißen, herrschenden Bevölkerung. Der Stamm der Wayapi ist seither zum einen durch fanatische Missionare, zum anderen durch die Assimilationspolitik der Regierung gefährdet.

Wo immer in Südamerika über lange Zeit isoliert lebende Stammesgesellschaften mit der „lateinamerikanischen Bevölkerung" (diese Bezeichnung schließt die Indianer selbst ja explizit aus) in Berührung kommen, scheint ihr Schicksal eine fatale Dynamik zu entwickeln. Fast überall ist zu beobachten, daß die Indianer sehr schnell in ein Abhängigkeitsverhältnis gegenüber der herrschenden Schicht geraten. Sie werden unselbständig, unsicher in ihrer Identität, und so ist die Basis für Ausbeutung und Diskriminierung geschaffen. Die Rechte auf das von den Indianern besiedelte Gebiet werden ihnen streitig gemacht, sie werden oftmals aus ihrem Territorium vertrieben oder im anderen Falle in unwürdiger Weise proletarisiert.

Leider besteht die allzu große Gefahr, daß aller guter Wille von seiten der Regierenden und Kirchen letztendlich von wirtschaftlichen Interessen unterdrückt wird. Noch immer hat sich in den „hochtechnischen" und „hochzivilisierten" Gesellschaften das Bewußtsein nicht durchgesetzt, daß die sogenannten „primitiven" Gesellschaften zum Teil jahrtausendelang existieren konnten, ohne ihre Umwelt zu zerstören.

Seit etwa 1970 versuchen Vertreter von indianischen Gruppen in Zusammenarbeit mit Ethnologen, Regierungen und engagierten Kirchen das Fortschreiten der Kulturzerstörung sowie der physischen Vernichtung aufzuhalten. Im Verlauf des damals einsetzenden Prozesses verstärkte sich die Entschiedenheit der Indianer, ihr Schicksal selbst in die Hand zu nehmen. In einigen südamerikanischen Ländern gewann die indianische Bewegung bereits politische Relevanz. Das ist vor allem dort der Fall, wo die Indianer ihre gesellschaftliche Bedeutung wertzuschätzen wissen, beispielsweise ihre gesellschaftspolitische Stellung als Bauern. Als problematisch erwies sich im Verlauf der Entwicklung die von einigen Gruppen ausgehende Tendenz zum Ethnozentrismus.

Die Bewegung fand ihren Ausdruck in der Erklärung von Barbados I von 1971, einem Dokument, das konzipiert wurde, um die Weltöffentlichkeit über die Situation der „lateinamerikanischen" Indianer zu informieren, wie auch im Nachfolgetreffen 1977 und der daraus hervorgehenden Erklärung Barbados II.

Es bleibt zu hoffen, daß die Wayapi bei ihrer Integration in die guyanische Gesellschaft die Chance erhalten, ihre ethnische Identität, soweit noch vorhanden, beibehalten zu können.

Ausführliche Informationen über die indianische Bewegung in Süd- und Mittelamerika sind zu finden in dem Buch: „Indianer in Lateinamerika" – Neues Bewußtsein und Strategien der Befreiung – Peter Hammer Verlag GmbH, Wuppertal.

WEITERE TITEL ZUM THEMA DURCH DIE GANZE WELT

Konrad Gallei/Gabi Hermsdorf
Blockhausleben
Ein Jahr in der Wildnis von Kanada
224 Seiten, 32 s/w Fotos, 2 Karten,
Reisetips, DM 15,80
ISBN 3-89405-014-4

Hjalte Tin/Nina Rasmussen
Traumfahrt Südamerika
Auf dem Motorrad und mit Kindern von L.A. nach Rio
320 Seiten, 48 s/w Fotos, 3 Karten,
Reisetips, DM 17,80
ISBN 3-89405-033-0

John Pilkington
Am Fuß des Himalaja
Nepal-Trekking im Alleingang
256 Seiten, 31 s/w Fotos, 9 Karten,
Reisetips, DM 15,80
ISBN 3-89405-026-8

Bernd Keiner
Quer durch den roten Kontinent
Unterwegs in Australien
224 Seiten, 46 s/w Fotos, 4 Karten,
Reisetips, DM 15,80
ISBN 3-89405-021-7

Michael Möbius/Annette Ster
Dschunke, Jeep und Bambusfloß
Durch Burma und Thailand
224 Seiten, 38 s/w Fotos, 2 Karten,
Reisetips, DM 15,80
ISBN 3-89405-025-X

Christine Cerny
Von Senegal nach Kenia
Schwarzafrika hautnah
320 Seiten, 64 s/w Fotos, 3 Karten,
Reisetips, DM 17,80
ISBN 3-89405-004-7

REISEN · MENSCHEN · ABENTEUER